一本利用心理学战术化解销售难题
赢得客户青睐的最佳读本

# 销售三绝

## 找对人 说对话 做对事

Xiaoshou Sanjue

ZhaoDuiren ShuoDuihua ZuoDuishi

| 崔小西◎编著 |

**3**堂课**100**条销售心法**120**例销售实战
让你在销售道路上走得更加平稳顺畅

马云、雷军、博恩·崔西等销售大师亲身实证，拿来就用

立信会计出版社
LIXIN ACCOUNTING PUBLISHING HOUSE

### 图书在版编目（CIP）数据

销售三绝：找对人、说对话、做对事 / 崔小西编著.
-- 上海：立信会计出版社，2014.6
（去梯言）
ISBN 978-7-5429-4222-7

Ⅰ.①销… Ⅱ.①崔… Ⅲ.①销售 - 方法 Ⅳ.
①F713.3

中国版本图书馆CIP数据核字（2014）第074360号

策划编辑　蔡伟莉
责任编辑　何颖颖
封面设计　久品轩

### 销售三绝：找对人、说对话、做对事

| | | | | |
|---|---|---|---|---|
| 出版发行 | 立信会计出版社 | | | |
| 地　　址 | 上海市中山西路2230号 | 邮政编码 | 200235 | |
| 电　　话 | （021）64411389 | 传　　真 | （021）64411325 | |
| 网　　址 | www.lixinaph.com | 电子邮箱 | lxaph@sh163.net | |
| 网上书店 | www.shlx.net | 电　　话 | （021）64411071 | |
| 经　　销 | 各地新华书店 | | | |
| 印　　刷 | 固安县保利达印务有限公司 | | | |
| 开　　本 | 720毫米×1000毫米 | 1/16 | | |
| 印　　张 | 20.75 | 插　　页 | 1 | |
| 字　　数 | 365千字 | | | |
| 版　　次 | 2014年6月第1版 | | | |
| 印　　次 | 2018年9月第9次 | | | |
| 书　　号 | ISBN 978-7-5429-4222-7-0/F | | | |
| 定　　价 | 36.00元 | | | |

如有印订差错，请与本社联系调换

# PREFACE

## 前言

在无数人心中,销售是个令人爱恨交织的职业。

销售令人恨是因为有许多销售人员不知道怎样才能做好销售,他们努力了,结果却总让人伤心,得到的跟付出的不成正比。同时,销售又如此令人爱,充满诱惑,销售精英丰富的人脉、灵活的经营以及丰厚的回报都令人神往!在销售工作中,许多人认为销售只要能吃苦、能说、能跑就可以了。遵循着这个传统的销售法则,很多销售人员迷失了自己,在一条错误的路线下,仍旧辛苦地奔跑。

销售是一个生与死的职业,有人因此进入天堂,也有人因此下了地狱。你想走哪一条道?我仿佛已经听到了,是天堂!而且是要"钱"途。那么,这本书你就选对了,本书承载着销售精英的智慧和经验,顺着它的指点,你就能走向优秀,走向成功!

**(一)销售三大本领**

销售,可大可小,小可以做一针一线,大可以做跨国、洲际生意。但究其本质,都极其相似。销售不是一般人心中想象得那样艰难、低下,更不那么玄妙,只是一种谋生的手段,自由而不稳定。销售既可以让你一分钱也赚不到,也能让你发大财。

想要成为优秀的销售人员,必须具备全面的专业知识、丰富的销售技巧和广阔的人际关系。除此之外,还要掌握三种本领,即找对人、说对话、做对事。

找对人是一种学问,需要技巧;

说对话是一种艺术,需要智慧;

做对事是一种能力,需要方法。

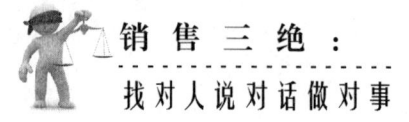

学会找人、学会说话、学会做事,是引爆销售的三大本领,缺一不可。要做对事先要找对人,而说对话是找对人和做对事的关键。掌握了说话技巧,找人可以畅通无阻,做事就可以马到成功。因此,掌握了这三大本领,也就掌握了销售成功的金钥匙,必能成为人人向往的销售精英!

**(二)销售九字真经**

"找对人、说对话、做对事"是销售成功的九字真经。

"找对人"是指在销售过程中找对客户。俗话说"烧香不能拜错佛",我们不能怀着求财的心给送子观音上香,也不能怀着求子之情给财神上香,销售亦是同理。销售工作中的大客户都是隐身的,销售人员必须准确找到自己该拜的"佛"。销售人员掌握了"找对人"的本领,就能发展和提升自己,从而提高销售业绩。反之,如果销售人员不能"找对人",则会在销售工作中焦头烂额、一败涂地。

"说对话"是指在销售过程中恰到好处地运用语言技巧,说客户需要听和喜欢听的话,自然有助于搞好与客户的关系,从而促进销售的成功。销售人员掌握了"说对话"的本领,在与客户的沟通中能说到客户的心坎上、引起客户的共鸣,并使客户乐于接受。反之,如果销售人员在与客户的沟通中东拉西扯、说不到点子上,则会使客户反感,使销售工作停滞不前。

"做对事"是指在销售过程中想客户之所想,与客户真诚交往,形成牢固的合作伙伴关系,进而实现与客户的双赢。销售人员掌握了"做对事"的本领,在与客户的沟通中就能将问题处理得体、周全,使客户满意,从而促使销售成功。反之,如果销售人员在与客户的沟通中不守承诺、办事有头无尾,则会在销售工作中毫无信用、难以成功。

**(三)本书告诉你**

本书针对销售工作中客户难找、与客户沟通困难、销售人员进行十足努力却收效甚微这一现状,以"找对人"、"说对话"、"做对事"为内容,多层次、多角度地揭示销售工作中的三大利器,给销售人员指出了一条正确的道路,让销售人员做正确的事,再正确地做事。同时,提供了许多销售建议、实用技巧、方法和策略。让销售人员清醒地避开弯路、找到方向、挖掘智慧,在销售这条神秘而充满诱惑的大道上顺利打造自己的美好"钱"途。

只要认真阅读、使用本书,就会让你的销售之路更加畅通,让你拥有所向披靡的力量,去迅速改变现状,实现销售精英的目标!

书中难免有错谬之处,敬请各位读者指正。

# PREFACE

## 目 录

## 找对人：烧香不能拜错佛

第一章 读懂客户：1分钟知道客户的心思
善于揣摩客户的心理 / 4
把握客户的购买心理 / 6
读懂客户心理的理由 / 8
了解客户的性格 / 10
做客户的知心人 / 14

第二章 开发客户：客户潜伏在你身边
准客户须具备的条件 / 18
寻找准客户的方法 / 20
了解客户及其家人的兴趣 / 21
了解客户的其他方面 / 22
利用电话开拓客户 / 23
利用公司资源开拓客户 / 27

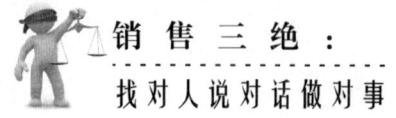

利用个人资源开拓客户 / 29
请人介绍来拓展客户 / 31
让推荐人帮你宣传 / 32
从客户身边的人入手 / 34
依靠满意客户推荐 / 34
开发有影响力的中心人物 / 36

第三章　搞定负责人：负责人成交的关键
寻找团体中的拍板人 / 39
发现客户背后的决策人 / 40
寻找负责人的三种方法 / 41
了解客户的采购流程 / 44

第四章　预约客户：准备打一场攻心战
约见时间的选择 / 47
预约客户的常用方法 / 49
电话预约客户的技巧 / 51
当面约见客户的方法 / 54

第五章　接近客户：合适的就是最好的
接近客户的8种方法 / 58
接近客户的3个原则 / 62
接近客户应注意的细节 / 63
不要忽视接待人员的作用 / 66
寻找共同话题来接近客户 / 67
利用客户的好奇心接近对方 / 68
不要一味地去迁就客户 / 69

第六章　拜访客户：与客户面对面交流
每次拜访都是一场盛宴 / 72

# 目录

拜访客户也有流程设计 / 75
容易忽略的 5 个拜访细节 / 77
20 种借口让你再见到客户 / 78
拜访区域客户经验谈 / 80
电话拜访不惹人厌 / 83
电话拜访陌生人的 10 个技巧 / 84

**第七章　管理客户：建立客户完全档案**
掌握客户第一手信息 / 87
为客户建立档案 / 88
把客户联系在一起 / 90
及时更新客户俱乐部成员 / 91
客户管理的 14 个方面 / 92
了解客户，搜集客户资料 / 93
制作客户资料卡 / 93

# 说对话：话语一到卖三俏

**第八章　勇敢开口：嘴巴一张，黄金万两**
只要敢开口就能做好销售 / 100
用自己的言谈来吸引客户 / 101
好口才能够打开推销局面 / 103
好口才能够使销售取得突破 / 104
好口才能够激起客户的购买欲望 / 107

**第九章　大方赞美：把握火候，一本万利**
真诚的赞美没人会拒绝 / 111
赞美建立在真实的基础上 / 113

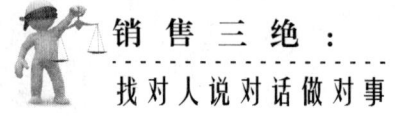

赞美客户不是拍马屁 / 115
赞美要有的放矢 / 117
千万别让赞美帮了倒忙 / 119
用赞美堵住客户的口 / 121

## 第十章 巧妙提问：选对池塘钓大鱼，问对问题赚大钱

提问是销售成功的基础 / 125
提问能了解客户的需求 / 126
销售提问的基本方式 / 127
做好提问的准备工作 / 129
销售实战中的提问技巧 / 130
提问时的注意事项 / 132
多做积极的提问 / 133

## 第十一章 懂得客套：说好客套话，帮助会很大

用客套话应对冷落和冷场 / 137
用客套话来缓解尴尬 / 139
用客套话套出客户的需求 / 141
从客套话里发现客户的软肋 / 142
客套话不要太随意 / 144
说客套话不可过度 / 146

## 第十二章 因人而言：注意方式，看客户说话

对待不同年龄客户的口才技巧 / 149
对待不同性别客户的口才技巧 / 151
不同职业客户的购买特点 / 152
对待喋喋不休型客户的口才技巧 / 154
对待沉默寡言型客户的口才技巧 / 156
对待喜欢争论型客户的口才技巧 / 157

## 目 录

对待疑虑重重型客户的口才技巧 / 158

对待刨根问底型客户的口才技巧 / 159

对待挑剔型客户的口才技巧 / 160

对待似懂非懂型客户的口才技巧 / 163

### 第十三章　避开禁忌：别陷入无知和冲动中

敲开门就直奔主题 / 166

过于程式化和职业腔 / 167

喋喋不休，说个没完 / 168

东拉西扯没有重点 / 168

心不在焉 / 170

不会揣摩客户的心理 / 171

### 第十四章　应对借口：把拒绝转为销售机会

应对"我很忙"的借口 / 174

应对"改天再来"的借口 / 174

应对"再考虑考虑"的借口 / 175

应对"以前用过，并不好"的借口 / 177

应对"我要向朋友买"的借口 / 177

应对"那你就是要推销东西了"的借口 / 178

应对"我想到别家再看看"的借口 / 180

应对"我很满意目前的供应商"的借口 / 182

应对"我得和我的上级商量商量"的借口 / 183

应对"先把资料放在这儿吧"的借口 / 185

### 第十五章　玩转电话：打动另一端的陌生人

电话销售的基本原则 / 187

电话销售的基本流程 / 188

电话销售的注意事项 / 190

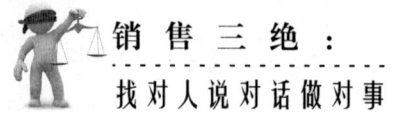

　　　　　　电话销售的实战技巧 / 191
　　　　　　电话销售要有娴熟的语言技巧 / 194
　　　　　　电话销售成功55%源于声音 / 196
　　　　　　巧妙地绕过接线人 / 198
　　　　　　把握好电话接通后的20秒 / 200
　　　　　　掌握好与客户通话的时间 / 202

第十六章　充满魅力：感染力决定影响力
　　　　　　声音要具有感染力 / 206
　　　　　　熟练控制说话的语调 / 207
　　　　　　恰当地运用停顿 / 208
　　　　　　谈话时的语气很重要 / 210
　　　　　　使用疑问句时的语气 / 212
　　　　　　使用双重否定句时的语气 / 212
　　　　　　使用设问句时的语气 / 214

第十七章　魔鬼说服：变"我要卖"为"我要买"
　　　　　　营造有助于说服的情境 / 216
　　　　　　说服要循序渐进 / 217
　　　　　　对客户进行巧妙的语言诱导 / 218
　　　　　　对客户进行反复的心理暗示 / 219
　　　　　　引导客户说"是" / 220
　　　　　　说服犹豫不决的客户 / 222
　　　　　　切中客户的要害进行说服 / 223
　　　　　　为客户描绘一个美妙的意境 / 225

第十八章　需要注意：你面对的是活生生的人
　　　　　　能说还要会说 / 227
　　　　　　适时改变推销方式 / 227

# 目录

学会自抬身价 / 228
记得为下一次留条后路 / 230
不要因话不得体而失去客户 / 230
不该说的话千万不要说 / 231
不要不拘"小节" / 232
学会掩饰自己的情绪 / 233
切勿急于求成 / 234

# 做对事：销售成功是根本

**第十九章　认清销售：销售是世上最好的职业**
职位的N个好让你爱 / 240
职业的巨大附加值让你爱 / 242
销售也让你恨 / 246
入行起步，选择比努力更重要 / 248
认清谬见误区好上路 / 250

**第二十章　推销自己：卖产品就是卖自己**
卖你的外在——形象和礼仪 / 254
卖你的内在——性情、心态和学识 / 259
卖你的境界——用心和为人 / 262
避免卖自己不好的东西 / 266

**第二十一章　充满信念：做世界上最成功的销售人员**
我是上帝派来帮助客户的天使 / 269
对产品的热情让你无往不胜 / 273
只要重复足够的遍数，就能征服客户 / 276
为了提高收入，你必须学习 / 279

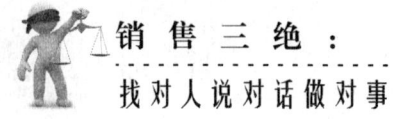

#### 第二十二章　树立目标：有目标就有希望

没有目标就没有方向 ／ 284

制定目标三步走 ／ 284

有目标就不怕失败 ／ 286

用计划来完成目标 ／ 287

做好两种形式的目标计划 ／ 288

#### 第二十三章　促成交易：临门一脚的快感

从客户身上捕捉成交信号 ／ 292

促成交易的策略 ／ 293

促成交易的口才技巧 ／ 295

物以稀为贵成交法 ／ 297

好奇成交法 ／ 299

选择成交法 ／ 300

利用折扣促成交易 ／ 302

有效地巩固销售成果 ／ 304

#### 第二十四章　催收货款：回款是硬道理

销售回款为什么这么难 ／ 307

催收货款的口才基础 ／ 308

把握催收货款的制胜因素 ／ 310

机智应对欠款人的借口 ／ 312

利用"挤压"法回款 ／ 313

对"老赖客户"要毫不留情 ／ 314

应对"老赖客户"的策略 ／ 316

多管齐下保回款 ／ 317

# 找对人

## 烧香不能拜错佛

"找对人"是销售九字真经"找对人、说对话、做对事"中的第一条。有的销售人员话说了一箩筐、事做了一大堆,结果徒劳无益。究其原因,就是没有找对人。如何识别、选择与管理80%利润的客户,这里有你想要的答案。

# 第一章　读懂客户：
## 1分钟知道客户的心思

许多销售人员很诧异为什么别人的商品很畅销，而自己的商品无人问津？其实有时候并不是你的商品不好，也并不是你的服务态度不好，而只是因为你没有读懂客户的心理。

客户的心理至关重要，它直接决定了消费者的行为，决定了他们要不要购买你的商品。有经验的销售人员往往能清晰地洞察消费者的心理，满足他们的需求，自然能够获利。

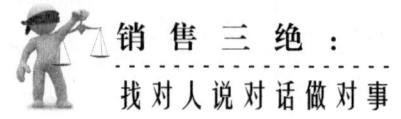

## 善于揣摩客户的心理

你听过这样一个小故事吗？

一位妇女走进一家鞋店，试穿了一打鞋子，没有找到一双是合脚的。营业员甲对她说："太太，我们没能有合您意的，是因为您的一只脚比另一只大。"

这位妇女走出鞋店，没有买任何东西。

在下一家鞋店里，试穿被证明是同样的困难。最后，笑眯眯的营业员乙解释道："太太，您知道您的一只脚比另一只小吗？"

这位妇女高兴地离开了这家鞋店，腋下携着两双新鞋子。

不同的服务人员会给客户以不同的感受。不同的销售方式能导致不同的销售结果。营业员甲之所以失败，是因为她不懂得顾客的心理——女性爱美，不喜欢别人说自己的脚大。

在推广自己的产品时，潜在的用户往往会有各种心理变化，如果不仔细揣摩客户的心理，不拿出"看家功夫"，就很难摸透对方的真正意图。

你"看"客户的时候，要揣摩客户的心理。客户究竟希望得到什么样的服务？客户为什么希望得到这样的服务？这是服务人员在观察客户时要不断提醒自己的两个问题。因为各种各样的原因会使客户不愿意将自己的期望说出来，而是通过隐含的语言、身体动作等表达出来，这时，就需要及时揣摩客户的心理。

实验表明，人们视线相互接触的时间，通常占交往时间的30%~60%。如果超过60%，表示彼此对对方的兴趣可能大于交谈的话题；低于30%，表明对对方本人或话题没有兴趣。

视线接触的时间，除关系十分密切的人外，一般连续注视对方的时间在1~2秒钟内，而美国人习惯在1秒钟内。

一位30岁左右的男顾客带着自己的母亲来给儿子买钙片，两人在货架中转了几圈才看到一款心仪的产品。

"这种钙片效果不错，小孩子服用后很容易吸收，很多家长都点名要它。"店员李洋站在一旁介绍着。"好是好，就是太贵了。不管大人还是小孩，老吃好药也不行。"老太太拿着钙片有些犹豫。男顾客刚要说话时，手机突然响了，便走到一旁接

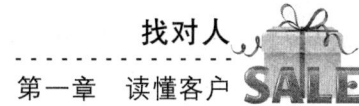

## 第一章 读懂客户

听电话。

老太太一个人看着那盒钙片,半天迈不开步。"阿姨,您觉得这个钙片也不错,是吗?"店员李洋走过去问道。"可这也太贵了。一瓶200多元才够吃一个半月。"老太太摇摇头准备将其放回货架,"阿姨,我一看您就想起我母亲,一辈子都为儿女操心,自己没用过舒心的东西。看来您很疼孙子,连买个药都要亲自跑一趟。既然您看好这个产品,想必买回家给孙子,您自己也会觉得开心。这药价虽然高了点,但一分钱一分货。况且现在药品安全存在隐患,给小孩子还是要购买质量好的保健品。"李洋的一番话让老太太的意志有些动摇。"是啊,现在都是穷啥也不能穷孩子,我也怕便宜的药会给孩子吃出毛病,我们家都围着他转。"老太太拿着钙片还没撒手。

这时,男顾客打完电话也走过来征求母亲的意见。"大哥,阿姨手里拿的钙片是儿童钙片中最好的,阿姨很满意,您看……"李洋马上将目光转移到男顾客身上。"有点贵。"男顾客看看价签,并没有反对的眼神。"大哥,我觉得这个给小孩子吃比较好,而且阿姨也看上了,拿回去给孙子吃,她心里也会舒服。老人家只要心里舒服就会少生病,老人家健康不就是儿女的希望吗?"李洋继续揣测顾客心理。"贵是贵点,不过只要您老觉得好,咱们也不差钱。"男顾客的心被李洋说得有些蠢蠢欲动。"妈,你要觉得好,咱们就买下它。"过了片刻,老太太便拿着药品开心地朝收银台走去。

要在沟通中更好地揣摩客户的消费心理,不要急于导购、急于让客户购买,盲目地为了"卖"而"卖",说了一大堆废话仍没有达到自己的目的。客户本来就属于药店的对立方,销售人员若不能抓住他们的心理,说过多的话语也只会冲淡所要表达的主题,从而出现"跑单"的情况。

那么,如何对不同的客户进行产品推广,看其属于哪种类型的人,就可以对不同类型的客户采取不同的措施,做到"有的放矢",从而能起到事半功倍的效果。下面的客户类型分类,也许就能给人一些启发。

自命不凡型的人无论对什么产品,总表现出一副很懂的样子,总用一种不以为然的神情对待。这类人一般经济条件优越,以知识分子居多。这类人喜欢听恭维的话,你得多多赞美他(她),迎合其自尊心,千万别嘲笑或批评他(她)。

脾气暴躁、唱反调型的人怀疑一切,耐心特别差,喜欢教训人,常常毫无道理地发脾气,有时喜欢跟你"唱反调"。这时,就需要你面带微笑,博其好感,先承认对方有道理,并多倾听,不要受对方的"威胁"而"拍马屁",宜以不卑不亢的言语去感动他(她),博其好感。当对方在你面前自觉有优越感又了解了产品的好处时,通常会购买。

犹豫不决型的人有购买的意思,态度有时热情,有时冷淡,情绪多变,很难预料。因此,首先要取得对方的信赖,这类人在冷静思考时,脑中会出现"否定的意

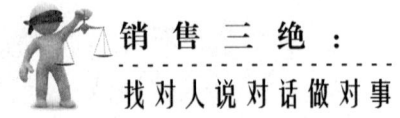

念",宜采用诱导的方法。

小心谨慎型的人有经济实力,在现场有时保持沉默观察,有时有问不完的问题,说话语气或动作都较为缓慢小心,一般在现场待的时间比较长。销售人员要迎合其的速度,说话尽量慢下来,才能使其感到可信,并且在解说产品的功能时,最好用专家的话或真实的事实,并同时强调产品的安全性和优越性。

贪小便宜型的人希望你给其多多的优惠,才想购买,喜欢讨价还价。对待这种人要多谈产品的独到之处,给其赠品或开免费检查单,突出售后服务,让其觉得接受这种产品是合算的。这种类型以女性居多。

来去匆匆型的人总是匆匆而过,总说其时间有限,这类人其实最关心质量与价格。应对这类客户,销售人员要称赞其是一个活得很充实的人,并直接说出产品的好处,要抓重点,不必拐弯抹角,只要让其信任你,这类人做事通常很爽快。

经济不足型的人想购买,但没有多余的钱,找一大堆理由,就是不想买。只要能够确定其对产品感兴趣,又拿不出现钱,要想方设法刺激其的购买欲望,和其他人做比较,使其产生不平衡的心理,也可以让其分批购买。

# 把握客户的购买心理

客户的购买心理是指:客户为什么会产生这样的动机?为什么会对商品产生兴趣并且买下来?他们需要某种产品,为什么他们选择这种产品而不选择那种产品?这些问题就是客户的购买心理在起作用。在开发客户时,能对他们的心理有所了解,就能有的放矢。

客户的心理类型不是单一的,按照不同的划分标准有着不同的分类。

### 1. 求"实"心理

讲求实用是人们的普遍心理,尤其在我国,这是因为中国老百姓的生活水平还不高,所以就总体而言,消费观念还是保持着中档水平,他们的消费观念以求实用为核心,他们购买商品主要还是因为这些商品能满足自己衣、食、住、行等方面的基本需要。提起中国人民,人们总会想起"勤劳"、"俭朴"之类的字眼。因此,我国消费者普遍存在的购买心理首先要求这件商品实用,能够满足他的需要,即具有实用价值。

### 2. 求"真"心理

追求"货真价实"是每一位消费者的基本需求,每一位客户都希望获得诚实的对待。由于信息的不对称，客户对商品的品质和价格所知晓的信息一定没有商家多,所以客户对商品"真实性"的要求显得更为迫切。

**3.求"美"心理**

对于不同的商品,"美"的表现也许不尽相同,但是有一点相同,那就是——看起来悦目。一件衣服的"美"体现在它的颜色、款式上;一件家具的"美"体现在它的设计和色泽上;家用电器,人们愿意选择外观漂亮的;手机,人们喜欢颜色好看的、外观小巧或大方的……对美的追求是人的一种本能和普遍的需求,爱美是人的天性。

**4.求"利"心理**

随着市场经济的发展,各种商品层出不穷,因此对价格的要求也渐渐成为顾客继上述三大要求之后的最迫切要求。许多商家在产品的质量和产品的造型外观等方面无法获得竞争优势,就转向提高技术,降低成本,从产品的价格上来进行竞争,这正是从客户的求"利"心理出发而采取的竞争策略。

**5.求"新"心理**

再"实"、再"真"、再"美"和价格再低的商品,一旦它们在款式等方面缺少变化,同样会让顾客产生"审美疲劳"。尤其是在服装、食物或者高新技术产品上,很多客户都有追求"超前"和"时髦"的消费心理。特别是在服饰上,有些衣服虽然质量和面料与其他的衣服没有什么区别,但是新颖、奇特的设计让客户耳目一新,获得了他们的认同,满足了他们的求"新"心理。

**6.求"名"心理**

很多客户在购买商品的时候,往往受产品品牌的影响,喜欢追求名牌。因为这些客户认为自己身份、地位高或者自己的经济条件好,所以他们竭力想把自己和别人区别开来,或者说,他们想通过商品这些外在的东西来显示自己的身份、地位和声望。那么购买昂贵的、让人望而却步的商品就成了他们的首选方式。比如开一辆"宝马"或者"奔驰"车;住一套昂贵的套房或者别墅;穿一身国际名牌;出差住五星级宾馆;吃饭选一流的饭店;喝酒必然是中国的"茅台"或者洋酒"人头马"等。

**7."跟风"心理**

很多人追赶时尚是迫不得已或者说是出于一种跟风的思想,他们害怕自己在衣食住行等方面落后于他人,落后于社会的普遍行为或者说是自己所处的某一个小集体的做派,所以不得已跟风或者出于强烈的妒忌心理看到某人的做法而产生了一定要超过他人的想法。

**8."安全"心理**

"安全"心理是很多客户都有的,因为人都有自我保护的心理。"安全"心理在不

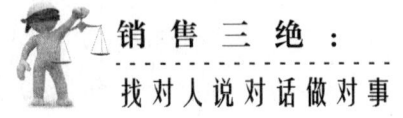

同条件下会有不同的反应。如果你去某些服务行业接受他们的服务,你很担心自身的安全,比如你去餐厅吃饭,担心他们的餐具是否卫生;你去药店买药,担心药品是否是假药;你到超市买食品或者酒水饮料,你担心它们是否过了安全食用期,或者担心它们是否是毒大米、假酒或者卫生不合格……每个人都有这样的自我保护的心理,顾客也不例外。

#### 9. "隐私"心理

很多商品涉及客户的隐私,所以这类客户在购买物品的时候,常常抱着一种"隐私"心理来买,受"隐私"心理的影响,他们在选择商品的时候,常常会选择合适的时间购买。比如女性买卫生用品时常躲躲闪闪,在价格方面也不会很在意;而有些男性在买一些补肾用品以增强自己性功能的时候,也显得很不自在,因为他们害怕别人的异样眼光,特别害怕会碰到自己的熟人、老朋友或者其他女性客户。

此外,对于服务行业,比如美容、洗浴、餐饮等行业,人们还有其他的购买心理,如求舒适、求干净、求方便、求卫生、求尊重、求健康等心理。

所以说,如果销售人员能够准确地把握住客户的购买心理,再去接近他们,去说服他们,那么成功的概率就会比较大了。

# 读懂客户心理的理由

要想说服你的客户,首先要对每个产品的性能、功效、价位等了解得清清楚楚,甚至亲自使用过,平时注意搜集客户使用过的感受、变化等,这就是所谓的"知己"。"知彼"就是你要了解客户的真正需要,知道他想要什么,结合自己的产品知识、行业背景,满足他的需求。

一般来说,在迎接客户之后,销售人员应该通过询问客户的一些基本问题来了解顾客的实际情况,只有掌握这些内容,才能向顾客推荐合适的产品。

不同的问题带来的客户的回答和结果是不一样的。必须预计每个问题可能带来的回答,以选择那些有利于销售的问题。因此,尽可能提供那些能获得信息、容易回答的。例如:谁、什么、哪里、什么时候、为什么、怎样……这些容易回答并能提供那些能获得信息的问题,它能帮助销售人员了解客户的一些潜在需求。

通过提问,及时了解顾客的特殊需求,避免说上一大堆话,介绍了许多产品之后仍然不知道客户的真正需要。对于销售人员来说,聆听客户的回答和陈述也很重要,因为它包含了客户很多的潜在需要,也就是说隐藏了许多的销售机会。聆听客

## 第一章 读懂客户

户的陈述时,应该注意:保持最大的注意力,切忌东张西望,心不在焉;也不要随意打断客户的谈话,因为这样显然不尊重客户,对客户不礼貌;还有就是尽量避免否定的价值判断,如"你这话就不对了"……

在提问和聆听之后,销售人员就要分析一下,抓住其中的销售机会。有时候,客户并没有直接说出他的需要,而是用一些否定的说法和判断掩盖了他的需要。例如,客户说"我不需要这种产品,因为我……所以我……"乍听之下,客户似乎并没有什么需要,但仔细一分析,其实客户真正的需要是相对这种产品之外的另外某种产品。

在小品《卖拐》中,高秀敏道出赵本山的强项:"听说人家买马他上人家那卖车套,听说人家买摩托上那卖安全帽,听说人家失眠上那人家卖安眠药……听说柱子开四轮车把腿摔了,贪黑起早做了这副拐……"赵本山说:"这叫市场,抓好提前量!"

最快速的销售就是根据客户的需求来推荐。很多门店的导购人员不知道客户的需求,也不去询问客户,转身就给客户推荐一些自己感觉很合适或者自己认为很漂亮的衣服,结果客户来一句"不喜欢,一般般"的回答,反而给销售服务造成障碍。

有一天,促销员李彤在产品架前看到一个老大妈在牛奶区转来转去,看看这个,看看那个,好像自己拿不定注意。李彤迎上去问:"大妈,您要买哪一种牛奶?""随便看看!"其实呢,这位大妈是要买牛奶,但她究竟买哪一种?给谁买的?这时,就要了解她的需求。李彤看在眼里,心里有了谱。她上前又问,"大妈,您经常喝哪一种牛奶?"大妈说,"我不经常喝牛奶,今天是想给孙子买,但不知道他适合喝哪一种?"李彤明白了。结合自己的产品知识,给这位大妈推荐了儿童高钙酸奶和儿童钙铁锌酸奶,价位都是24元,又分别介绍了各自的优点,重点强调了钙铁锌酸奶的矿物质含量更全。通过比较,这位大妈很高兴地买了一箱钙铁锌酸奶,还直夸李彤懂得多,说下次还来买。

因此,在销售过程中,只有了解客户的真正需求,才能结合自己的知识,去满足客户的需要。

销售人员要善于从客户的身体姿态中体察客户的心理。客户听到你说这个产品价格是多少时,总觉得你在催促他掏钱买你的东西,难免会产生紧张心理,因此,对价格问题,一定要强化产品给顾客带去的好处,减弱产品价格的副作用,让客户有一种"拥有"该产品的心理。

晓明在河南做一个治疗近视的眼药水生意,产品确实很贵,一个疗程三小盒,298元,很多家长带孩子来咨询,那种心理就是买吧,太贵,不买吧,孩子这眼睛怎么办?针对这种情况,晓明问他们,孩子现在是不是正长身体?正在生长发育?如果现

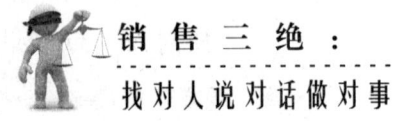

在不治疗,当假性近视成为真性近视时,你花多少钱能治好?他们当然不知道,晓明就告诉他们,那时,眼睛已经变成器质性病变,花多少钱也不能治好了。接着,晓明又告诉他们,该眼药水近期在搞活动,一疗程送一小盒,活动马上就要结束,你要是不买,以后没这种机会不说,更重要的是你耽误了孩子的治疗时间。现在治疗,就有希望,好好学习,以后还能考个好学校呢。不治疗,就没希望,孩子的未来在哪里,自己看着办!

通过这样的说服,90%的家长都购买了该眼药水,为什么?因为产品能给他们带去好处,这种好处已经超过了价格显示的价值!他们拥有的不仅是眼药水,而是孩子的未来!

由此可见,抓住客户的心理你才能事半功倍,取得好的营业效果。

# 了解客户的性格

为了能快速提升销售业绩,销售人员不仅需要认识自己的行为模式,而且必须掌握与各种性格类型的客户打交道的技巧。当掌握了不同性格类型的客户的性格特点,以及他们的实际需求后再进行销售,这样销售工作会干得更加出色。以下是与各种性格类型客户打交道的一些策略。

**1.接近良知型性格的客户**

良知型性格的客户往往显得比较随和、安静、容易相处,他们做事考虑影响和责任。

销售人员同这种类型的顾客打交道一定要注意,他们在作出购买决定时比较缓慢,因为他们需要考虑的东西比较多,他们需要一定的时间去作决定,所以销售人员不要急于催他作决定,要给他一定的考虑时间,还要从产品可能给他带来的影响方面去作深入的分析,打消他的顾虑。

所以,销售人员应该多拜访或者多商量几次,真诚地与良知型性格的客户进行多次沟通,而且一定要有耐心地去了解良知型性格的客户的真实需求。

**2.接近自信型性格的客户**

自信型的人往往把自己看得很高大,直言好斗、咄咄逼人;自主决断、争强好胜;重视效率、缺乏耐心;别人想改变他的看法比较困难。

针对他们的性格特点,销售人员要学会控制自己的情绪,避免与其发生正面冲突。多听听他们的发言,你也不妨认同他们的观点,并感谢他们提出的问题,满足他们的自尊心，耐心聆听使其有受重视感，以增强其购买意愿。

自信型性格的客户重视效率、缺乏耐心，作决定时专注于掌握大方向、大重点和大原则。所以，你在推荐时，不要讲得太详细，要简明扼要，然后不断强调产品的购买价值就可以了。

自信型性格的客户最需要成就感和被感激。他们对成就感非常渴望和迫切，在沟通中，当他们感到自己受到了足够的尊重，自尊心得到充分满足时，你可适时转入沟通的正题，抓紧机会令其在成就感中主动提出购买或加入要求。

**3.接近投入型性格的客户**

投入型的客户往往思维周密、性格矜持、柔韧拘谨；重视实际、精益求精；聪明敏感、肯下工夫。

投入型性格的客户不管干什么工作都能够将精力百分之百地投入。销售人员与这种性格的客户沟通，要认真和准确，语言表达不要出现错误。你如果对自己的产品性能不熟悉的话，最好研究明白再向他们推荐，因为如果他要买你的产品，他可能会下工夫研究产品的功用。

由于他们舍得下工夫、凡事都喜欢精益求精，因此，不要在投入型的客户面前直截了当地说，产品如何好，而应该多出示证据和图表来分析和证明产品的科学性及合理性，介绍公司和事业时要拿出公司获得认可的奖状、证书、媒体报道等资料，使用数据来说服投入型性格的客户是非常有效的。

针对他们性格中聪明敏感及缺乏决断的特点，销售人员要给投入型性格的客户多一些关怀和体贴，可适当地引用名人及专家对产品或事业的好评，令他们消除疑虑。如果你不能体会到他们的心理，又拿不出有力的事实依据，沟通就很难成功。

**4.接近戏剧型性格的客户**

热情是戏剧型性格的客户的情绪特征之一，这类客户活泼、善于交际、积极乐观、反应迅速、充满创造力，待人接物始终保持热烈的感情。

戏剧型性格的客户多属外向型性格，为人坦率、爽直。富有幽默感是这类客户的另一特征，他们的言谈风趣、幽默，能够让人觉得因为有了他们而兴奋、活泼，并能让人从他们身上得到启发和鼓励。戏剧型性格的客户健谈、情绪化、感情外露，因为他们做事是以人为主，所以和他们建立良好的个人关系非常重要。

这种类型的客户追求品牌，求新、求奇、求美的心理较普遍；作决定会有冲动性，易受产品包装、广告等外部因素的影响，价值意识较淡薄。对待此类型客户，迎合其心理，介绍新品种的新包装、新特色；利用广告强调品牌的流行性、前卫性；适当调整决策速度，以免客户因快速决定而后悔。

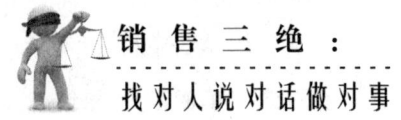

**5. 接近警觉型性格的客户**

警觉型性格的客户的原则性强、工作有计划、条理分明、思维缜密,有高度的戒备心理。与警觉型性格的客户交往最忌粗枝大叶,因为这种性格的人生性多疑,警觉性很高,销售人员的任何一次疏忽都会导致销售的失败。销售人员可以根据品种档次进行推销:高档品种主要宣传其品牌形象;中档品种则强调安全、品质、价格。警觉型性格的客户一般会为了达成目的最终实现而追求完美无瑕,这也是他们一向的行为信条。

**6. 接近敏感型性格的客户**

敏感型性格的客户外向、热情、有见解、能说会道,喜欢新事物;具有较强的进取心,但是容易情绪化,若过于讲究说话技巧反而显得有些虚伪。敏感型性格的客户在与别人的交往中处处留心,谨小慎微。在不知道怎样做才合适之前,他们不会草率地下结论或鲁莽行事。销售人员在与敏感型性格的客户沟通时要规范严谨、一丝不苟,语言表达力求准确无误。

**7. 接近闲暇型性格的客户**

闲暇型性格的客户特别喜欢说话,他们非常喜欢跟销售人员多聊一聊,是属于感性的人;喜欢跟销售人员建立彼此之间的亲和关系,他们很注重这种感觉;热情好客、健谈,比较容易接近。跟这种类型的客户打交道,要多同他们交流。一定要记住,同这种性格的顾客打交道要有耐心,认真地倾听他们所想要表达的一切,适当的时候要赞美他们所说的话,并且对他们所说的表示肯定。

**8. 接近冒险型性格的客户**

冒险型性格的客户做事毛糙,敢于冒险,热情,富有魅力,作决定比较快;具有外向与冲动等特征。销售人员需要适度放慢沟通节奏,降低音量与音调,多花时间与这类客户建立良好的人际关系。需要注意的是,在同一时间,仔细做一件事,鼓励冒险型的客户多提建议并参与群体活动。

**9. 接近独特型性格的客户**

独特型性格的客户富有较强想象力与自我意识等特征,他们可能对销售人员的说法、做法、全程跟踪的能力产生异议或疑问。

与独特型性格的客户相处,销售人员需要注重事实与细节,而不是煽情与激情,可以利用权威的力量与专业化的数据来支持自己的观点与论据,对待他们的决定需要适度的耐心。

**10. 接近隐逸型性格的客户**

隐逸型性格的客户内向悲观、谦虚冷静;沉稳随和、耐心聆听;不喜变革、怯懦无刚。

这种性格的客户天生不易兴奋,与世无争,性格较为沉静悲观。他们一般不会主动去表现自我,但其内心深处则渴望得到别人的认同。因此,在沟通中,销售人员要善于发掘其优点,让对方产生一种被尊重、有价值的感觉,并由此而振奋起来。隐逸型性格的客户随和易处、善于聆听的性格特点给了销售人员达成沟通目标的机会。

他们在作决定的时候会犹豫不决,总是喜欢等等看。所以,对这样的客户,销售人员应该多真诚地与之沟通,耐心地了解他的真实需求。当隐逸型性格的客户觉得销售人员有诚意时,即使他暂时不需要购买你的商品,也会购买一小部分你的商品甚至会帮你介绍其他客户。

针对他们不喜变革、怯懦无刚的性格特征,销售人员还要给他们创造一个轻松的环境,不要一次传递给他们太多的信息,令其产生压力。由于隐逸型性格的客户常常是慢性子,在沟通过程中,销售人员要适当地给他们一点推动,并借助从众的消费心理来引导及协助他们作出决定。

**11. 接近活泼型性格的客户**

活泼型性格的客户喜欢引经据典、喜好表现;乐观开朗、豪爽豁达;活泼多变、缺乏耐心。当活泼型性格的客户侃侃而谈时,销售人员需要做一个积极的聆听者以满足他们喜好表现的欲望,适当的时候要对其加以赞美、肯定。如:"小姐,您说得非常有道理,我很认同您的观点"。这样做会令对方有一种受到重视和认同的感觉。

活泼型性格的客户乐观、豪爽、豁达,又非常乐于接受新事物,但他们话又特别多,甚至有的时候连他们自己都控制不住,这种性格的客户非常心直口快,作决定时也是一个比较干脆的人,只要销售人员推荐的产品和事业符合他的需求,好处又明显,他是一定会接受的。

针对他们性格中缺乏耐心和活泼多变的特点,销售人员在介绍时要简明扼要,不必绕圈子,要善于把握沟通时机,当看到对方的身体语言中流露出感兴趣的样子,比如主动用手触摸产品、身体前倾或点头表示附和时,便要赶快促其作决定。

**12. 接近正直型性格的客户**

正直型性格的客户办事耿直、为人厚道,性格沉稳随和;容易兴奋,表达自己的观点直来直去,从不拐弯抹角。因此,在沟通中,销售人员要善于发掘其优点,让对方产生一种被尊重、有价值的感觉,由此而振奋起来。正直型性格的客户随和易处的性格特点给了销售人员达成沟通目标的机会。

这种类型的客户在作决定的时候会比较爽快,一般行就是行,不行就是不行。所以,销售人员应该多真诚地与之沟通,通过交谈了解他的真实需求。当正直型性格的客户觉得销售人员有诚意时,即使他暂时不需要购买你的商品,也会购买一小部分你的商品甚至会帮你介绍其他客户。

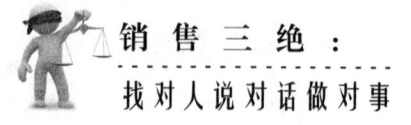

针对他们正直爽快的性格特征,销售人员还要给他们创造一个轻松的环境,将自己的想法照实讲出,不必小心翼翼、半露半藏,正直型性格的客户最反感人不痛快。

**13.接近严肃型性格的顾客**

接近严肃型性格的顾客必须具备认真这个基本素质。如果你是个严肃型性格的人,在销售中一定能辨别谁是严肃型性格的人。严肃型性格的顾客思维敏感,比较善于分析,是非常理性而又客观的人,不喜欢被别人强制推销。

# 做客户的知心人

客户是朋友,只有当真正与客户成为朋友,这才是销售人员最大的资本,这样的朋友是会给销售人员的生意带来许多好处的。以真诚的心,去对待每一位客户,把每一次接待都当作是在为自己的朋友(甚至是自己)服务,这样销售人员就能得到不少的朋友。在实际的工作中,如果能真正为客户多想想,多做一点力所能及的事,客户感动之余就会照顾销售人员的生意。

冬天,一位长者来某公司的展厅看车,不巧原来与他联系的那位同事在休假,于是李颖热情地接待了他,带他取钱,帮忙提车、加油,就这样结识了这位长者。之后,这位长者每次来展厅都很关心李颖及其公司的销售情况,有时还会与李颖拉拉家常:"你家有几个姐妹啊?他们都做什么工作?"他还把自己的收藏品拿给李颖看。去年6月份车展的时候,他还特地从关外赶来与李颖一起拍照留念,并约定时间一起爬山。

感受到这位长者的关爱和祝福,李颖心里觉得特别温暖。这种温暖和快乐其实同事们也常遇到。当自己走在路上,突然有辆熟悉的车停下来问你要去哪里,要不要送一程。简单一个招呼,一个微笑,心底里油然而生的是一种温馨喜悦。即使客户没有看见你,熟悉的车从身边飞驰而过,心里也会觉得惬意和快乐。

今年2月份,李颖所在公司举办了"赠人玫瑰,手有余香"的爱心传递活动。其实,人生的付出和收获亦与此次爱心传递活动的主题所反映的道理相一致。由此,李颖悟出一个道理:物质丰厚是幸福的,但仅此而已是不够的,幸福的关键是活得有价值,在享受关爱的同时,也要给身边的其他人"力所能及"的关爱;帮助别人是快乐的,经常帮助别人的人就能经常体验这种快乐,而太多的快乐编织在一起,就形成了幸福。只有这样,人们才能在"知恩、感恩、给予"的循环中不断地感受快乐、收获幸福。也只有和顾客先做朋友,才能得到顾客的信任,从而有利于自己以后工作的开展。

一个成功的销售人员,不仅需要过人的智慧、高人一等的生意手腕、精明的用人方法,更需要有超人的魄力、超强的人脉网络、长远的目光和进取的心态。想达成交易,不妨和客户先成为朋友。

某电气公司的约瑟夫·韦伯在宾夕法尼亚州的一个富裕的荷兰移民区做了一次考察。

"为什么这些人不使用电器呢?"经过一家管理良好的农庄时,他问该区的代表。

"他们一毛不拔,你无法卖给他们任何东西",那位代表回答,"此外,他们对公司火气很大。我试过了,一点希望也没有。"

也许真是一点希望也没有,但韦伯决定无论如何也要尝试一下,因此他敲敲那家农舍的门。门打开了一条小缝,屈根堡太太探出头来。

一看到那该区代表,她立即就当着韦伯和该区代表的面,把门"砰"地一声关了起来。韦伯又敲门,她又打开来;而这次,她把对公司的不满一股脑儿地说了出来。

"屈根堡太太",韦伯说:"很抱歉打扰了您,但我们来不是向您推销电器的,我只是要买一些鸡蛋罢了。"

她把门又开大了一点,怀疑地瞧着韦伯和该区代表。

"我注意到您那些可爱的多明尼克鸡,我想买一打鲜蛋。"

门又开大了一点。"你怎么知道我的鸡是多明尼克种?"她好奇地问。

"我自己也养鸡,而我必须承认,我从来没见过这么棒的多明尼克鸡。"

"那你为什么不吃自己的鸡蛋呢?"她仍然有点怀疑。

"因为我的鸡下的是白壳蛋。当然,你知道,做蛋糕的时候,白壳蛋是比不上红壳蛋的,而我妻子为她的蛋糕自豪。"

到这时候,屈根堡太太放心地走了过来,态度温和多了。同时,韦伯的眼睛四处打量,发现这农舍有一间修得很好看的奶牛棚。

"事实上,屈根堡太太,我敢打赌,你养鸡所赚的钱,比你丈夫养乳牛所赚的钱要多。"

这下,她可高兴了!她兴奋地告诉韦伯,她真的是比她的丈夫赚钱多。但她无法使那位顽固的丈夫承认这一点。

她邀请韦伯参观她的鸡棚。参观时,韦伯注意到她装了一些各式各样的小机械,于是韦伯"诚于嘉许,惠于称赞",介绍了一些饲料和掌握某种温度的方法,并向她请教了几件事。片刻间,韦伯和屈根堡太太就高兴地在交流一些经验了。

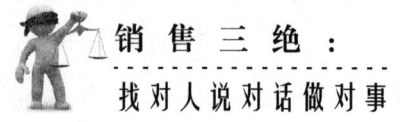

**销售三绝：**
**找对人说对话做对事**

  不一会儿,她告诉韦伯,附近一些邻居在鸡棚里装设了电器,据说效果极好。她征求韦伯的意见,想知道是否真的值得那么干……

  两个星期之后,屈根堡太太的那些多明尼克鸡就在电灯的照耀下了。韦伯推销了电气设备,她得到了更多的鸡蛋,皆大欢喜。

  做朋友和引导顾客消费两不误,销售人员何乐而不为呢?

# 第二章 开发客户：
## 客户潜伏在你身边

客户是销售人员的衣食父母，而对于初出茅庐的销售新人来说，最难办的问题就是怎样找到客户。只有找到了客户，你的销售业绩才能节节攀升。因此，作为一名销售新人，你必须充分重视客户，并不断培养自己开发客户的本领和技能。寻找客户并不难，引用销售行业里的一句名言就是：客户潜伏在你身边。

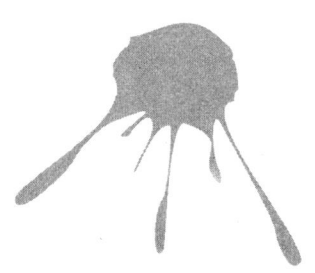

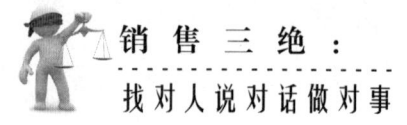

# 准客户须具备的条件

成功销售是建立在有效客户基础之上的,怎样才能更好地发挥自己的口才技巧去开发更多的客户呢?首先要了解客户的购买心理类型。

对销售人员来说,只有拥有足够多的准客户,才有可能实现比较理想的业绩目标。许多人之所以没有成为成功的销售人员,原因是没有注意到准客户的重要性!更不懂得如何去开发新的客户。

销售是一项富有开拓性的工作,它要求销售人员大胆地去迎接一切挑战,将遇到的每一个人都当作自己的准客户。如果认为这些人都不能成为自己的客户,那么销售工作迟早会步入绝境。

有一个故事很能说明这个道理。

很久以前,有一个非常勤劳的农夫,他的勤劳感动了上帝。于是上帝托梦告诉他,说海边有一块比其他石头都要热的石头,它可以点石成金。于是这位农夫就来到了海边,在成千上万的石头中开始寻找那块神奇的石头。他捡起一块石头,摸一摸它的温度,但总觉得没有其他的石头热,于是就把这块石头扔进大海。接着,他又捡起一块,觉得还不是,就又把它扔进大海。就这样,第三块,第四块……

一天又一天,他早出晚归,将一块块石头扔进大海。他坚信自己一定能找到那块更热的石头。

一年又一年过去了,他的决心仍然没有动摇。但他扔石头的动作却成了一种习惯。终于有一天,最后一块石头被投入了大海。他仍然没有找到那块更热的石头。

这个故事告诉了销售人员这样一个道理:在寻找客户的时候,不能像那个农夫那样一心想"找到更热的石头",应该认真地对待捡起来的每一块"石头"。不论在哪里,面对的是什么人,都要有"客户就在这些人当中"的不放弃精神。只有这样,销售人员才能找到能点石成金的"石头"。其实,准客户就在茫茫人海中。

那么,到底什么样的人才算得上准客户呢?所谓准客户,就是指有可能购买产品的客户。作为准客户,至少具备以下三个条件。

**1.有购买力**

这是最为重要的一点。在考察每个客户时一定要分析如下问题:他有支付能力吗？他买得起这些东西吗？比如，向一个月收入只有2 000元的普通工薪族推销一部奔驰车，尽管他很想买，但他能买得起吗？

**2. 有购买决策权**

在实际运作中，销售不成功的一个很大影响因素就是，销售人员辛辛苦苦找到的人却没有最终的购买决定权。

小刘是某个广告公司的业务员，他与一家公司副总谈了2个月广告业务，彼此都非常认同，但最终却没能达成任何交易，因为该公司的总经理是副总的太太，而她最后否定了这笔交易。就这样小刘白白浪费了很多时间。

有时，使用者、决策者和购买者不是一个人，如想买玩具的小孩儿是使用者，决策者可能是妈妈，购买者可能是爸爸。

**3. 有现实需求**

除了购买能力和决定权之外，还要看准客户是否有需求。比如一个人刚买了一台洗衣机，销售人员再向他销售洗衣机，尽管他具备购买能力和决策权，但他没有需求，自然也就不是要找的准客户。

只有具备以上三个条件的人才是销售人员要找的准客户。但在实际操作中，也可能会碰到以下状况，到时候就应该根据具体状况来采取相应的对策：

(1) M1+A1+N1：是理想的销售对象。

(2) M1+A1+N0：运用熟练的销售技术，有成功的希望。

(3) M1+A0+N1：可以接触，但应设法找到具有A的人。

(4) M0+A1+N1：可以接触，需调查其信用条件、业务状况等给予融资。

(5) M1+A0+N0：可以接触，应长期观察、培养，使之具备另一条件。

(6) M0+A1+N0：可以接触，应长期观察、培养，使之具备另一条件。

(7) M0+A0+N0：可以接触，应长期观察、培养，使之具备另一条件。

(8) M0+N0+N0：不是客户，应停止接触。

式中，M代表购买力；A代表决策权；N代表需求；1代表有；0代表无。

从上述状况来看，潜在客户有时虽欠缺某一条件(如购买力或购买决定权等)，但仍然可以开发，只要应用适当的策略，便能使其成为新客户。

要成为一名成功的销售人员，就得培养一个牢固的准客户的基础。要想保持这一基础的牢固，销售人员就得不断地、有效地找到准客户。当然，应该首先花主要精力去寻找M+A+N，这样不但可以省时省力，还可以获得更多利益。

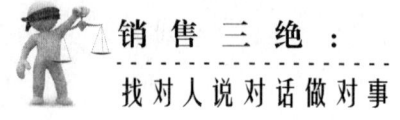

# 寻找准客户的方法

销售人员在寻找准客户时不能太盲目,必须掌握一些基本方法。这种方法其实也很简单,最重要的就是用心和坚持。市场是最大的课堂,客户是最好的老师。所以,销售人员要懂得在实践中去学习、总结,注意多听、多看、多思考。

寻找准客户的方法有以下三种。

**1.企业内部搜索法**

在大多情况下,搜索准客户,首先应该从本企业内部获得有关客户的信息资料,这样既准确快捷,又省时省力,可以说是一条切实可行的捷径。

**2.人际连锁效应法**

(1)介绍法。通过现有客户来挖掘潜在客户。在现有客户的配合协助下,常常就可以找到许多准客户。因此,销售人员千万不要忽视老客户的作用,要学会培养一批忠诚的老客户,并运用这些客户的力量获得更多的准客户名单。因为,每个人背后都有很多朋友。

(2)交换法。与其他公司的销售人员交换客户名单。

**3.市场调查走访法**

假如通过上述两种方法都不能如愿,那么销售人员就需要进一步扩大搜寻区域,这就需要通过市场调查走访来开拓潜在客户。

市场调查走访法是指在更大的区域和更广的视野内实现销售战略的一种方法。打个比方说,如果从企业内部和从已有客户及亲友中寻找客户是"用渔竿钓鱼",那么,从市场调查中搜索准客户则是"用网打鱼",这种方法覆盖面广,往往容易取得较好的销售绩效,找到更多的潜在客户。

市场调查走访法要求销售人员做到以下两点:

第一,随时随地寻找准客户。一个优秀的销售人员会随时随地寻找准客户。而各类的社交活动就是寻找准客户的最佳时机,如喜宴、葬礼、座谈会、演讲会等。例如,陈小姐大学毕业后来广州工作,在一家电器公司做推销员。初来乍到、人生地不熟,于是她周六、周日必去登山,演唱会、音乐会等也一定去,可谓每会必到。由此,在短短的时间内认识了很多准客户,业务做得很红火。

第二,大范围地发送名片。每一位销售人员都应设法让更多的人知道你是干什么的,推销的是什么商品。这样,当他们需要这些商品时,就会想到你。你可以利用一些有益的社交活动认识一些人,让更多的人知道你。在这个时候就要利用你的名片了。你的名片一定要有特色,让它不至于被对方忽视或遗忘或在你发放给他人的第二天在垃圾桶里找到它。

每个人都使用名片,但乔·吉拉德的做法与众不同:他到处递送名片,在商场购物时递,在餐馆就餐付账时递,甚至利用看体育比赛的机会来推广自己。他订了体育比赛最好的座位,带去10 000张名片。当人们为明星的出场而欢呼的时候,他把名片扔了出去。他认为,正是这种做法帮他做成了一笔笔生意。当人们要买汽车时,自然会想起那个抛撒名片的推销员,想起名片上的名字:乔·吉拉德。他的成就正是来源于此。

有人就有客户,如果你让他们知道你在哪里、你卖的是什么,你就有可能得到更多的机会。

## 了解客户及其家人的兴趣

销售人员在收集客户信息时,不仅要了解客户的兴趣爱好,同时要了解他的家人、亲朋好友的兴趣爱好,这对推销成功与否至关重要。请看下面这个例子:

艾伯特·莱文在纽约的一家大银行供职。有一次,他被指定准备一份有关某公司的机密报告。莱文了解到,只有一个人掌握着他所急需的情报,这个人就是某大工业公司的总经理。于是,莱文前去拜访他。

当莱文被领进总经理办公室时,有位年轻的女子从门里探出头来告诉总经理,说她今天没邮票给他。

总经理对莱文解释说:"我在替我那12岁的儿子收集邮票。"

莱文说明了来意,并开始提问。但那位总经理却显得心不在焉,他言辞闪烁,根本无心向莱文透露半点情报。就这样,莱文的第一次造访失败了。

该怎样使那位总经理打开话匣子呢?莱文绞尽脑汁,终于,他想起了那位年轻女子的话。银行业务部不是收集有许多邮票吗?那些邮票还是从五湖四海的来信上剪下来的,一般人很难弄到。

第二天下午,莱文又去拜访那位总经理。莱文对传话人说:"请转告你们的总经理,我为他儿子弄到了一些邮票。"

总经理满脸堆笑地接见了莱文,他一边翻弄那些邮票,一边不断地说:"我的乔治一定喜欢这张的,看这张!这是珍品!"

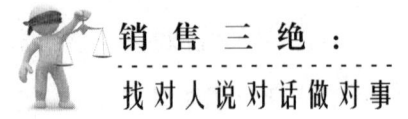
销售三绝：
找对人说对话做对事

总经理还兴致勃勃地拿出儿子的照片来,他们谈了差不多半个小时的邮票。

在接下来的一个小时里,总经理主动把他所知道的一切和盘托出,并把他的属下叫来询问,还给他的合作伙伴打了电话。向莱文提供了大量的事实、数据、报告和信件。

由此可见销售人员"投其所好"的重要性。

# 了解客户的其他方面

一位销售人员急匆匆地走进一家公司,找到经理室敲门后进屋。下面是他和经理间的一段对话:

"您好,李先生。我叫田志,是××公司的销售人员。"

"我姓周,不姓李!"

"噢,对不起。我没听清楚您的秘书说您姓李还是姓周。我想向您介绍一下我们公司的彩色复印机。"

"我们现在还用不着彩色复印机,即使买了,1年也用不上几次。"

"是这样呀。不过,我们还有别的型号的复印机。这是产品介绍资料。"他将印刷品放到桌上,然后掏出烟和打火机说,"您来一支?"

"我不吸烟,我讨厌烟味。而且,这个办公室里不能吸烟。"

这是一次失败的推销,失败的主要原因是销售人员弄错了对方的姓氏,而这是推销时最忌讳的。

由此可见,在正式推销之前,销售人员除了要了解客户的长相和客户及其家人的喜好外,还应当了解客户的基本资料。

如果推销的对象是公司或团体组织,则要弄清公司是属于批发商、制造商还是零售商?公司的规模多大?公司提供什么样的产品或服务?公司的销售对象是谁?公司追求多高的利润率?公司的最初竞争对手是谁?公司各种产品的购买量多大?是从一个供应商那儿买,还是好几个?为什么?公司为什么选择目前的供应商?对他们是否满意?目前公司所面临的问题是什么?公司的声誉如何?是否有影响力?等等。

所谓"塞翁失马,焉知非福",意思是说人生的幸与不幸,不能光凭一时就下定论。因为噩运之后,常常跟着好运;好运背后,又常常有坏运在打转。

销售工作也有类似的情形,不会永远顺利或不顺利。因此,销售人员业绩好时,不能得意忘形；业绩不好时，也不要太过悲观，应该让自己的心情始终保持平稳状态，冷静地去思考下一步要怎么走。

当人们对事情感到困惑或看不清楚事情真相时，就要立刻回到原点，思考问题的症结所在。对销售人员也是一样，在业绩跌到低潮时，应重新回到原点，把自己当作刚起步的新手，认真检讨曾经做过的每一件事情。通常业绩无法突破的原因是没有开发准客户。对于这点，销售新手多半能注意到。可是资深销售人员却常常忽略这件事，因为他们只看到眼前的利益，而忘记这些利益是如何辛苦获得的。销售人员一旦回到起点，就等于重新投入现场销售，只要发挥过去那种干劲，一定可以突破低潮的。

总之，当销售人员工作很闲、业绩不上不下的时候，一定要强迫自己回到起点，把全部精力用在开发新客户上，相信很快就能挽回颓势。

# 利用电话开拓客户

在工作节奏变得愈来愈快地今天，时间对每个人来说都很宝贵。因此，销售人员在开拓客户时，如何能让客户不停下手头工作，又能接受你的介绍就变得很重要，而利用电话开拓客户就很好地做到了这一点。下面来看一下电话开拓客户的几个要素。

**1. 吸引潜在客户的注意**

利用电话开拓客户的第一个要素就是要吸引潜在客户的注意。请记住，对方并不是在恭候你的电话，或许你打电话给他时他正在想着其他的一件事情，而你的首要任务就是让潜在客户停下手中的活儿并把注意力转向你。你有10秒钟左右的时间来完成这一任务：

"胡先生吗？您好，胡先生，我是M管理公司的李威。您今天好吗？那真是太好了！我打电话给您是因为我曾经给您邮寄过一些我们公司的介绍资料，我们向你们这样的大公司提供财务管理服务。你们公司是如何解决这类事务的？(胡先生回答)。太好了！3月25日我正好要到你们公司附近办点事，我想来拜访您并介绍一下我自己。您下午3:00有空吗？"

引起对方注意的最简单方法就是直呼他或她的名字。戴尔·卡耐基在他的畅销书《怎样赢得朋友并影响别人》中讲道："对一个人而言，再没有比叫自己名字更为亲切、更为重要的声音了，它胜过世界上任何一种语言。"另外，根据最新研究结果

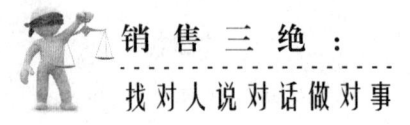

显示,人的95%的时间是在为自己着想。因此,为了引起潜在客户的注意,请用以下的句子:

"李先生吗？您好,李先生。"

为保险起见,可在开场白中多次称呼客户的名字。这会起到让你意想不到的神奇功效。

**2.自我介绍**

利用电话开拓客户的第二个要素是介绍你自己。请参阅下面一段话:

"我是M管理公司的李威。您今天好吗？那真是太好了!"

介绍你自己是谈话开头必不可少的一部分,但真正使这段话起作用的是"您今天好吗？"记住,你是在打一个促销电话,而潜在客户也很清楚这一点。潜在客户与你之间有一层障碍是很正常的,这时你所需要的就是职业演讲者常说的"破冰船"——通过演讲者的一个词或一段话把听众吸引到演讲中来。在这里,"破冰船"就是为了把潜在客户吸引到你的谈话中来而设计的。问一句对方"您今天好吗？"在这里极其有效。一般来说,答复是肯定的,至少也是中性的。

听到对方的回答后要特别强调一声"那真是太好了!"有人说推销是把你对产品或服务的热情传递给潜在客户的过程。一旦潜在客户对你提供的产品或服务像你一样充满热情,那这笔生意就做成了。从与潜在客户第一次接触的那一刻起,就要着力于把热情传递给他们。"太好了"是传递过程的开始。

**3.讲明打电话的原因**

利用电话开拓客户的第三个要素,就是讲明你打电话的原因。请考虑下面的语句:

"我打电话给您是因为我曾经给您邮寄过一些我们公司的介绍资料。我们向你们这样的大公司提供财务管理服务。"

请注意,虽然说打电话给客户的原因是因为你给他邮寄过一些资料,但邮件并不是你促销电话的必要前提。寄出邮件应该是过程或计划中的一部分,但如果它做不到这一点,那可能对延长销售周期有利。不幸的是,大多数销售人员寄信的目的是为了避免打促销电话,他们相信潜在客户会阅读信件并打电话来订货,从而把促销电话从首要位置处移开。但通常的结果是大多数潜在客户并不会给销售人员打电话,寄信并不能增加销售人员销售过程正面结果出现的概率。事实上,不管销售人员是否曾在打促销电话前给那个特定的潜在客户寄出过资料,销售人员所处的地位都是一样的。因此,为了加速销售进程,销售人员不应把寄信作为促销电话过程中的必要前提,相反应该用批判的眼光来看待自己寄出去的每一封信。销售人员需要做的就是打更多的电话,或许这样销售人员可以收到更高的投资回报。

接下来,销售人员可以简要介绍一下公司的业务范围。这一点也非常重要,因为不管潜在客户是否收到你的信件,他们都很愿意了解你的公司主要提供哪些服务。这也为促销电话的下一个,也是最重要的一个要素打下了基础。销售人员可以用一句话概括公司的业务范围,如:

"我们向你们这样的大公司提供财务管理服务。"

**4. 向客户提问**

既然潜在客户已经知道了销售人员所在公司的主要业务是什么,那接下来要做的就是提出第二个问题,把话题转给他,让他来回答。在向对方提出试探性的、开放性的问题时,你才能成为最佳的"顾问型"销售人员。销售人员应该多听少讲,通过下面一个公开性的提问,可以给潜在客户很大的余地来告诉他们公司的业务情况以及需求现状。这样做的好处在于,由于你给了对方很大的自由发挥的空间,通常他会给你一个发现他们公司需求现状的机会,这样也为面对面推销打下了基础。你可以问:

"你们公司是如何解决这类服务需求的?"

如果你能给对方的投资带来一个合理的回报,那他们一定会到你这里来购买产品,而要做到这一点,你首先得了解他们的业务情况及需求现状。最终,潜在客户会自己决定是否与你会面或买不买你的产品或服务。你的任务仅仅是要帮助他们作出这一决定。认真倾听客户的回答,别打断他。

**5. 得到约见机会**

现在,你应该为成交而努力了。你刚认真地倾听了潜在客户是如何解决你所推销的产品或服务需求的,接下来就是要把热情传递给对方并争取得到与对方的约见。

"太好了!"(请注意:用"太好了"这一词是对潜在客户公司在处理你所推销的产品或服务事务方面的评价,同时,促销电话中使用这一词的主要原因是要使对方对你的产品产生热情,而你使人听上去感到信心十足,确信能给潜在客户带来益处。)"3月25日我正好要到你们公司附近办点事,我想来拜访您并介绍一下我自己。您下午3:00有空吗?"

这里也有几个要点。首先,在打每一个电话之前,销售人员应决定自己会见潜在客户的最方便时间。销售人员在安排时间计划时通常是为了使自己盈利最大化,而不是对潜在客户。尽管这种观点听起来似乎不是在为潜在客户的需求着想,但请记住,这一策略的目的是要使销售人员投在推销过程中的时间收益最大化。销售人员应该灵活运用,但也应该牢记,尽可能做到效率最高。

销售人员应给潜在客户一个明确的日期和时间,这个日期和时间应在电话开

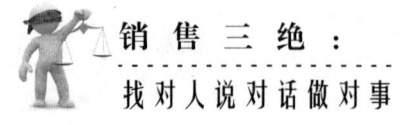

拓之前就已计划好,以最适合于自己忙碌的日程安排。只给潜在客户一个确切的时间会使谈话内容转向何时会面。如果给对方的是可选择的时段,那结果只会把谈话内容引向他们是否愿意和销售人员约见,而不是何时约见。请记住,得到客户的约见对销售人员来说至关重要。约见时间的较好安排应从上午8:00开始,每两小时安排一次约见。

业务拓展循环过程将让销售人员继续保持对潜在客户的努力,即使其刚刚失去那笔生意也是如此。理由是:每次打电话给潜在客户,销售人员都为她提供了一些新的信息。换句话说,销售人员给潜在客户一个新的回复自己电话的理由,一个新的与自己见面的理由,一个新的购买自己产品或服务的理由。其次,在每次电话开拓时销售人员都要做好准备。下面来分析一下如何用业务拓展循环过程来挽回失去的生意。

假设你刚从一位优先考虑的潜在客户那里失去一笔生意,失去生意的原因可能是由于你没有尽全力把自己的一个或几个优势特点或独有的销售特点讲给潜在客户听,从而未能满足他们的要求。再次打电话时你可以把一些新的、有趣的信息经常提供给潜在客户。换句话说,如果你面对的是录音电话,你可以给他们一个新的回复你电话的理由;如果你确实很难得到对方的约见,那也给他们一个新的理由与你见面;如果他们真的不想购买,那也给他们一个新的理由再予以充分考虑。设想你刚失去了那笔销售,下一次你在和潜在客户交谈时应该把侧重点放在独有的销售特点上。如下所示:

"胡先生吗?您好,胡先生。我是高科技办公设备公司的李威。您今天好吗?那真是太好了!我打电话给您是因为我们公司最近首先向市场推出了一种先进的办公设备,它将会给公司现有的办公模式带来一场重大变革。我们已经成功地为许多像您这样的大公司安装了该设备,我希望能来拜访您并向您证明这一点。9月1日我正好要到你们公司附近办点事,我想到您这儿来一趟。您下午3:00有空吗?"

若这种侧重于强调高科技办公设备公司独有销售特点的策略不能奏效,那你就需要在下一个月打电话给那位潜在客户,而这次,你要把侧重点放在你们当地的销售服务支持上,而不是强调公司是进军市场的先锋。如下所示:

"胡先生吗?您好,胡先生,我是高科技办公设备公司的李威。您今天好吗?那真是太好了!我打电话给您是想告诉您,我们公司最近推出了一项名为'顾客满意服务100分'的活动,因为我们是一家全球性公司,我们在你们公司所设备分支机构的城市里都有当地的服务支持,这确保我们能在24小时内为您远距离的需求提供及时的当地服务,从而将停工时间降为最低。通过这一活动,我们已经成功地为你们这样的大公司节省了数十万美元。我想来拜访您并向您介绍有关情况。4月19日,我正好要到你们公司附近办点事,您下午3:00有空吗?"

为了更有效率地开拓客户,你可以每月打一次电话给那些优先考虑的客户,每季度打一次电话给一般考虑的客户,每半年打一次电话给那些最后考虑的客户。按照这种策略并结合上面所说的独有销售特点,你有30天的时间把有价值的信息传递给一个优先考虑的客户,90天的时间传递给你一个一般考虑的客户,以及182天的时间传递给最后考虑的客户。换句话说,你总会有一些重要的、新的信息讲给潜在客户听。

"胡先生吗?您好,胡先生。我是高科技办公设备公司的李威。您今天好吗?那真是太好了!我打电话给您是想告诉您我们研究和发展测试新设备的一些情况。您知道,高科技办公设备公司支持该行业中最大的研究与发展预算项目。有了这些新设备,我们不仅能支持自己公司的研究与发展工作,而且我们对顾客免费开放我们的试验室,允许他们使用这些测试设备。高科技办公设备公司为它的研究和发展服务感到自豪。这也可以让我们的客户充分享受我们所有产品的最新科技承诺及首先进入市场的承诺。6月2日,我正好要到你们公司附近办点事,我想来拜访您一下。您下午3:00有空吗?"

更重要的一点是,这一方法是可以循环的。当接近终点时,你其实是到了另一个起点。你可以重新向潜在客户介绍你们公司。毕竟,从你最初的那一笔生意开始,至今已经过去了好长一段时间,而且,当你指出你们独特的销售特点时,他们的看法会略有不同。换句话说,你正在提供一系列新的、已经改良过的信息。通过使用这个策略,你也许证明了你所具有的专业推销中最大的优点或美德:持之以恒。毕竟,潜在客户想知道你在销售结束后是否仍能为他们提供服务。持之以恒能为目标市场发出一条十分明确的信息。

# 利用公司资源开拓客户

你所在的公司是最容易使用的资源,而且它肯定能为你提供帮助。专业推销员应充分利用公司内部的各种对搜寻有帮助的信息、人员和手段。

公司内部可利用的信息、人员和手段主要有以下几个方面:

(1)当前客户。公司的其他部门可能正在向你不知道的一些客户进行推销。你可以从这些部门获得客户目录清单以及与这些客户有关的有价值的信息。这些目录清单可能包括一些你以前忽略掉的潜在客户。由于这些客户是你公司的老主顾,

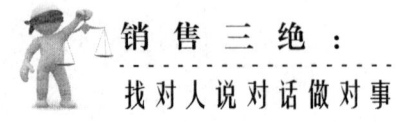

所以非常有理由相信他们会对你提供的商品或劳务感兴趣。

(2)财务部门。公司的财务部门能帮你找到那些不再从公司买东西的从前的客户。如果你能确定他们不再购买的原因，那么就有机会重新赢得他们。这些潜在客户熟悉你提供的商品或劳务，而且公司的财务部门对其信用也表示认可。另外，公司的财务部门可能还有与这些潜在客户签订信用合同的各种记录。现在正是利用这一资源的大好机会。

(3)服务部门。公司服务部门的人员能向你提供新的潜在客户的信息。因为他们经常与购买公司产品并需要维护或维修的客户进行接触，因此，他们更容易识别出哪些客户需要新的产品。销售人员要学会鼓励服务部门的人员提供有关潜在客户的各种信息，并且当在他们帮助下推销成功时，要给予他们一定的回报。公司的送货员也容易发现潜在客户的需求。最后，别忘了与非竞争对手企业的服务部人员进行合作。

彼德是一名杰出的"别克"汽车推销员。公司内的其他推销员非常奇怪为什么那么多客户来了以后直接找他订货。彼德之所以有这么好的生意，靠的全是他与公司服务部门保持着良好的关系。每当机械修理师发现有寿命快到期的轿车而且车主有买车愿望时，他们便把这一信息告诉彼德。然后彼德打电话给这名车主，并许诺如果从他这里买车他会提供最大的优惠。

当销售成功时，彼德就从佣金中分一部分给机械师。

(4)公司广告。很多公司订货增加是因为它们做了大量电视和广播广告，或是在报纸杂志上做了大量宣传，要么就是在特定区域内寄送了大量优惠卡。人们对这些措施的反应予以注意——他们为什么会有这样的反应呢？一般地，有这些反应的人被称为活跃的潜在客户。在你的销售过程中要尽量发挥公司广告所带来的好处。

(5)展销会。每年有成千上万次展销会举行，有汽车展销、旅游用品展销、家具展销、电脑展销、服装展销、家庭用品展销等，名目繁多。公司要记下每个到展销柜台的参观者的姓名、地址和其他有关信息。然后把这些信息交给推销人员，以便他们进行跟踪联系。公司一定要迅速找到并吸引这些潜在客户，因为展销会上的其他公司同样会对这些潜在客户感兴趣。所以你一定要争取先拥有他们。

(6)电话和邮寄导购。很多公司寄出大量的回复卡片，或是雇人进行电话导购联系。用这一方法可以获得大量潜在客户。而且，几乎所有的公司都可以用这一方法吸引感兴趣的潜在客户。

因此，要努力使你能通过应用这一方法获得好处。

# 利用个人资源开拓客户

虽然公司及外部资源会提供给你很多潜在客户的信息,但是,所有的销售人员还必须要依靠个人的积极性,努力培养潜在客户,游说兜售这种技巧的主要依据是概率原则。

假定你如果拜访了相当数量的家庭和客户,那么肯定会从其中发现一些潜在客户。例如,在上门推销的方式中,如果拜访了所有的家庭,那么你肯定会推销出几件产品。很多产品和服务,如大英百科全书、吸尘器、化妆品、家庭日用品、壁画、保险等,都可以用这种方式推进销售。游说兜售也可以用于厂商与厂商之间的交易。例如,汽车生产厂家的推销人员通过拜访某一特定地区的所有汽车代销商也可以创造良好的销售业绩。

游说兜售适用于有流行趋势的产品或服务。当然,这种方式也有一些弊端,它由于需要接触大量客户,不可避免会浪费很多时间。不过,通过销售人员的慎重选择,销售的成功率是可以提高的。例如,百科全书的推销员可以不必对每家每户进行推销,他只需选择有小孩的家庭进行集中推销即可。此外,要善于利用下列个人资源:

(1)侦察员。销售人员可以利用所谓的"侦察员"来获得有关潜在客户的线索。侦察员可以有多种来源:他们可以是家庭主妇或是退休人员,利用闲暇时间来为销售人员打电话;他们也可以是学生,利用课余时间从事上门推销。任何可以被用来发现潜在客户的人都可以被称为侦察员。汽车销售经纪人可以向汽车保险销售商提供潜在客户的名单。房屋装修人员可以向搬家公司提供潜在客户的名单。利用侦察员可以节省时间并提高推销人员销售的成功率。当销售完成时,侦察员可以获得佣金报酬。

(2)朋友或熟人。潜在客户有时也许就在你身边,不要忽视你的熟人。如同其他人一样,你的朋友对各种产品和服务也有相当广泛的需要。人寿保险公司通常要求其新职员从他们身边的熟人开始做起。这种方式对于很多其他的产品和服务也比较适用,例如房地产、旅游和安全保险等。

(3)关系网。简言之,关系网是一种交际的技巧,而要想形成一个有效的关系网,你必须遵循以下几个原则:①结识你可能认识的所有的人;②让你所结识的人了解你的工作;③找出他们中间的潜在客户。

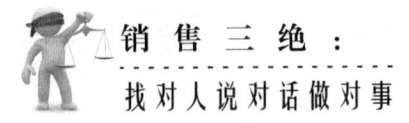

(4)个人的机敏。寻找潜在客户的手段有很多种,但是,没有任何一种东西能够代替对自身周围机会的敏感:竖起你的耳朵,睁大你的眼睛。有些销售人员对自身周围的每一个机会都十分敏感;而有些销售人员对撞到身上的机会都视而不见。

在随意的闲聊中所获得的信息有时是很重要的商业机会。新闻报道中也许有很多线索。招聘新员工的广告意味着某个企业的业务扩展。节日也会提供销售机会,有时,天气的变化也会刺激人们购买某些产品的欲望。销售人员应时刻注意并充分利用这些机会。

在大多数的城市里,办打字公司都是一门很奇特的生意,他们的生意量很大,主要业务项目就是专门替广告公司、印刷出版商以及报社做打字的工作。因此他们跟很多广告公司或是大公司广告部的主管有来往(一般百货公司,以及一般性消费品公司都有广告部门),另外打字公司跟一些印刷厂也有密切往来,所以随便一家打字公司的老板手中都有几百个名字可以告诉你,他还清楚哪家赚钱,哪家不赚钱。总而言之,在今天的商业圈中,凡是跟文字有关的人,都有可能跟打字公司发生关联。

这样一来,建议你找一天空闲的时候,去拜访打字公司的老板,探问他手头上有哪些客户。假如,你这是跟他第一次碰面,你可以用前面所教你的办法,以"我今天是来推销保险的,不知道您有没有用得到的地方?"作你推销的开场白,然后向对方说明来意,告诉他人寿保险如何帮助他生活得更有保障;等到你的工作做完了以后,不管有没有做成生意,都要想办法拖住对方,问问他来往的人当中有哪家生意兴隆,值得你也去推销人寿保险。举例来说,你可以问问他:

"请问贵公司有没有跟特亚广告公司往来?"

"有呀,他们是一个很大的客户哪。"

"那您晓不晓得老板是那一位?"

"哦,李健先生呀。"

"噢,那特亚广告公司里面,你还认识其他哪些人呢?"

"哦,这就多了,那个公司上上下下,我几乎都认识。"

"那么您能不能介绍几位经常跟您有往来的先生,让我认识认识呢?"

这就是你向对方探取名字的方法。把一家广告公司弄清楚了以后,你就可以再问另一家广告公司,然后再设法跟他打听一下,有哪些百货公司的广告部门主管跟他熟悉,还有哪些大公司中负责广告的人。

"请问您跟铁路局有没有什么生意往来呢?"(这是研究完成广告业以后新的问题。)

"偶尔有点直接的生意,但是铁路局通常有他们自己的广告公司。"

"那你一定也认识铁路局里面的职员和他们的主管？"

"那当然认识啦,我可以介绍很多人给你认识。"

你看,就以这样的方法,你就可以从一间小小的打字行得到很多有潜力的准客户了。

当然,你下一步要仔细地再打听一下,这些名单的主人的个人资料,这跟以前所教你的方法完全一样,一个名字一个名字地研究,如他们的职位、家庭状况、年龄以及地址等。

# 请人介绍来拓展客户

对很多销售人员来说,感到最头痛也最吃力的事情,就是开拓潜在客户。其实事情远远没有你想象的那么困难,你现有的客户群就可以好好再开发。

注意分析一下你收集来的客户资料,你将不难发现,在现有客户群中,还隐藏着很多潜在客户,存在很大的客户市场,等待你去开拓！怎么开拓呢？

有一种很好的方法叫做转介绍,也就是让现有的客户帮你介绍新的客户。

这是开拓潜在客户最为有效的方法之一。通过转介绍,还可减少初次拜访的陌生感,同时有现有客户的认可,更具有先入为主的说服力,赢得潜在客户的认可,促成交易。如此,你的客户群就像滚雪球一样,越滚越大！

**1. 让客户认可你**

你要向客户提出请求,并解释什么是转介绍。只有得到客户的认可,客户才会把朋友的近况及家庭情况告诉你。

具体来说,获得客户认同要做到两点：

(1) 要有责任感,笃守信誉。在经营活动中,一定要重信誉、讲信用,以实际行动赢得客户信任,客户才乐意做转介绍。

(2) 给客户提供满意的服务,只有以真诚服务打动客户的心,才会获得客户的认可,客户才会放心地把你推荐给朋友,自愿反馈朋友信息给你。

让客户认可你,这是很重要的一步,迈出这一步,后面的事情就好办了。但如果你遇到拒绝提供转介绍的客户,就应该尽快找出客户拒绝的原因,打消客户的顾虑,解除客户的担忧。

**2. 获得潜在客户的资料**

当你获得客户的认可后,他会把一些潜在客户的详细资料提供给你。你在收集

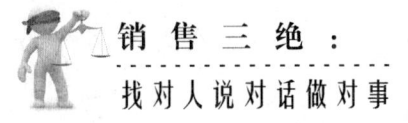

这些资料时,要掌握潜在客户的姓名、年龄、家庭及单位地址和电话号码、教育背景及未来计划,同时还需掌握潜在客户的兴趣、情感与性格。这样,你就对潜在客户有了大致的了解和认识,轻松掌握了潜在客户的生活详情,为陌生拜访客户奠定了基础。

**3.准确锁定潜在客户**

根据掌握的资料,认真对潜在客户进行筛选,选择最具有可能性和最具购买实力的潜在客户锁定为主攻对象。锁定客户后,选择恰当的拜访时间、方式、话题,精心为潜在客户设计计划。

虽然是陌生拜访,但对客户资料了如指掌,就能做到介绍得心应手,句句说到潜在客户心坎上;再则你是经朋友介绍来的,潜在客户不会拒你于千里之外,更不会为难你,甚至还会产生一种亲切感、信任感。可以借助自己为客户提供的服务,用事实证明自己的信誉与能力。如此双管齐下,作用更为明显,相信会事半功倍。潜在客户也会接受你的观点,成为你的客户,最后促成交易。

# 让推荐人帮你宣传

美国销售专家乔·吉拉德在自传中写道:"每一个用户的背后都有250个客户,销售人员若得罪一个客户,也就意味着得罪了250个客户;相反,如果销售人员能够充分发挥自己的才智利用一个客户,他也就得到了250个关系。"这就是乔·吉拉德著名的"250定律"。美国保险销售大王弗兰克·贝特格特别强调了这种方法的有效性,他还有这样的亲身经历。

一个意志消沉的年轻人来向弗兰克·贝特格请教。他说自己推销寿险已经1年多了,刚开始做得还不错,可当他把寿险销售给一些朋友及大学同学后,就不知该怎样继续了,现在他心灰意冷,准备放弃。

弗兰克·贝特格对他说:"年轻人,你只做到了事情的一半,回去找向你买过保险的客户,从每个客户那里至少会得到2个以上的客户。此外,不管面谈结果如何,都可以请拜访过的每个客户给你介绍朋友、亲戚等。"

半年后,他又找到弗兰克·贝特格,他说:"贝特格先生,回去后我紧紧把握一个原则就是不管面谈结果如何,我一定从每个拜访对象那里至少得到2个介绍名单。我现在已经得到500个以上的名单,比我自己四处去闯所得的要多出许多。今年头半年,我已缴出23.8万美元。以我目前持有的保险来推算,今年我的业绩应该会超出150万美元!"

有很多销售人员认为,任何人只要肯介绍客户,他就是好的推荐人。从理论上来看这确实没有错,可是唯有推荐人本身也是合适客户,才会更具有说服力。强有力的推荐人,对销售人员来说,具有很高的价值。可是通常只有满足以下两个条件,客户才愿意为销售人员做郑重的推荐:

(1)推荐人跟销售人员有非同一般的友谊,以至于推荐人可以不计后果,而且不管结果会怎样,都愿意鼎力推荐。客户多半来自销售人员个人亲密的亲朋好友,再就是销售人员曾经有恩于他,基于报恩,所以愿意大力相助。

(2)推荐人有助人为乐的作风。也许是以前的客户、亲戚、朋友或者是一些有社交来往的人——当然不是仅限于这些人。

很多销售人员会觉得要人帮忙介绍客户是一件非常难开口的事,觉得这对销售人员的名声很不好。其实那是错误的,只要要求别人帮忙的时候说得适当、自然,就可以得到好的结果,而且销售人员自身的寻求客户的技巧也会跟着大大提高。

销售人员不仅可以利用客户为自己宣传,还可以利用局外人为自己宣传。在一般情况下,法庭的陪审团很难对律师的辩护词给予充分的肯定,所以最终的判决与律师的努力形成不了正比。面对这种情况,辩护律师通常请目击证人到法庭上提供最有利的证词,以增强辩护词的可信度,取得预期效果。不妨将这种方法引入销售当中,"证人"可以让销售人员节省很多精力。利用"局外人"销售,会非常快捷而又有效地获得客户的信赖。

有一个公司的董事长打算去加拿大旅游,希望下榻到一家设施高档、服务周到的饭店。一些销售人员听到这条消息如获至宝,纷纷向董事长介绍他们的饭店和服务,结果让他不知如何选择。后来他看到了一封与众不同的信,信中建议他给一些曾下榻过他们饭店的人打电话咨询那里的情况。

这位董事长发现名单当中有一个认识的人,于是给他打电话,这个人对这家饭店大加称赞,并极力推荐,最后董事长选择了这家饭店。

利用"局外人"来拓展客户,是快速而又有效地获得客户信赖的一种方法,是与竞争对手争夺客户的最好武器。

销售人员想要快速进步与成长,同时又想要出色地工作,一定要学会开发推荐人的技巧,因为这才是销售成功的诀窍。

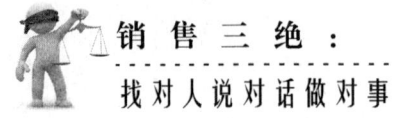

# 从客户身边的人入手

那些没有经验的销售人员在搞客户攻坚战时总是直驱而入,不懂迂回。

有一位医药公司的产品销售人员,他的客户中有一家小药店。每次他到这家店里去的时候,总是先跟柜台的营业员寒暄几句,然后才去见店主。有一天,他又来到这家药店,店主突然告诉他今后不用再来了,以后也不想再买他们公司的产品了,因为他们公司的许多活动,都是针对大客户设计的。这个销售人员只好离开商店。他开着车子在镇上转了很久,最后决定再回到店里,把情况说清楚。

走进店时,他照例和柜台上的营业员打招呼,然后到里面去见店主。店主见到他很高兴,笑着欢迎他回来,并且比平常多订了一倍的货。销售人员十分惊讶,不明白自己离开药店后发生了什么事情。店主指着柜台前的一个小伙子说:"在你离开店以后,维生素柜台的小伙子过来告诉我,说你是到店里来的销售人员中唯一会同他打招呼的人。他告诉我,如果有什么人值得做生意的话,应该就是你。"这个店主从此成了这个销售人员最稳定的客户。

重视客户身边的人,自然包括重视客户的孩子、配偶甚至亲朋好友。通过客户的孩子,把自己的积极态度传染给你的购买决策人,从而激起客户的购买意愿。有人说过:"我非常赞成不时地为客户或客户的孩子帮一点忙,同时认为在商务活动中,这是一个被人们大大忽略了的手段。在商务关系中,间接地把孩子包括进来,总能给孩子留下深刻的印象。被人记住,被人欣赏,从长远的利益来看,通常能得到报答。"

# 依靠满意客户推荐

销售人员获得新客户的办法有很多,其中最有效的就是利用满意客户推荐来争取新客户。从策划之精心、对个人之尊重来看,加拿大日产汽车公司的努力可称得上达到了这一方法的"艺术境界"。但是,这些还不是该公司最成功的销售手法。有一个做法使日产汽车公司在个别顾客身上得到了更多生意,那就是请最满意的顾客群来进行推荐。

假设你1年内刚买了一辆日产新车,而汽车公司告诉你,如果你能诚实地将意见提供给想买车的消费者作参考,就可以获赠雨伞或旅行袋之类的小礼物,另加一张价值200美元的购车折价券,你觉得如何?参加方式是将你的日夜联络电话留给15~20位附近地区有意购买日产汽车的人,而且不一定要这些人打电话来找你,你才能获得优惠。

日产汽车公司(以及其他寄发问卷给新车主的汽车公司)已经有足够的资料找出最满意的顾客,反正满意的顾客终究会向朋友推荐产品。那么,何不运用这些资料使推荐活动更积极呢?

这个技巧也可以用于其他选购性的商品和服务,如个人电脑或软件、家电用品、脚踏车、化妆品、幼儿园、房地产、船运公司和承包商等。重点是要像日产汽车公司一样清楚:谁才是忠实顾客。小企业一样可以利用口碑相传的力量。比如说,对于正考虑是否送小孩去参加"夏令营"的家长,主办单位可列出附近地区去年参加过该"夏令营"的学生家长的姓名和电话给他们。

使用这种方法时,有两个要诀必须牢记:首先,要创造利润,除了找出忠实顾客,还得知道谁可能会买。由于进行推荐,必须征求推荐人,并给予奖励,每位推荐人直接影响的范围有限,最后很可能导致费力不讨好。所以,首先,一定要看准最有可能购买的顾客,才不会白白浪费请推荐人的钱。其次,不要按推荐人所促成的实际销售额来奖励推荐人,这样容易给人"买通"推荐人的印象,反而会破坏整个计划,因为推荐人制度主要凭借的是消费者与消费者之间客观的口碑和建议。只要促进了这种口口相传的沟通,任务也就达成了。

必须让推荐人根据实际使用经验,表达客观、诚实的意见。同时,告诉潜在顾客,推荐人并不从销售额当中抽取佣金。只要试验一两次之后,就可以从记录中看出谁是最佳推荐人了。

优秀的销售人员懂得让每位客户认为他有责任帮你再介绍客户。一旦介绍的程序开始运作,你就不需要面对陌生的准客户了。即使是被介绍的准客户,也很少会回过头去向原先的介绍人查证什么,这种方法会大幅改善销售成功的概率。在一定的约访数字下,敲门次数,可以减少;会谈次数,可以降低;成交比例可以增加;成交金额可以扩大;还有更多的新名字被介绍,重新开始另一个销售程序。

你可以这样说:"先生,你曾说过,你把工程的大部分都包出去了,其中哪家公司转包得特别多呢?从你这里分得最多工作的那个人是谁,他可能正是我要找的那一类人,你不会介意用你的名字来让我获得推荐,是不是?"

有时,取得介绍和完成交易一样困难。它的重要性并不亚于促成交易。

准客户有时会说:"我必须先和他谈谈详细情形。"

"李先生,这是对的,我很愿意你先跟他谈谈,不过别跟他谈得太细,他的状况

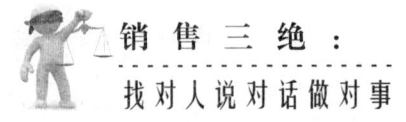

和你的状况可能不大相同。你只要告诉他,只需花一些时间,就可以获得和你一样的好处。我仅占用他半个小时而已。"

现在,你获得了一张名单——也就是整个周期的第一步,下一步就要约访。此时,应该尽早与被介绍人联络,被介绍人可不是好酒,不会越陈越香。他们会像条鱼,不趁新鲜时烹了,藏久了就会坏掉。

# 开发有影响力的中心人物

开发有影响力的中心人物,可以利用中心开花法则。中心开花法则就是销售人员在某一特定的销售范围里发展一些具有影响力的中心人物,并且在这些中心人物的协助下,把该范围里的个人或组织都变成推销人员的准客户。实际上,中心开花法则也是连锁介绍法则的一种推广运用,销售人员通过所谓"中心人物"的连锁介绍,开拓周围的潜在顾客。

中心开花法则所依据的理论是心理学的光环效应法则。心理学原理认为,人们对于在自己心目中享有一定威望的人物是信服并愿意追随的。因此,一些中心人物的购买与消费行为就可能在他的崇拜者心目中形成示范作用与先导效应,从而引发崇拜者的购买与消费行为。实际上,任何市场概念内及购买行为中,影响者与中心人物是客观存在的,他们是"时尚"在人群传播的源头。只要了解确定中心人物,使之成为现实的客户,就有可能发展与发现一批潜在客户。

利用这种方法寻找客户,销售人员可以集中精力向少数中心人物做细致的说服工作;可以利用中心人物的名望与影响力提高产品的声望与美誉度。但是,利用这种方法寻找客户,把希望过多地寄托在中心人物身上,其销售的风险在于这些所谓中心人物往往难以接近。如果销售人员选错了客户心目中的中心人物,就有可能弄巧成拙,难以获得预期的销售效果。

在你推销商品时,常常有这样的情况:一个家庭或一群同伴一起来跟你谈生意、做交易,这时你必须先准确无误地判断出其中哪位对这笔生意具有决定权,这对生意能否成交具有很重要的意义。如果你找对了人,将会给你的生意带来很大的便利,也可让你有针对性地与他进行交谈,抓住他某些方面的特点,把你的商品介绍给他,让他觉得你说的正是他想要的商品的特点。相反,如果你开始就盲目地跟这一群人中的某一位或几位介绍你的商品如何如何,把真正的决定者冷落在一边,这样不仅浪费了时间,而且会让人觉得你不是生意上的人,怎么连最起码的信息——决定权掌握在谁手里都不知道,那你的商品又怎能令人放心?

如何确定交易的决定者,很难说有哪些方法。销售人员只有在长期的实践过程中,经常注意这方面的情况,慢慢摸索客户的心理,才能又快又准确地判断出谁是决定者。不过,这里可介绍几种比较常见但又比较容易让人错判的情况。

当你去一家公司销售沙发时,正好遇到一群人。当你向他们介绍沙发详情时,他们中有些人听得津津有味,并不时地左右察看,或坐上去试试,同时向你询问沙发的一些情况并不时地作出一些评价等。而有些人则对沙发无动于衷,站在旁边。这两种人都不是你要找的决定人。当你向他们提出这样的问题:"你们公司想不想买这种沙发?""我觉得这沙发放在办公室里挺不错的,贵公司需不需要?"他们便会同时看着某一个人,这个人便是你应找的公司领导,他能决定是否买你的沙发。

当你在销售洗衣机时,一个家庭的几位成员过来了,首先是这位主妇说:"哦,这洗衣机样式真不错,体积也不大。"然后,长子便开始对这台洗衣机大发评论,还不停地向你询问有关的情况。这时,你千万不要认为这位长子便是决定者,从而向他不停地讲解,并详细地介绍和回答他所提出的问题,而要仔细观察站在旁边不说话,但眼睛却盯着洗衣机在思索的父亲,应上前与他搭话:"您看这台洗衣机怎么样,我也觉得它的样式挺好。"然后,再与他交谈,同时再向他介绍洗衣机的其他性能、特点等。因为这位父亲才是真正的决定者,而你向他推销、介绍,比向其他人介绍有用得多。只有让他对你的商品感到满意,你的交易才可能成功,而其他人的意见对他只具有参考价值。

在有些场合下,你一时难以判断出谁是他们中的决定者,这时你可以稍微改变一下提问的方式。比如,你可以向这群人中的某一位询问一些很关键、很重要的问题,如果他不是领导者,他肯定不能给你准确明了的答复,而只是一般性地应答,或是让你去找他们的领导;如果你正碰上领导者,他就能对你提出的重要问题给予肯定回答。这种比较简单的试问法,可以帮你尽快地、准确地找到你所想要找的决定者。因此,能使你更有效地进行销售活动,避免了时间上的浪费,提高商品销售效率。

# 第三章 搞定负责人：负责人成交的关键

如果销售人员多次拜访同一家客户，但收效甚微，如价格无法商定、协议无法谈妥等，此时，销售人员应该反省：是否找对人？是否找到了关键负责人？

销售成功与找对销售对象有很大关系。对于销售人员来说，尽快与真正的决策者建立信任和好感，进而影响客户的决策十分重要。

## 寻找团体中的拍板人

如果想在你所有的人脉中得到更多的人力资源，必须先以其中一人为中心向外扩张，也就是借由这最初的250个人脉关系，从中再寻找可以让你向其他人脉网搭上关系的桥梁。如此周而复始地推动，将每一个人的250条人脉紧紧地串联在一起，也就是直销界经常使用的推荐模式。

透过不断联络经营，认识的人会源源不绝，真可谓"取之不尽，用之不竭"！所以，良好的人际关系全看自己如何去推动。如果要验证自己的人脉网络是否丰富，可以随意走到任何公共场合中。假如时常遇见认识的人和自己打招呼，即证明你的人际关系已经相当成功了。

此外，通常在销售中寻找拍板人时，也要充分尊重其他人。仅仅尊重是不够的，要让所有的人变成准客户、客户才行。

拜访重要人物时，要注意搞好与在拜访过程中遇到的人的关系。比如，即使你明明知道大人物的住处或办公室，但也可以在途中找个人问一问，创造办完事回过头来再次和那个人接触的良机。简单地说，让你所接触的人们都变成准客户。要知道，不管你销售什么，任何人都有可能对你的销售产生影响。平时注意"小人物"已经不那么容易，谈"大生意"时，就更难了。光顾着拍板人，冷落其他人造成销售失败的事例太多了。

经常听到有些专业销售人员说自己跟谁"很熟"，但问到一些细节，他就答不上来。"熟人"和"准客户"是有明显区别的。要是你把别人当成准客户，你就要了解清楚对方的姓名、年龄、籍贯、性格、经济状况、爱好等，在此基础上，再进行认真商谈，对方才会由熟人变成准客户，进而成为客户。

请记住，当你与一位经理、厂长、部长洽谈大生意时，与秘书、主任、司机等人先成交小生意的可能性非常大。除了成交真正的生意外，赢得这些"小人物"的心也要比争取"大人物"的好感容易得多。

养成多说一句话的习惯，请人给别人介绍自己和产品。"这样的好东西，跟亲戚朋友多说一说。""你知道谁特别需要这种产品吗？请给我介绍一下。"成交也好，暂时未能成交也好，你多说一句没什么坏处，因为你已经撒下了一粒成功的种子！

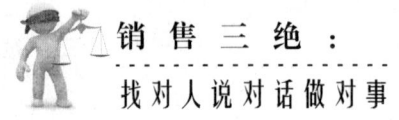

销售三绝：
找对人说对话做对事

# 发现客户背后的决策人

在销售过程中，除了要找到购买决策的人之外，还应该注意其他相关的购买影响者，因为一次购买往往不只是一个决策者所能决定的，他也会受到各种各样的人的影响。尤其是针对大客户的销售，决策人往往不止一人。这时，销售人员的工作还要适当地投入到购买的影响者上面。

**1.影响者的力量**

小王是一家电脑公司的销售人员。他到一个企业销售电脑，找到了主管采购的一位副经理，恰巧这位副经理是小王的老乡，两人谈得很投机。于是，副经理信誓旦旦地向小王保证："我们公司刚好要购买一批电脑，在公司的采购会上我提一下就行了，不会有问题，你回去等好消息吧！"但是，等了一两个月都没有消息，小王再一次来找这位副经理时，副经理对小王的态度与先前截然相反。

原来，在采购会上副经理提出这个问题后，财务经理坚决不同意，总经理也不置可否。就这样，这笔生意泡汤了。

表3-1　　　　　　　　大型企业或单位参与购买决策的人员

| 项　目 | 决策者 | 影响者 | 使用者 | 采购者 | 信息控制者 |
|---|---|---|---|---|---|
| 买家分析 | 1.握有购买的决策权力<br>2.有最后拍板权<br>3.职位较高 | 1.一般为技术部门的人<br>2.对技术方面进行把关<br>3.对商务条件不过多关心<br>4.在技术上有否决权、建议权 | 1.最终使用产品的人<br>2.对最终是否采购有一定的影响 | 1.重点在于预算<br>2.一般为财务主管<br>3.价格谈判的主角之一 | 1.希望你拿到生意<br>2.一般是客户内部的人<br>3.一般具有多重身份<br>4.必须及早与其搞好关系 |
| 关心重点 | 利益性价比 | 可行性技术 | 使用方便 | 价格付款形式 | 满足组织机构和个人的利益 |
| 角色职能 | 总经理<br>项目决策人 | 技术部主管 | 生产部主管<br>使用部门 | 财务部主管 | 采购部<br>办公室 |

从这个案例来看,这位副经理是决策者吗?很显然,他的确是相关负责人,只不过还有人能够对此笔采购施加影响,而小王却没能意识到这一点。

大客户的购买决策人身份差异很大,采购部经理负责采购,但财务室可能不同意这笔支出;副厂长准备购进生产设备,可能还得经过总经理的批准;人事处想购买电脑,得向采购部申请……为此,必须辨明客户单位的决策人,找到能够对决策人施加影响的那个人。

**2.参与决策的不同人物**

个人消费或个体企业的决策人一般是一个人。而这里所说的主要是针对大型企业或单位参与购买决策的人员,这些人员一般由以下五种人组成(见表3-1)。

# 寻找负责人的三种方法

销售成功与找对销售对象关系十分密切。一般来讲,关键人物是指有需要的、有决定权的、有购买能力的人。通过接触客户的关键人物,销售人员可以获知该客户的真实状况。有些销售人员容易陷入一种沟通陷阱,把时间浪费在感兴趣的人物身上,把对方当做关键人物对待,这是非常浪费时间又没有效果的销售方法。因此,对于销售人员来讲,尽早与关键负责人建立好感和信任关系,才能拿到订单。但是,怎样才能找到关键负责人呢?有下面几种方法。

**1.通过现代媒介——互联网查找**

随着互联网的普及,市场及销售业发展到一个新的境地。目前,大型、正规的公司都有自己的企业网址。而企业网址最基本的功能就是全面、详细地介绍企业及其产品,如企业简介、企业人员、企业组织架构、研究机构、产品的外观和功能等,一一展示在互联网上。据此,销售人员可以通过企业的网址了解客户公司的业务、产品、人员架构等,从中获得想要的负责人信息。

**2.通过客户公司电话查找**

向客户公司打电话寻找关键负责人是最直接有效的手段,一般公司都有总机,而总机接线员掌握公司各部门和负责人的电话,向总机询问能够得到想要的答案,但有时也不容易,需要一定的方法。

(1)多尝试法。多准备几个该公司的电话,用不同的号码去打,不同的人接电话,会有不同的反应,这样成功的几率也比较大。

随便转一个分机再问(不按0转人工),可能转到销售部或人事部,这样就躲过

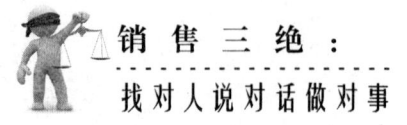

前台了。或让前台转其他科室,与外面有业务联系的科室是比较好转的,如人事招聘、销售、市场、广告、采购等部门。然后,就看你如何与他们沟通了,没准一下就转到了老总那里。

如果你觉得这个客户很有戏,你就不要放弃,可以找另外一个同事帮你打,顺便考考你的同事,也可以从中学到新的方法!

(2)核对资料法。销售人员可通过电话采取以下的询问方式:

销售人员:"我是邮局的,请问你们公司的全称是?总经理是?我现在找他核对一下。"

销售人员:"我是银行的,需要和老总核对资料,或者是存款出了些问题,要通知老总。"

(前台一般不敢过问老总钱的事情。)

销售人员:"你好!我是www.51job的,贵公司在我们这里登记招聘员工的信息,我想问一下贵公司的法人是谁?我们要核对他的相关资信情况!"

(3)急事法。销售人员可通过电话采取以下的询问方式:

销售人员:"小姐,这事情很重要,你能否做主?我很急,请马上帮我转给你们公司老总。"

销售人员:"请找×总,怎么不在?不是说好今天这个时候让我去个电话吗?你看他什么时候回来?这事挺重要,他的手机是138还是139?你告诉我,我记一下。"

销售人员:"小姐,张总可能有急事找我,他打了我的手机,现在还在公司吗?我回电!谢谢!"

销售人员:"王老板在吗?"前台:"不在。"销售人员:"他来过我公司没有呀?怎么还没来?手机多少?"

(4)威胁法。销售人员可通过电话采取以下的询问方式:

前台:"你哪里?"销售人员:"厦门的,刚来福州,有重要事情找你们老总(知道姓名,那就直说姓名)。"前台:"我问你哪里,哪个公司的?"销售人员:"小姐,你姓什么?我很不习惯你这样问话知道吗!(语气要强,拍着桌子说话)×总在不在?在就给我转进去。"

(5)朋友亲戚法。销售人员可通过电话采取以下的询问方式:

销售人员:"你好,转你们李总(声音要大)!我是公司的王总啊!"

销售人员:"你好!李叔叔在吗?我是他的侄子!"

很多接线员好管闲事,非要问清楚,你可以发挥。销售人员:"×总在不在啊?"前台:"你是哪位啊?"销售人员:"我是他一个朋友。"前台:"找他有什么事?"销售人员:"有点私事,他是不是不在啊?"这时她就转给老总了。

销售人员:"×总在不在啊?"

前台："他不在。"

销售人员："那你告诉我他的手机号码,我把他号码弄丢了,谢谢,有点急事。"

知道该公司老总名字(男性)后,请男同事打电话。销售人员："我找×(直呼其名)"前台："他不在。"销售人员："不在?他手机号码是多少?"前台："你是谁?"销售人员："我是谁?昨天还一起喝酒了的!(很拽的语气)"

销售人员："你好,转总经理。"前台："你有什么事?"销售人员："有。"前台:你是哪个单位的?"销售人员："我是黄。"前台听到你报的名字,一定会以为你和总经理很熟。

(6)尊重法。针对平常方法绕不过的前台时,索性坦白相对,尊重对方。

销售人员："我知道你很为难,每天接到各种各样的电话都很多,很难确定哪个电话该去找老板,我也有过这样的经历,我很理解您。同时,我也告诉您,我给你们老板打电话是有一件对贵公司很重要的事情。必须马上和你们老总取得联系,麻烦你现在帮我找一下。"

销售人员："您好,请问,贵姓啊?"前台："什么事?"销售人员："我是《国企报》的,有一些情况想找老总了解一下,给我一个老总的电话好吗?我记一下,谢谢您。"用和缓的口吻问一下对方的姓氏,他会觉得不可以不认真对待这个电话;否则,会有一些责任上的追究。

(7)外国人法。销售人员可把自己说成是外商的翻译员,这个方法挺管用的,不妨试试。

销售人员："你好,有一家德国的公司,看到你们公司的英文网页(供求信息),想和你们公司老总通个电话。你们老板的手机号码是多少?他在吗?"假如你英语好的话,给前台几句纯正的英语,立马搞定,屡试不爽。

销售人员在利用电话与客户沟通时,要注意以下几个方面:①语气一定要自信且有力,切忌胆怯。②通话时要有礼貌并充分尊重对方。③在一般情况下,不要告诉对方自己是做什么的。

### 3.通过熟人介绍

在中国这个充满人情关系的国家,有时,销售人员通过朋友、客户的引荐接近关键负责人最有效。

在接近关键负责人时直接说出推荐人,如"是某某研究院的某某教授让我与您联系的"、"某某公司的总经理某某介绍我来与您见面"……

另外,向公司的员工打听也是获得信息的好途径,如门卫甚至清洁人员等。

销售人员在拜访客户时,一定要与关键负责人建立信任和好感,进而成功销售。

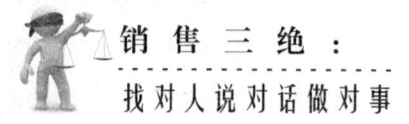

# 了解客户的采购流程

客户公司中参与决策的有决策者、影响者、采购者、信息控制者,针对这几种人,销售人员要采取"消灭反对者、拉拢中立者、扩大支持者"这一销售策略。

某家电公司计划3个月之内进行公开招投标关于商用收款机的更新换代项目,已经有上海某公司、深圳某公司、北京某公司、江海公司等公司参与,并知悉某家电公司内部有五位项目评估成员。

情况之一:一位项目评估成员已经比较了许多厂家,感到江海公司价格相对国内较高,服务态度也不够热情,不过会作为重要考虑的供应商之一。同时,等待下个月上海某公司重新制作的计划书,根据其性价比再决定采用与否。

情况之二:五位项目评估成员的某一个领头羊,曾经与某家电公司销售部的副总经理来过江海公司,但当时不知道情况,接待规格比较普通,某家电公司销售部的副总经理抱怨声比较大,一直反对购买江海公司产品,同时销售部因为不负责采购,所以,影响力不大。

通过上面的案例,销售人员发现要想拿下这个项目,就必须分析客户内部的采购流程;否则就会像无头苍蝇一样,不知道如何根据客户的采购流程对客户进行跟踪。一般IT信息化项目的客户内部采购流程分为八个阶段:发现问题;提出需求;研究可行性;确定预算;项目立项;组建采购小组;建立采购标准;招标,初步筛选;确定首选供应商;商务谈判;签约。

根据分析,其实江海公司目前进展到第五至第六阶段之间,因为项目已经过了初步筛选阶段,现在面临的问题只是两家公司之间的竞争(江海公司与上海某公司),那么销售人员考虑的重点应该在以下两方面:

其一,五位项目评估成员的评估标准,从价格、品牌、服务、行业标准、技术实现等方面有一个整体的评分标准。

其二,对五位项目评估成员的倾向性态度,即让更多的人成为江海公司的支持者非常重要。

所以,只有分析客户内部的采购流程,才能进一步采取行动,从而找出解决问题的方法。同样,只有了解客户的采购流程,并根据客户所处的采购阶段制订销售方案,才能满足客户不同阶段的不同要求。

接下来,销售人员画出客户内部的组织架构图(见表3-2)。

表3-2　客户内部的组织架构图

| 某家电公司 | 销售部副总经理 | 领头羊 | 一位评估成员 | 其他评估成员 |
|---|---|---|---|---|
| 态度 | 反对 | 中立 | 中立 | 不清晰 |

从表3-2中发现,五位项目评估人员是关键,销售部副总经理尽管反对,但他不是核心人物,所以,花费的精力不必太多,只是有时间需要照顾一下他的情绪。而要向态度中立的两位成员花费精力,使尽一切办法拉拢他们,同时扩大态度不清晰成员的支持。

由于客户内部各个部门分工不同,关心的侧重点相应不同。销售人员只有了解客户每个部门的职能,只有明确哪些部门是支持者、哪些部门是中立者、哪些部门是反对者,才能采取不同的策略"对症下药"。

# 第四章 预约客户：准备打一场攻心战

和客户有约见机会，销售人员就应对约见事由做些准备，以便清楚地向对方说明来访目的，期望取得合作。销售人员在约见客户时，必须选择不同的事由，以适应不同客户的心理要求；充分尊重客户的意愿，以便取得客户的长期合作。只要约见的事由充分，销售人员的心意诚恳，就一定会得到客户的赞同。

# 约见时间的选择

约见时间的安排,直接关系到销售人员计划的成败。但在约见时间的确定上,销售人员一般没有主动权,客户总会根据自己的工作日程,安排适当时间约见销售员。这样,既可以节约时间,又可以满足销售人员约见的要求。具体会见时间的确定会因约见对象、约见事由、约见方式、会见地点等的不同而不同。这就要求销售人员在约定会见时间时还应注意下列问题。

**1. 根据约见对象的特点来选择最佳拜访时间**

时间就是金钱,销售人员必须用心安排自己的访问时间,以免因择时不当而浪费时间。

一般情况下,约见的时间应该客随主便,什么时候会见,最好由客户决定,对于约定的时间,销售人员应准时赴约,万一因故而不能赴约,应事先向客户表示歉意,同时再另约一个时间会面。

为了取得较好效果,约见中应注意选择客户最需要的时间。什么时候是客户最需要的时间,什么时候是最不好的时间,这需要销售人员根据约见事由自己去观察与分析。

每一位受访的准客户,因职业的不同,生活起居会有些差异。所以销售人员要因每位受访者的起居时间而做弹性的安排。只有愚笨的销售人员才会只顾自己的方便率性进行访问,这种访问遭到拒绝乃意料中之事。

只有准客户最空闲的时刻,才是访问最理想的时间。举例来说:

一般的商店——大约在上午7:00—8:00的时间,是最理想的访问时间,因为此种商店的生意一大早最清闲。

较晚关门的商店——此种商店大约在深夜才红火,大都在中午以后才开始营业,所以恰当的访问时间是下午2:00左右。

鱼贩与菜贩——这是一个较特殊的行业,大清早出门采购,非但整个上午忙碌不堪,就是下午4:00—6:00也是生意兴旺,所以最适宜的访问就在下午2:00左右。

医师——医师也是特殊的行业,大概从上午9:00开始,病人就川流不息,因此上午7:00—8:00应该是适宜的访问时间。

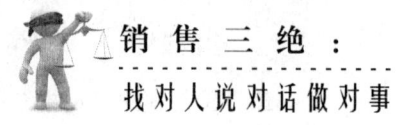

公务人员或公司职员——如果到公司去访问,应该在上午11:00以前;若是住宅的话,适宜在晚上6:00—8:00之间。

邮局或值班人员——大概在晚上7:00—9:00之间。

上述所列举的都是第一次访问的理想时间。由于销售人员第一次访问时已与准客户建立了亲密的关系,所以第二次访问,就可以更改访问的时间;原则上应选在下午3:00左右访问,这时客户一般较清闲。

选择这一时刻做第二次访问,除了因为此时准客户较清闲之外,还有一项重要理由:通常一个人工作了1天,到了下午3:00左右,工作大约告一段落,觉得有点疲倦,心情也较松懈,内心正企盼有个聊天的对象时,于是你就在这一识相的时刻出现了。你突然出现,以快速的谈话节奏,不提销售,找些有趣的话题,像连珠炮似的连放个五六分钟。当你把准客户逗笑,或是多少驱走他的倦意时,你就留下那些有头无尾的话题,然后借故离开。

因为全部的谈话时间只有五六分钟,所以不会干扰到准客户的工作。再说,准客户因疲倦而有些困意之时,凑巧来了一个有趣的人,正好把倦意驱走。这么一来,准客户不仅对你印象深刻,而且会觉得你真有意思:一名销售人员居然不提销售,只说了几句笑话就走了,真是可爱啊!从此以后,准客户就会安心地期待你的再访了。

**2. 根据约见事由来选择最佳访问时间**

以正式销售为事由,应选择有利于达成交易的时间进行约见;以市场调查为事由,则应选择市场行情变化较大或客户对商品有特别要求时进行约见;以提供服务为事由,则应选择客户需要服务的时间约见,以期达到"雪中送炭"的效果;以收取货款为事由,应先对客户的资金周转状况作一番了解,在其账户上有余额资金时进行约见;以签订正式合同为事由,则应适时把握成交信息及时约见。

**3. 根据会见地点来选择最佳拜访时间**

一般来说,会见地点约定在家中,则销售人员就要考虑客户的工作时间表,最好让客户安排约见时间。而一旦确定了约见地点和约见时间,销售人员就应提前几分钟到达,一方面表示对销售工作的重视,另一方面遵守时间可以给客户带来好感,提高销售人员自身的信誉。

**4. 根据约见对象的意愿合理利用访问时间**

在一般情况下,拜访客户的时间不宜太长,当访问目的基本达到而客户对结束约见又有某些暗示时,销售人员应尽快考虑以圆满的方式结束约见,以免使客户产生反感。如有未尽事宜,可以再行约见。"马拉松"式的会谈,既达不到访问目的,又可能导致客户拒绝再行约见,从而失去客户。

第四章　预约客户

**5.选择合适的约见地点**

约见的事由、对象不一样,约见的地点也应有些讲究。一般可以选择在客户的工作单位、客户的家里、社交场所、公共场所等。具体选择在哪里,应视情况而定。

随着商品竞销的加剧,现代化销售手段也多样化起来,如利用招待会、座谈会、订货会、展销会、学术报告会、新闻发布会等。这些以会议形式的销售活动,一般都选择在风景胜地、社交场合,事先发出邀请信、请帖、出席证、入场券等。这种会议形式的销售活动,目的在于联络感情,相互沟通,进而促进销售。

有的客户出于某种原因,不便于在工作单位或家中接待销售人员的来访,就可利用公共场所进行约见。

# 预约客户的常用方法

预约客户通常有以下几个方法。

**1. 利益预约法**

销售人员通过简要说明产品的利益而引起客户的注意和兴趣,从而转入面谈的预约方法。利益预约法的主要方式是陈述和提问,告诉购买者所销售的产品给其带来的好处。比如,一位文具销售人员说:"我们厂生产的各类账册、簿记比其他厂家生产同类产品便宜三成,量大可优惠。"这种利益预约法迎合了大多数客户的求利心态,突出了销售的重点和产品优势,有助于很快达到预约客户的目的。

**2. 问题预约法**

销售人员可以采用问题预约法,直接向客户提问来引起客户的兴趣,从而促使客户集中精力,更好地理解和记忆销售员发出的信息,为激发购买欲望奠定基础。

比如:"黄女士,您好!秋天来了,你的皮肤是不是感觉比夏天时干燥?有脱皮现象?这是由于气候干燥、气温下降造成的。我可否跟你约个时间,测试一下你的皮肤状况,让你试用一些能补充水分、让皮肤滋润的产品,教你一些秋季护肤的秘诀!你看什么时间比较方便?这个周三还是周五或其他时间?(确定时间、地点后,接着说)你能把你的电话告诉我吗?时我会打电话去邀请你的。"

**3. 赞美预约法**

赞美预约法即销售人员利用客户的自尊和希望他人重视与认可的心理来引起交谈的兴趣的一种预约客户的方法。

每个人的天性都是喜欢别人的赞美的,赞美预约法就是销售人员利用人们希

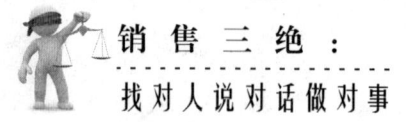

望赞美自己的愿望来达到预约客户的目的,这一点对于女性客户十分有效。

当然,赞美一定要出自真心,而且要讲究技巧。如果方法不当反而会起反作用。在赞美对方时要恰如其分,切忌虚情假意、无端夸大。

比如:"今天我们来这里,印象最好的就是你,你的服务态度、你的微笑都让我感到亲切,我是某化妆品公司的美容顾问,你可以来听我讲护肤和彩妆的课程吗?而且是免费的,你也可以约一些朋友一起来,好吗?你看,下周什么时间最好?周一还是周三?"

### 4. 求教预约法

一般来说,人们不会拒绝登门虚心求教的人。销售人员在使用此法时应认真策划,把要求教的问题与自己的销售工作有机地结合起来,以期达到约见的目的。

### 5. 好奇预约法

人们一般都有好奇心。销售人员可以利用动作、语言或其他一些方式引起客户的好奇心,以便吸引客户的兴趣。

### 6. 馈赠预约法

销售人员可以赠送小礼品给客户,引起客户兴趣,进而预约客户。在选择所送礼品之前,销售人员要了解客户,投其所好。值得指出的是,销售人员赠送礼品不能违背国家法律,不能变相贿赂。尤其不要送高价值的礼品,以免被人指控为行贿。

### 7. 调查预约法

销售人员可以利用调查的机会预约客户,这种方法隐蔽了直接销售产品这一目的,比较容易被客户接受,也是在实际中很容易操作的方法。

比如:"小姐您好!可以打搅您几分钟吗?我是某某公司的美容顾问,我想请您帮忙做个问卷调查,回答以下几个问题:

A. 您经常感到皮肤干燥发涩吗?

B. 您是否觉得自己很累?

C. 您是否觉得自己的皮肤没有光泽和弹性?

……

如果您有机会学习改善以上问题的方法,您愿意抽出1~1.5小时的时间吗?"

如果客户愿意的话,你可以这样说:"非常谢谢你的合作,为了表示对你的感谢,我想赠送给您一堂免费的美容课,课上我会教您如何正确地保养皮肤,您还可以免费试用我们的产品。你看,这个星期你什么时间比较方便,周二还是周四?"(进一步确定时间)

如果客户不愿意,则这样说:"没有关系,今天非常谢谢你的合作,为了表示感谢,以后我会定期寄一些本公司有关皮肤保养和产品介绍的小册子给你,你是否愿意把你的地址和电话给我呢？"

### 8. 连续预约法

连续预约法是销售人员利用第一次当面预约时所掌握的有关情况实施第二次或更多次当面预约的一种方法。销售实践证明，许多销售活动都是在销售人员连续多次预约客户后才引起了客户对销售人员的注意和兴趣，进而为以后的销售人员成功打下了坚实的基础。

如产品试用后预约护肤课："王小姐，我们今天很开心是吗？很高兴你能如期到这里来，很高兴你喜欢我们的产品并很信赖我！下一步，我可以提供给你和你的朋友更好的服务，赠送给你一堂免费的美容课，教你们如何针对自己的肤质有效护理皮肤。你可以约几位兴趣相投的朋友、同事一起来，边学边交流，更有乐趣。你看，下周什么时间最好？周三还是周四？"进一步确定下次见面时间。

# 电话预约客户的技巧

电话约见速度快并且灵活方便，是约见客户的主要方式。它使销售人员免受奔波之苦，又使客户免受突然来访的干扰，几分钟之内双方可就约见事宜达成一致。但销售人员在运用电话约见时，要讲求技巧，谈话要简明、精练、语调平稳，用词贴切，心平气和，好言相待，特别是客户不愿接见时不可强求。

### 1. 直接进入主题

下面一段问答式的谈话是一位最优秀的销售人员介绍的，他的答案会使销售人员大受启迪。

问："您怎样开始？"

答："如果这位准客户是伊莲。她的秘书一接起电话，你就说，'请转伊莲女士，我是××(你的名字)。'自信地说完这番话，不要用疑问句。"

问："这是什么意思呢？"

答："那么，让我们假定您说：'伊莲女士在吗？'第一，您暗示您并不知道她是否在办公室；第二，事实上，您并未要求和伊莲女士通话，您只是问她是否在那儿。这是完全不同的两句话。如果您知道她在那儿，您还是得要求和她通话，结果您又回到了最初的起点。而且这个问题很容易招来一个保护性的'不在'，然后可能是彻底地被拒绝。"

问："您有什么建议吗？"

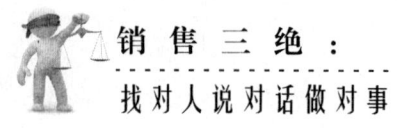

答:"有一种做法对我很有用,就是在打电话前,我会把史密斯女士想象成我的一位朋友。我们都清楚,只有笨蛋才会认为朋友的秘书或助手会不接通自己打给朋友的电话。因此,我会说:'请转伊莲女士,我是××(名字)。'十有八九,她会在1秒钟后拿起听筒。"

问:"为什么不只说'请转伊莲女士'呢?"

答:"您可以试试,很快您会发现一些问题。我报上姓名的原因,是因为绝大多数秘书会询问是谁打来的电话,您还是得回答她们。而且,通常接着还会问第二个问题:'哪一家公司?'如果你说出了公司的名称,秘书也通常接着问你们公司的业务。"

问:"您是说您从来不会陷进这种处境?"

答:"别误会,我说的是大部分情况下会出现的情况。"

问:"您怎么处理大部分情况以外的情况呢?"

答:"您所能做的最糟的事情就是躲躲闪闪。最好的问答是:'是××公司,她在吗?'您可以看出这位伊莲的秘书有3个选择:接通你的电话,告诉您她确实不在;或者了解更多的情况;如果她很忙,大部分情况下都很忙,最简单的事情就是把您的电话转进去。"

问:"这就完了吗?"

答:"不,很多时候,秘书会问您希望和伊莲女士谈一些什么事情。吞吞吐吐的回答只会把这次销售扼杀在摇篮之中,因为您在那儿吭哧的时候,秘书小姐已经在考虑如何才能尽快摆脱您。"

问:"那怎么办呢?"

答:"我会尽力躲过这个问题,并再一次提出约见要求,我会说:'您是她的秘书吗?我打电话来是希望安排一次与她的约见。是您来安排她的所有的约会呢?还是我直接和她联系?'"

问:"不过,如果这位秘书仍坚持让您回答呢?"

答:"用最简短、最直接的方式回答这位秘书。向她保证您的电话只占用很短的时间。然后马上转开话题,要求和您的准客户通话。"

问:"让我们假设这位秘书坚持说伊莲女士太忙了,所以没有时间与您见面,并试图让您和其他人谈谈……"

答:"对付这种局面的最好办法就是告诉这位秘书你能理解伊莲女士的时间十分珍贵,您也十分高兴能和她的助手谈话,不过前提是这个人有批准购买的权力。如果您必须见到伊莲,那么最好的做法就是先撤退。在这种情况下,我会说:'在我和伊莲女士沟通之后,我会很高兴能和她的助手交谈。我并不是一定要在今天见到她。您建议我什么时候再打电话呢?"

问:"那么,那时候您就会得到和伊莲女士说话的机会了?"

答:"一般是这样……"

**2. 关心有加**

"经理先生,我是阳光电器公司的销售人员温克,您上月10日寄来的用户调查表已经收到,非常感谢你们的大力支持。目前我公司新推出系列家电产品,质量和效果都比过去产品有较大的改进,售价也比同类厂家产品低一些,因此想尽早介绍你们单位试用。"

从上面这段通话中可以得知,销售人员与客户代表已经认识,并且有了一段时间交往,因此销售人员可以直接在电话中向对方报上自己的公司姓名,立即进入谈话主题。在上述电话约见方法中,销售人员温克利用自己与客户代表的熟识关系,借感谢对方大力协助之机,推广新投产的产品并要求对方约见,层层推进,极为顺理成章。销售人员以客户利益为基准,使自己的促销宣传符合对方的需求,这种对客户的关心自然会得到客户的感激与报偿,从内心乐意接受销售人员的约见要求,欢迎销售人员的上门造访。

**3. 问题明了**

请看下面这段电话预约:

"史密斯小姐,我是纽约钟表制造公司的销售人员,今天冒昧打扰,想向您介绍我公司最近研制成功的一种考勤打卡钟,它的特点是准确、精巧,特别是质量可靠,在纽约试销时返修率不到万分之一。价格也比进口的同类产品低30%,很适合像你这样的商业企业使用。我打算明天上午10:00或下午4:00去贵公司拜访您,好吗?"

这位销售人员说理充分,问话符合"两选一"的约见原则,又给对方考虑的余地。对方接到这类电话预约,问题明了,要求约见的理由充分,通常是会同意与销售人员直接面谈的。

**4. 资料跟进**

许多公司常常只将有关产品的宣传资料或广告信函邮寄给客户就万事大吉了,而忽视了更为重要的下一步,即销售人员进一步的资料跟进,因此销售常常就像大海捞针,收效甚微。

不少客户在收到销售人员厂商的函件资料之后,可能会把它冷落一旁,或者干脆扔进废纸堆里。这时,如果销售人员及时跟踪客户,打电话与有关客户联系,就可以起到应有的销售作用。比如有这样一段电话录音:"您好,上星期我公司寄来的一份电冰箱的广告宣传资料收到了吗?看了以后,您对这一产品有什么意见?"通常来说,对方接到销售人员的这种电话,或多或少会有一番自己的建议与看法。

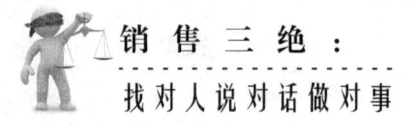

此时，聪明的销售人员会立即提出约见要求，以便听取客户对所销售产品的意见，届时销售人员亲自上门向客户讲解推荐，一笔生意会很快谈成。

这一预约方法，销售人员是以预先邮寄的产品资料或广告信函为引子，让客户在见到销售人员之前，先对产品进行评价。在约见过程中，如果客户有意购买，自然会有所表露，销售目标也告实现。

同时，在约见之前，销售人员是以征求意见为理由，言下之意显示了对客户的尊重和对产品的负责态度。

如此以礼为先，以诚相待，客户必然会对销售人员产生好感，而拒绝约见的可能性便会减至最低限度。

**5. 细致周到**

"主任先生，您好，我是××公司的销售人员。昨天您和经理一道来我们公司门市部选购电子计算机，最后你们决定要等过了圣诞节再购买。现在刚巧有个好机会，从下周开始我公司开展促销活动，不仅每台计算机的价格可以优惠，而且实行三包服务，还负责培训操作维修人员，免收费用，我想你们不会错过这个绝好机会吧？因此，我建议贵公司还是赶快购买，最好在下周五上午来销售部选购，届时我在那里恭候您的光临，事后我保证派人送货上门。"

销售人员的此番言语，肯定能打动客户的心，早买早用，又享受优惠价格和优良服务，何乐而不为呢？销售人员能为客户的利益想得如此周到，而且亲切有礼。客户遇到如此约请，通常都会从百忙之中抽出时间，欣然前往赴约洽商。

销售人员掌握一些电话约见技巧是必要的，这可以避免白跑一趟，对提高工作效率有很大的帮助。

# 当面约见客户的方法

当面约见客户是一种简便易行的方式，也极为常见。在许多场合，当面约见是在客户毫无准备的情况下进行的。因此难免会影响到客户的工作，占用客户的时间。正是因为这样，在销售工作中，一些销售人员难免会遇到对方的冷遇、怠慢，有时少数客户还会故意安排秘书、助手挡驾，给销售人员设置各种障碍。

那么，销售人员应该如何避免这种当面约见时客户的消极态度，以使双方的洽谈有一个良好的开端呢？这是摆在每个销售人员面前的一道难题。下面具体介绍几种工作方法与应对技巧。

## 1. 当面陈述请求法

约见的主要任务是为随后的正式洽谈铺平道路,引起对方的兴趣与注意,使客户认识到购买的重要性。所以,销售人员在当面陈述自己的请求时,无论语气还是用词,必须坦率诚挚、中肯动听,避免与客户发生争辩与分歧。

请看下面的实例。

"王工程师,我是南京仪器仪表公司的销售人员。今年我们公司试制开发了一种质量控制仪,专供丝绸纺织行业的厂家使用,目前全国已有十几个省市的两百多个厂家采用,它们反馈的使用效果都很好,可以有效地减少次品率,而且安装简单,使用方便。因此,我很想把这种质量控制仪推荐给你们厂,现在您能否抽出半小时时间,让我给您详细介绍一下?"

这位销售人员首先将自己的身份和自己的企业介绍给客户,以使对方了解自己的来意。紧接着,他又详细说明所推荐产品的性能、作用和功效情况,引起对方的足够关注,从而成功地接近了客户。

## 2. 大意说明法

当采购大型的机械设备、大量的原材料时,客户一般都会先委托其下属,如秘书、助理等人员去和销售人员洽谈,而不是直接与销售人员进行接触。但是他的下属又没有最终的决策权,因而销售人员在与这类人员接洽时,应面带微笑,先自我介绍单位名称,除非对方追问,一般不要作进一步应答,以免言多有失。可以一面强调与其上司,即真正的购买决策者面谈的必要性,一面只对自己的来意作大概的陈述,而故意将重要的问题保留,待与决策者见面时再作详述。尤其是在销售的一些关键问题上更应慎重,否则就很难与决策者相见。在这种情况下,销售人员可以这样说:

"李先生,这种机床的性能和功效大致如此,规格品种则由贵厂自选,至于销售价格我想还是和张厂长见面后,我们再一起商议吧。"

在提出约见请求时,这位销售人员用了"我们再一起商议"的说法,当然未将对方忽视,也不是不把业务助理放在眼里,而是平等参与、共同协商,所以也就不会伤害对方的自尊心,使他愿意安排与上司见面的时间。

这样,销售人员适当地提醒对方后,接待人员自知无权作出购买决定,也会迅速将有关情况汇报给上级主管。一旦上司阅过资料,听完汇报,发觉尚有一些重要问题必须请销售人员当面说明时,约见的机会也就来了。

## 3. 告诫警示法

有些客户的秘书和下属难免会待人傲慢,常常借故推托不让推销员见到客户本人,给上门拜访设置各种障碍,从而使销售人员的工作难以开展,尤其是对那些

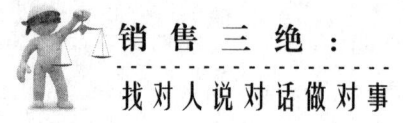

经验不足的新销售人员,很可能因此就会知难而退了。

告诫警示的方法是销售人员利用这些助手、秘书、下属的心理弱点,微带告诫地提醒对方,以达到拜见客户的目的。当这些人员故意设卡刁难时,销售人员可以用这种肯定而自信的语气告知对方:

"我拜见你们老总的目的,正是要设法解决贵公司生产的收录机接收性能不稳、音质嘈杂的老大难问题。如果他知道我今天来拜访他而没有见面,事后他一定会非常懊悔,甚至会怪罪于你,与其如此,不如让我亲自找他谈一谈。"

对方听完这话,深知事关重大,耽误不得,为了避免事后担当责任,往往会马上安排上司与销售人员见面的。

# 第五章 接近客户：
## 合适的就是最好的

有计划且自然地接近客户，使客户觉得有益处，从而顺利地进行商洽，这是销售人员必须事前努力准备的工作与策略。接近客户一定不可千篇一律或公式化，事先要有充分准备，针对各类型的客户，采取最适合的接近方式。

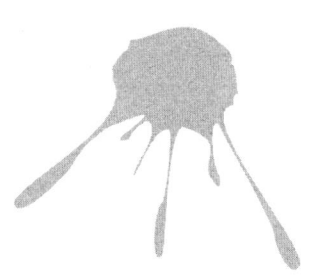

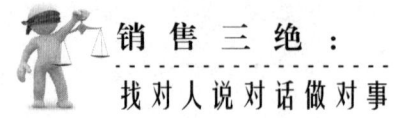

# 接近客户的8种方法

## 1. 使用礼物接近法

销售人员接近客户的时间十分短暂,利用馈赠物品、免费品尝的方法来接近对方,以引起客户的注意和兴趣,效果也非常明显。该方法尤其适合新型产品的销售,在各大商场客流密集处更能发挥其效能。例如,在日常生活中,许多上门拜访的销售人员为了很快与客户熟识,往往借助递给对方一支香烟,引起双方的亲近,这就是最常见最典型的送礼接近法。使用这种方法时,销售人员应注意,馈赠的物品要适当,方便客户拿取或品尝,使用的语言要热情、主动。

## 2. 直接拜访接近法

直接拜访通常有两种形式:一种是事先已经和客户约好会面的时间,这种拜访是计划性的拜访,因为已经确定要和谁见面,因此,能充分地准备好拜访客户的有关资料。另一种是预先没有通知客户,直接到客户处进行拜访。

直接拜访的目的在于找出潜在客户,并设法与关键人士会谈,收集潜在客户的资料。

直接拜访的作用非常强大。一位有经验的销售员到潜在客户的处所,完成直接拜访,并与潜在客户做面对面的交谈后,在自己亲眼所见、亲耳所闻的实际体验后,能从购买欲望及购买能力的两个基准,判断出潜在客户是否能成为准客户。面对面寻找客户是最好的方法,但也是最耗时的方法。从办公室到办公室,从家到家,一直在寻找交谈的人的确让人筋疲力尽;同时,由于潜在客户的时间都非常宝贵,销售人员将不会得到很长时间的约见。

直接拜访运用得当能带给销售员许多有利的机会,如亲自判断潜在客户的购买潜力,能用极短的时间收集客户的资料,建立潜在客户卡,以供日后安排拜访用;能有效地了解销售员的区域特性;同时也是锻炼销售员的最好办法。

直接拜访的好处虽然多,但往往新入行的销售人员却视为畏途。因为是突然的拜访,对方很容易就将销售人员拒之门外。太多的拒绝容易摧毁一个销售人员的意志。不少销售人员由于无法突破这道关口而中途而废,转入其他的行业而无法成为一流的销售人员。

成功的直接拜访能带给销售人员许多益处。例如,可以借助这一机会判断客户的购买潜力,能在极短的时间内收集客户的资料,建立准客户卡,以供日后安排拜访用,能有效地了解销售人员的区域特性,同时也能锻炼销售人员的销售技巧。

### 3. 利用产品接近法

这是销售人员直接利用销售产品引起客户的注意和兴趣,进而转入面谈的一种接近方法。

让产品先接近客户,让产品做无声的介绍,让产品实现自我销售,这是产品接近法的最大优点。例如,服装的珠宝饰物销售人员可以一言不发地把产品送到客户的手中,客户自然会看看货物,一旦客户产生兴趣,开口讲话,接近的目的便达到了。

乔治是芝加哥的一个打字机销售人员。一天,他去拜访一家公司的总裁,目的是向该公司的办公室销售一套新打字机。总裁去了外地,乔治便主动请求总裁的秘书花几分钟的时间来讨论一下打字机的情况。在讨论中,他诱使秘书说出了自己对工作中使用的打字机的看法,喜欢它什么和不喜欢它什么。乔治抓住她提到的一个缺点赶紧邀请她到下面的汽车里去看一看和试一试自己销售的新型打字机。他成功地向秘书从头到尾地展示了一番。他离去时还特意为占用了秘书的时间向她表示了谢意。

几个星期之后,乔治赴约再次造访,女秘书热情地安排他与老板见了面,结果他成交了。

运用产品接近客户时应注意的以下几点事项:

第一,产品本身必须具有一定的吸引力,能够引起客户的注意和兴趣,这样,才能达到接近客户的目的。在客户眼中毫无特色、毫无魅力的一般商品,不宜单独使用产品接近法。即使销售人员自信产品独特新颖,而且事实上也的确如此,但若客户不能立即认识到这一点,最好还是不要使用产品接近法。在实际销售工作中,不同的客户会对不同的方面比较注意,会有各自不同的兴趣。有人关心产品的技术指标和性能,有人看造型和色彩。正如人们所说:内行看门道,外行看热闹。因此,销售人员应发挥产品优势,选用适当的接近方法。

第二,产品本身必须精美轻巧,便于销售人员访问携带,也便于客户操作。笨重的庞然大物、不便携带的产品不宜使用产品接近法。例如,重型机床、房地产、推土机等产品的销售人员就不便利用产品接近法。但是,销售人员可以利用产品模型、产品图片等作为媒介接近客户。

第三,销售的必须是有形的实物产品,可以直接作用于客户的感官。看不见摸不着的无形产品或劳务,不能使用产品接近法,如理发、洗澡、人寿保险、旅游服务、

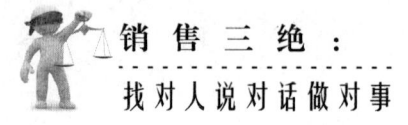

电影入场券等都无法利用产品接近法。

第四,产品本身必须质地优良,经得起客户反复接触,不易损坏或变质。销售人员应准备一些专用的接近产品,平时注意加以保养,以免在客户操作时出毛病,影响销售效果。

### 4. 现场演示接近法

销售人员通过对商品的展览、演示,以引起客户的注意和兴趣。这是一种古老的销售术,最早如街头杂耍、卖艺等都是采用现场演示的方法招徕客户。在现代销售中,此方法仍有重要的利用价值。例如,某一销售声控魔方玩具的销售人员,坐定之后,并不急于开口说话,而是取出一个小巧玲珑、色彩艳丽的正四方体"木箱"放到客户的面前,随着销售人员的一声拍掌,小木箱不但摇晃起来,同时还用几种语言发出"让我出去"的叫声,仿佛那只小小的木箱真的锁住了一个急于外逃的魔鬼。这场生动形象、直观的展示,胜过销售人员绘声绘色的描述,使客户公正地获得一个直觉印象。销售人员如能不失时机地发挥销售员语言艺术的作用,热诚为客户答疑解惑,阐明该产品价格定位及广阔的市场前景,便能为最后的成交打下一个良好的基础。

演示销售是一种传统的销售术。销售人员用夸张性的手法来展示产品的特点,从而达到接近客户的目的。在现代销售环境中,这种技巧仍有重要的使用价值。

### 5. 利用好奇心接近法

这是利用客户的好奇心达到接近目的的方法。销售人员运用各种巧妙的方法及语言艺术唤起客户的好奇心,引导客户的注意和兴趣,达到销售目的。例如,一位销售新型打印纸的销售人员推开客户办公室门时,就对客户说,"您想知道一种能使办公效率提高又能有效降低成本的办法吗?"这些想法正是一般办公部门努力追求的目标,而对主动送上门来的良计佳策谁不为之动心呢?当客户的好奇心被紧紧抓住以后,销售人员应不失时机,巧用销售技巧和销售语言艺术,因势利导,强化客户的注意和兴趣,进而实现销售的目的。

在实际销售工作中,当与准客户见面之初,销售人员可通过各种巧妙的方法来唤起客户的好奇心,引起其注意和兴趣,然后转而道出产品的各种好处,转入销售面谈。唤起好奇心的方法多种多样,销售人员应做到得心应手,运用自如。

下面一个例子就是利用客户的好奇心来接近客户的。

一位英国皮鞋厂的销售人员曾几次拜访伦敦一家皮鞋店,并提出要拜会鞋店老板,但都遭到了对方拒绝。这次他又来到这家鞋店,口袋里揣着一份报纸,报纸上刊登了一则关于变更鞋业税收管理办法的消息,他认为店家可以利用这一决定节省许多费用。于是,他大声对鞋店的一位售货员说:"请转告您的老板,就说我有路子让他发财,不但可以大大减少订货费用,而且还可以本利双收赚大钱。"销售人员向老板提供赚钱发财的建议,老板怎么不动心呢?他肯定立刻答应接见这位远道而来的销售人员。

好奇心是人们普遍存在的一种行为动机,客户的许多购买决定有时也多受好奇心理的驱使。因此,销售人员利用好奇心来接近客户、招徕买家是一种行之有效的好方法。

6. 提问接近法

提问接近法是指销售人员直接向准客户提问,利用所提的问题引起客户注意和兴趣,并引发讨论,从而促成销售面谈的接近方法。

提问时,销售人员可以先提一个问题,然后根据客户的反应再继续提出其他问题。例如,"张经理,你认为企业目前的产品质量问题是由于什么原因造成的?"产品质量自然是经理最关心的问题,销售人员这一提问,可能会引起销售人员与张经理之间关于提高产品质量的讨论,无疑将引导客户逐步进入销售面谈。

销售人员也可以一开始就提出一连串的问题,使得客户无法回避。例如,美国某图书公司的一位女销售人员,总是从容不迫、平心静气地提出下述问题来接近客户:"如果我送您一套关于个人效率的书籍,您打开书后发现内容十分有趣,您能读一读吗?""若您读了以后非常喜欢这套书,您会买下吗?""若您没有发现其中的乐趣,您将书籍塞进这个包里给我寄回,行吗?"此女销售人员的开场白简单明了,使客户几乎找不到说"不"的理由。

通过提问,销售人员一方面启发客户认识到了自己的需求,另一方面又介绍了自己的产品,因此这是一种比较有效的接近方法。运用提问法的关键,是发现并提出问题,发现了问题就找到了客户,提出了适当的问题就意味着成功的接近。需要注意的是,销售人员所提问题应是客户最为关心的问题。

销售人员直接向客户提出问题,引起客户的注意和兴趣,引导客户去思考,并顺利转入正式面谈阶段也是一种有效的销售方法。

7. 介绍接近法

这种方法是销售人员通过自我介绍或经过他人介绍而接近销售服务对象的办法。主要目的在于销售人员向客户介绍自己的身份,以求得对方的了解和信任,消除其戒心,为销售创造宽松的气氛。自我介绍,主要通过口头介绍以及身份证件与名片来达到接近客户的目的。他人介绍,是借助与客户关系密切的第三者的介绍来达到接近的目的。

另外,介绍还包括口头介绍和书面介绍等形式。

在现代销售环境里,有时仅凭口头的自我介绍是难以奏效的,因而在口头介绍

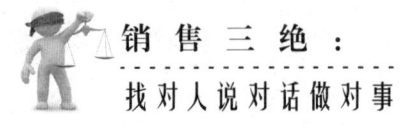

的同时销售人员还必须主动提供一些能证明自己真实身份的证件,如身份证、工作证、名片、介绍信或其他有关证件,尤其是在第一次接近准客户时,应尽量带齐证件,以免遭到客户的拒绝,或使客户产生疑心,失去合作诚意。

### 8. 陈述利益接近法

产品的物美价廉是吸引客户的重要因素,也是客户寻求自身利益的关键所在。销售人员可以利用客户追求利益的心理,在产品销售上给予客户某些利益或实惠,以引起客户的注意并激发其兴趣,从而顺利转入业务面谈。

这种方法符合客户消费中的求利心理,把客户购买商品时能获得什么样的利益直接摆出来,有助于客户正确认识产品,从而增强购买信心。

在实际销售过程中,许多客户掩饰求利心理,有时不了解情况,又不愿主动地问这方面的问题,妨碍了对产品能提供利益的认识,而销售人员点破这方面的问题,可以突出商品的销售重点,迅速达到接近的目的。

例如,"这是我公司最新推出的新型石英多功能闹钟。它既可以摆在写字台上,外出旅行时,又可以合起来放到枕边床头,非常实用。它的功能就更不用说了,光闹钟设置方式就有好几种,既可以定时,还可以选定某月、某年的某时闹铃,非常方便。振铃音响也有多种选择,以满足客户的不同喜好。除此之外,这种闹钟还有计算、记事的功能。在推广期间,我们还有价格优惠,可以给您打九五折。"

但是,在具体使用利益接近法时还应注意以下问题:

第一,产品利益的陈述必须实事求是,不可夸大。夸大会导致两种结果:一是失去客户的信任;二是销售人员随意夸大给客户的利益可能导致销售本身没有实际效益。因此,必须如实讲明各自的利益所在,以增加客户的信任感。

第二,产品利益要具有可比性。销售人员可通过对产品供求信息的分析,使客户相信购买该产品所能产生的实际效益,能有效引导消费。

# 接近客户的3个原则

### 1. 以不同的方式接近不同的客户群体

实践证明,成功的推销在很大程度上取决于销售人员的推销风格与客户的购买风格是否一致。客户是千差万别的,销售人员应学会适应客户。在实际接近时,销售人员可以用"角色扮演法",即根据不同的客户来改变自己的语言风格、服装仪表、情绪和心理状态等。

## 2.做好各种心理准备

因为销售是与拒绝打交道的,在接近阶段可能会遇到各种困难。但销售人员要充分理解客户,坦然面对困难,善于调整自己,正确发挥自己的能力和水平。

## 3.减轻客户的压力

多年的销售实践表明,当销售人员接近客户时,客户一般会产生购买压力,具体表现为:客户可能选择故意岔开话题,有意或无意地干扰和破坏销售洽谈。因此,在上述情况下,销售人员要成功地接近客户,就必须想方设法地减轻客户的心理压力。根据实践可采用以下几种方法供销售人员借鉴:

(1)情景虚构法。销售人员不是以客户为直接推销对象,而是虚构一个推销对象,让客户感觉销售人员不是向自己而是向他人推销。

(2)非推销减压法。如提供产品信息、向客户提供帮助等。

(3)征求意见法。销售人员首先告诉客户访问的目的是听取意见和反映,而非推销。

(4)直接减压法。销售人员明确告诉客户如果听完推销建议没兴趣,可以随时让自己离开,不必难为情。

(5)利益减压法。销售人员首先让客户相信这次会谈是完全值得的。把客户的注意力转移到关心对他自身的利益上来。

# 接近客户应注意的细节

不注意小节不足以成大事。在接近客户的时候,绝对不要忽略那些影响着自己成败的微小细节。

## 1.仪表得当

有调查显示,人的外在表现力90%是由服饰来显示,80%的人是以貌取人的。作为一个销售人员,只有一次机会塑造第一印象。在这宝贵的第一次中,好好研究一下自己的服饰仪表策略,无疑是相当重要的。销售人员能否得到客户尊重、好感,能否得到客户的承认、接纳和赞许,仪表起到的作用举足轻重。

仪表首先是通过衣着打扮来体现的。美的打扮与合身得体的服装,可使男性显得更潇洒,女性显得更秀美。在生活中,一个人的着装打扮会有意无意中在人们心里引起某种感觉和留下某种印象,这种感觉和印象可能是愉快的、羡慕的,也可

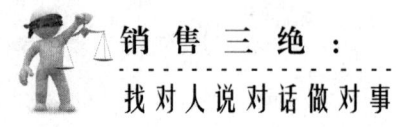

能是厌恶的、鄙夷的。所以,销售人员的衣着打扮应该大方整洁,给人留下美好的印象。

但是这也不是说销售人员都应该西装领带。不了解推销的人总把"雪白的衬衣,笔挺的裤子,再加上整齐的领带"当成是销售人员的标准着装,其实也不尽然,销售人员总要根据不同的环境变换自己的着装风格。

小林和几个朋友在武汉做某个牌子的蚊香推销。刚刚开始,他们都是"标准着装"去推销商品。不过几次下来,发现人们总是对他们带有一种敌视防范的情绪,尽管他们已经尽量做得非常平易近人了。

经过分析,小林他们决定更换行头。因为使用蚊香的客户都只是普通群众。武汉夏天天热,人们普遍穿着很随便。小林他们一身职业装束显得与他们的客户格格不入,容易产生距离感。

第二天,小林也身着T恤牛仔裤,休闲但仍不失整洁,立刻增加了客户对他们的认同感。

仪表不周会给对方造成不好的印象,认为自己对他并不尊重,含蓄的客户会采取冷淡的态度,暗自决定不再与自己打交道;遇到性子暴烈的客户,可能等待自己的就是一场暴风雨。

**2.谈吐大方**

谈话是一门值得研究的艺术,俗话说:"一句话可以把人说跳,一句话也可以把人说笑。"一个会说话的人总是到处受欢迎。

态度诚恳热情,表达自然亲切,措辞准确得体,语言文雅谦恭,不含糊其辞、吞吞吐吐,不信口开河、出言不逊,这些都是交谈的基本原则与礼节。

根据销售工作交谈的特点,具体来说,销售人员还应注意以下几个方面:

(1)说话的声音要适当。交谈时,音调要明朗,咬字要清晰,语言要有力,频率不要太快。如果销售人员觉得自己的声音不好听,最好每天花5分钟时间来练习发音,不间断地练习1个月,就会有很大改善。我国区域辽阔,各地方言差别很大,销售人员与客户交谈时要尽量使用普通话,即使不纯正也没关系。

(2)与客户交谈时,应双目注视对方,不要东张西望。说话时可适当做些手势,但不要手舞足蹈,不能用手指人,更不能拉拉扯扯、拍拍打打。与客户保持适当距离,讲话时不要唾沫四溅。

(3)交谈中要给对方说话的机会。在对方说话时,不要轻易打断或插话,应让对方把话说完。如果要打断对方讲话,应先用商量的口气问一声:"请等一下,我可以插一句话吗?""我提个问题好吗?"这样可避免对方产生被轻视等不必要的误解,如对方谈到一些不便谈论的问题,可以转移话题,不要轻易表态。

(4)话要谈得顺畅,还要注意他人的禁忌。与客户交谈,一般不要涉及疾病、死亡等不愉快的事情。在喜庆场合,还要避免使用不吉利的词汇,交谈要避开粗俗之词。不要直接询问客户工资、家庭财产等生活情况,这容易使对方反感。

(5)客户若犯过错误或有某种生理缺陷,言谈中要特别注意避免会损伤对方自尊心的话语。对方不愿谈的问题,不要刨根问底,引起对方反感的问题应表示歉意,或立即转移话题。

(6)谈话对象超过三人时,应不时与在场其他人攀谈几句,不要只把注意力集中到一两个人身上,以免其他人产生冷落感。习惯性的口头禅会使客户产生反感,交谈中要注意避免。交谈要口语化,这会使客户感到自然亲切。

**3.举止得当**

塑造良好的推销交际形象,不能不讲究礼貌与礼节,这就不能不切实注意举止行为。销售人员到客户办公室或家访,进门时要按门铃或轻声敲门。按铃或敲门的时间不要过长,无人或未经主人允许,不要擅自进入室内。见到客户时,如非事先约定,应向客户表示歉意,然后再说明来意。进入客户办公室或家中,应主动向在场的人都表示问候或点头示意。在客户家中,未经邀请,不能参观住房,即使是熟悉的客户,也不要去随意翻动室内的书籍、花草、室内陈设及其他物品。

和客户在一起,不要乱丢果皮纸屑,注意保持地毯、地板清洁;千万不能随地吐痰;吸烟要把烟灰弹入烟灰缸;不用脚蹬踏桌椅沙发;雪雨天进入室内,注意踏擦鞋底,防止将雨水、雪水、泥巴带入室内。

要注意避免和克服各种不雅观的举止。不要当着客户的面擤鼻涕、掏耳朵、剔牙齿、修指甲、打哈欠等。咳嗽、打喷嚏实在忍不住,要用手帕捂住鼻子、面朝一旁,并尽量不要发出大声。

以上虽是一些细节,但客户对销售人员的印象正是由许多细小的环节互相联系、组合在一起形成的。销售人员如果希望自己给客户留下良好的形象,就应该经常注意这些细节,尽量避免举止失当,做到文雅得体。

**4.正确地使用名片**

销售人员在和客户面谈时,送给客户一张名片,不仅是很好的自我介绍,而且与客户建立了联系,既方便,又体面。

名片除在面谈时使用外,还有其他一些妙用。例如,去拜访客户,对方不在,可将名片留下,对方回来看到名片,就知道自己来过了;还可以在名片上留言,向客户致意或预约拜访的时间;把注有时间、地点的名片装入信封发出,可以代替正规请帖,又比口头或电话邀请显得正式;向客户赠送一份礼物,如让人转交,则随带名片一张,附几句恭贺之辞,无形中关系又深了一层;熟悉的客户家中发生了大事,不便

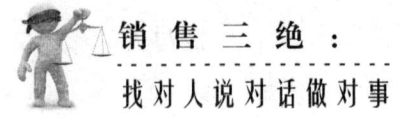

于当面致意,可寄名片一张,省时省事,又不失礼。

**5.信守约定的时间**

当客户表示"就从你这儿买吧"的时候,是对销售人员极大的信任。

但极大信任是多次的微小信任的积累结果。销售人员必须时时注意每个细节,信守时间就是其中重要一项。

"可以,我今天就给你发出。"一旦答应,即使口头承诺,销售人员也一定要照办不误,并且要牢记:一切行动,在时间上都要留有余地,以求在突发事件下的正点率。事实也证明,提前几分钟动身正是取得对方信任的前提条件。

# 不要忽视接待人员的作用

销售人员不管已来过客户公司几次,在面对前台接待人员时,态度依旧要有礼貌。不能因面熟而脱口说道:"嘿!我又来了。王先生在吗?"这样对方对你的评价就会大打折扣。

当然,你与接待人员成为好朋友,如果已经到了彼此之间已经可以随便开玩笑的地步了,那么情况又另当别论。只不过在玩笑之余,还是要保持一定的分寸,注意切莫太放纵自己的行为。

一旦你们之间产生了友谊,那么接待人员就成为你自己专属的一个信息来源。他们会在闲谈时透露该公司的内部情况,而你也能随时探听推销所需要的信息,这对于你的推销工作来说,可谓是一种可遇不可求的理想状态。

人们往往会认为打听消息是不道德的行为,因此在那些接待人员面前,推销人员最好是装出一副若无其事的样子,然后再在对方不经意中对他们进行旁敲侧击,以免被对方察觉,而引起他们的反感与抵触心理。

另外,还要注意一点。接待人员通常都是两三人轮班,在这种情况下,销售人员就必须面面俱到,不可只对其中的某一两位接待人员表示友好,否则可能会遭到误解,以为自己有不可告人的目的,这样反而会弄巧成拙。

总之,销售人员与接待人员要保持一种良好的关系,礼貌客气地对待他们,不可太过放纵失礼。千万不能忽视这些接待人员对你推销工作的影响。

## 寻找共同话题来接近客户

销售人员的推销工作通常是以各种商谈的形式来进行的,如果客户对销售人员的话题没有什么兴趣的话,那么双方之间的会谈也就会变得索然无味,更难以达到预计的效果。

销售人员要想迅速地接近客户,与客户建立良好的人际关系,就要尽早找出双方感兴趣的共同话题,在拜访之前先收集信息与资料,尤其是在第一次拜访时,事前的准备工作一定要充分。

在初次接近客户时,恰当的询问是必不可少的,销售人员在不断的发问当中,就能相对容易地发现客户的兴趣所在。

谈论客户感兴趣的话题,可以使双方的会谈气氛较为缓和,接着再进入主题,效果往往会比一开始就立刻进入主题要好得多。

杜维诺先生经营着一家高级面包公司——杜维诺父子公司。他特别想把自己公司生产的面包推销到纽约的一家大饭店。他为此而付出了巨大的努力,4年来,他不知道给该饭店的经理打过了多少次的电话,并且还去参加了由该经理组织的社交聚会。他甚至一度在该饭店住了下来,以便做成这笔生意。但是,杜维诺的所有努力都未能收到成效。因为,饭店的经理很难接触,他压根就没有把心思放在杜维诺父子面包公司的产品上。

杜维诺百思不得其解,经过长期的思索与观察后,他终于找到了症结所在。于是,他决定立即改变接近对方的策略,转而去寻找这位经理感兴趣的东西,以找出双方共同感兴趣的话题。

经过一番调查与分析,杜维诺发现该经理是一个名叫"美国旅馆招待者"组织的骨干成员,而且最近还当选为主席,他对这个组织倾注了极大的热情。不论该组织在什么地方举行活动,他都一定到场。得到这一信息后,杜维诺详细研究了这个组织的相关信息。

第二天,当杜维诺再见到这位经理时,就开始大谈特谈"美国旅馆招待者"组织,这一下杜维诺算是彻底找到方向了,对方也滔滔不绝地跟杜维诺交谈起来。当然,话题都是有关这个组织的。在结束谈话时,杜维诺还得到了一张该组织的会员证。他虽然在这次会面中并未提推销面包之事,但没过几天,那家饭店的厨师就打来了电话,让杜维诺赶快把面包样品和价格表送过去。

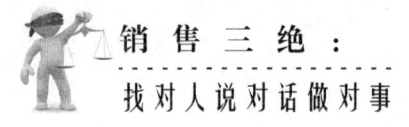

**销售三绝：
找对人说对话做对事**

"我真不知道你对我们那位经理先生动了什么手脚。"厨师在电话里说，"他可是个难以说服的人。"

"想想看吧，我整整缠了他4年，还为此租了你们饭店的房间。为了得到这笔生意，我想尽了办法。"杜维诺感慨地说，"不过感谢上帝，我找出了他的兴趣所在，知道了他喜欢听什么内容的话，总算接近了这个难缠的人。"

销售工作的对象是人，而那些聪明的销售人员总会审时度势，有时候会巧妙地避免正面推销，从客户感兴趣的话题这个让其意想不到的角度切入，从而迅速接近客户，并打开销售工作的局面。

# 利用客户的好奇心接近对方

在销售实践中，销售人员可以首先唤起客户的好奇心，引起客户的注意和兴趣，然后再寻找机会道明自己的真实意图，并迅速转入面谈阶段。唤起客户好奇心的具体办法则可以根据每个客户的具体情况进行灵活选择。

一位人寿保险推销员在接近一名准客户时这样问道："10千克软木，您打算出多少钱？"

客户回答说："我不需要什么软木！"

推销员又问："如果您坐在一艘正在下沉的小船上，那您愿意花多少钱买这些软木呢？"

就这样，通过这种奇特的方式，这位推销员巧妙地吊起了客户的胃口，激起了他的好奇心。

实际上，这位推销员是在向准客户阐明这样一个思想：即人们必须在实际需要出现之前就进行投保。由此我们不得不佩服该推销员的巧妙用心。

销售人员在接近客户时需要注意的是，无论利用语言、动作或其他什么方式来引起客户的好奇心理，都应该与销售活动有某种内在关联。因为，如果客户发现销售人员的接近把戏与销售人员活动完全无关，很可能就会迅速转移注意力并失去继续谈下去的兴趣。

另外，在运用某种手法去吸引客户的好奇心的时候，还应该讲究出奇制胜。因为，在这个纷乱繁杂的现实世界中，每个人的文化知识水平和经历是不同的，兴趣爱好也有所不同。在某个人看来新奇的事物，对其他人来说并不一定新奇。如果销售人员自以为奇，而客户却不以为奇，那么就往往会弄巧成拙，要想再接近客户的难度也就会增加。

原一平的名片上总是印着这样一个数字：0-766 000。于是，当客户接到他的名片时总会好奇地问他："这个数字是什么意思？"

于是原一平就会反问道："您一生中吃几顿饭？"

可想而知，几乎没有一个客户能够答得出来。

原一平便回答说："766 000顿饭嘛！假定退休年龄是55岁，按日本人的平均寿命计算，您还剩下19年的饭，即20 805顿……"

就这样，原一平巧妙地利用客户的好奇心和对方攀谈起来，这是一种高明的接近客户的手法。

# 不要一味地去迁就客户

销售人员的一个常见的心理误区就是所谓的"客随主便"，一旦进入对方的地盘，就认定自己是在麻烦别人、骚扰对方，从而缩手缩脚，不敢展示自己的真实风采，从而失去接近客户与之进一步面谈的机会。

作为优秀的销售人员，在接近客户时，不应该一味地去迁就对方，从而处于一种心理上的弱势地位。销售人员应本着对客户有利的原则，采取各种说服手段，控制局面，以让局面对自己有利。

著名推销高手、畅销书作家罗伯特·舒克通过电话与"肯德基家乡鸡"的创始人——哈南·桑德斯上校约定了一个会面时间，准备访问他，以作为撰写《完全承诺》一书的资料。那是在1975年，桑德斯已经85岁高龄了。他答应去路易维尔机场接舒克，然后两人一起到上校家畅谈。

飞机在一个周五早上准时到达路易维尔机场，舒克走向机场正门，一眼就认出了大名鼎鼎的桑德斯上校，因为他早已在肯德基餐厅门口见过桑德斯的塑像。他热情地向上校打招呼，并伸出了手，但是上校却悲叹地说："今天没办法接受你的访问了，我在冰上跌倒，脑袋撞个正着。"

"桑德斯先生，我真的好高兴看到你"，舒克完全无视桑德斯要取消访问的话，"我实在很抱歉，听到你受伤了。"

"今天早上，我在冰上滑倒，头上一大片淤青"，上校继续说，"我没办法通知你说我要取消这次访问，也不想留你在机场干等，而我却没有出现。所以我在前去看医生的途中先到这里见你。"

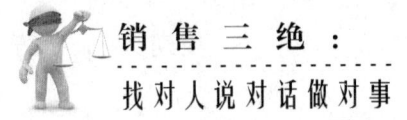

"没有关系,上校",舒克仍然忽略对方要取消访问的事实。他可没有忘记自己大老远跑过来的目的是什么,因此他要赶紧想办法达到自己的目的。

"哎哟,好大的一块淤青!"舒克看到上校的后脑勺上一块明显的肿块。"我们走吧,当医生一替你包扎好,我们就到你的地方去。"

他完全不给桑德斯任何说话的机会,马上转向上校的司机:"车子停在哪里?"

"就在那里。"

"我们走吧,"舒克边说边向车走去,"我们必须先送上校去看医生。"

上校和司机跟在舒克身后,一行三人便开车往诊所的方向驶去。在医生为上校的头部稍做处理后,舒克和上校就开始了他们的访问工作。结果,他们都度过了愉快的一天。

这个世界总是充满变数,特别是你在别人的地盘上推销时,意外事件简直防不胜防。但是千万不要泄气,不要灰心,牢记你的推销目的,一切言行从对方利益出发,提出方案后立即行动,主动、积极地去扭转、控制整个局面。

# 第六章 拜访客户：与客户面对面交流

市场调查需要拜访客户、新品推广需要拜访客户、销售促进需要拜访客户、客情维护还是需要拜访客户。许多时候只要客户拜访成功，产品销售的其他工作也会随之水到渠成。学会客户拜访是销售新人要过的基础关。

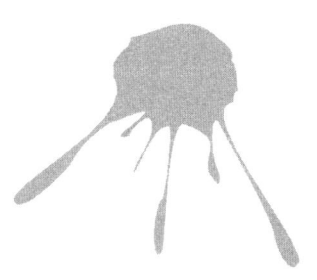

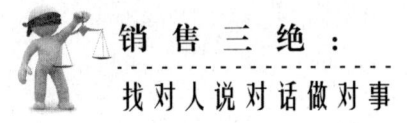

# 每次拜访都是一场盛宴

"只要肯干活,就能卖出去"的观念已经过时了!取而代之的是"周详计划,省时省力!"与客户第一次面对面的沟通,有效地拜访客户,是迈向成功的第一步。只有在充分准备下的客户拜访才能取得进展。

你是否愿意去做精心准备,以及你是否有能力进行精心的准备,这对于你将来是否成功和是否能够获得你想要拥有的财富至关重要。销售的原则是:只要存在疑问,那么一定要进行过量准备!销售人员一定不会对自己为拜访客户所做的大量前期准备而后悔。销售人员在准备上付出的努力往往会是拿到那单生意的关键因素。

对于一个销售新手来说,精心准备的更多好处是:有了计划,才会有面谈时的应对策略,因为有时在临场的即兴策略成功性很小。事先考虑周全,就可以在临场变化时伸缩自如,不至于慌乱。有了充分的准备,自信心就会增强,心理就比较稳定。

**1.拜访前的调查准备**

这一阶段,销售人员应尽可能多地收集客户或是潜在客户所在公司的信息。通过因特网、当地图书馆、报纸或其他渠道收集这些信息。而且在收集某个公司信息的时候,销售人员可以前往那里进行拜访,或者请那个公司的人将他们近期用来开拓本公司市场的产品信息小册子以及其他销售资料寄给你。拿到资料后,销售人员应通读这些材料,并对其中的主要观点做笔记。你的前期调查研究工作做得越充分,最后坐下来和客户交谈时的发言就会越发显得你的信息灵通、思维睿智。

如果你面对的客户是一家商业企业,那么尽你所能去了解这个公司的产品、服务、发展史、竞争对手和现在进行的商业活动。销售的原则是,如果信息尚未准备得足够充分的话,不要向你的潜在客户提出任何问题,没有什么比"你们公司是做什么的"这样的问题更能在瞬间破坏客户对你的信任了。

这种问题一问出口,就告诉了潜在客户:在拜访前你并没有花费任何力气去做调查研究。在第一次与客户接触时,这绝对不是你想要向客户传达的信息。

如果你面对的客户是个人,作为销售保险的业务人员,不仅仅要获得潜在客户的基本情况,如对方的性格、教育背景、生活水准、兴趣爱好、社交范围、习惯嗜好等以及和他要好的朋友的姓名等，还要了解对方目前得意或苦恼的事情，如乔迁新居、结婚、喜得贵子、子女考大学，或者工作紧张、经济紧张、充满压力、失眠、身体欠佳等。这些情况，你可以从推荐人那儿多多了解，也可以前往其小区，从邻居那儿打听，或从其所就业的公司网站上了解一些信息。总之，了解得越多，就越容易确定一种最佳的方式来与客户谈话。

对于渠道销售而言，在拜访客户前，销售人员要提前了解对方属于重点客户、还是一般客户，从而制定拜访策略。比如，销售人员计划到某超市拜访经理，出发前就要对该超市的大概情况了如指掌，包括超市的采购决策者、市场销售情况、资信情况等。

要充分掌握自己公司的销售政策、价格政策、促销政策。尤其是在公司推出新的销售政策、价格政策、促销政策时，更要了解新政策的详细内容。当公司推出新产品时，销售人员还要掌握新品的特点和卖点，有关本公司及业界的知识、本公司及其他公司的产品知识等。

**2.拜访前明确目的**

设定此次拜访的目的。通过这次拜访你想达到一个什么样的目的，是实现增进感情交流，还是促进客户进货。

在这里，必须明确：销售人员每一次拜访的目的都是不一样的，有礼节性的拜访、产品说明和演示、签单促成、收款、售后服务、抱怨处理、索取转介绍等。据美国推销协会统计，80%的推销个案的成功，需要5次以上的拜访，48%的销售人员1次就放弃，25%的2次放弃，只有10%的坚持5次以上。这个统计数据说明，销售人员通过一次的拜访就达到签单目的的少之又少，从第一次接触到促成签单大约要经历五个步骤，每一次的拜访如能达到一个目的就不错了，所以不要急功近利。

你将要与谁见面？你将要问他什么事情？通过这次拜访你希望得到一个什么样的结果？这是拜访前你要明确的目的。在这一阶段，销售人员应该预先对拜访的各个细节进行仔细思考，认真计划。最好将自己要问的写在纸上，以便在和客户交流的时候，把这些问题提出来。客户们喜欢那些精心准备了书面提纲的拜访者。

这里有一个非常了不起的技巧，它已为大多数顶尖销售专家所采用，即在拜访客户之前准备一个"问题清单"。依照从全面到具体的顺序，将你所要问的问题列在一张清单上，并在这些问题之间均留有空隙。

当你会见潜在客户时，要说："谢谢您在百忙中抽出时间来见我。我知道您时间宝贵，所以我为我们的这次见面拟定了一个日程安排，我们可以就上面的一些问题逐项进行探讨。这是您的那份。"

这样做表明了你尊重客户的时间，而且对于这次会面你预先进行了准备。然

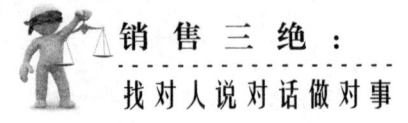

后你就依照这个问题清单,逐一拿出你的问题对客户进行询问,并且在此期间你所产生的新的疑问也可以随时提出。如果这个办法得到正确实施的话,那么这就有助你成为一名真正的咨询顾问,而不是一名产品销售人员,这对你的未来将有极大的帮助。

### 3.外部形象

服装、仪容、言谈举止乃至表情动作上都力求自然,销售人员就可以保持良好的形象。

### 4.计划开场白

如何进门是我们遇到的最大难题,好的开始是成功的一半,同时可以掌握75%的先机。

### 5.工具准备

"工欲善其事,必先利其器"一位优秀的销售人员除了具备锲而不舍的精神外,一套完整的销售工具也是绝对不可缺少的战斗武器。台湾企业界流传的一句话是"推销工具犹如侠士之剑",凡是能促进销售的资料,销售人员都要带上。调查表明,销售人员在拜访客户时,利用销售工具,可以降低50%的劳动成本,提高10%的成功率,提高100%的销售质量! 销售工具包括产品说明书、企业宣传资料、名片、计算器、笔记本、钢笔、价格表、宣传品等。

### 6.时间准备

如提前与客户预约好时间应准时到达,到得过早会给客户增加一定的压力,到的过晚会给客户传达"我不尊重你"的信息,同时也会让客户产生不信任感,最好是提前5—7分钟到达,做好进门前准备。

### 7.拒绝问题演练好

销售就是从拒绝开始的。准客户拒绝的理由五花八门,多得数不胜数。通常有以下几种:①价格太贵,别的产品更便宜。②产品质量不好。③服务不周到。④公司不可靠。⑤没钱。⑥要和家里人商量一下。⑦考虑一下再说等。因此,销售人员在出门之前必须做到胸有成竹,见面时才会应付自如。

### 8.内部准备

(1)信心准备:事实证明,销售人员的心理素质是决定成功与否的重要原因,突出自己最优越的个性,让自己人见人爱,还要保持积极乐观的心态。

(2)知识准备:上门拜访是销售活动前的热身活动,这个阶段最重要的是要制造机会,制造机会的方法就是提出对方关心的话题。

(3)拒绝准备:大部分客户是友善的。换个角度去想,通常在接触陌生人的初期,每个人都会产生本能的抗拒心理和保护自己的方法,找一个借口来推却你罢了，并不是真正讨厌你。

(4)微笑准备：如果你希望别人怎样对待你，你首先就要怎样对待别人。

许多人总是羡慕那些成功者，认为他们总是太幸运，而自己总是不幸。事实证明，好运气是有的，但好运气偏爱诚实且富有激情的人！

### 9.拜访后的分析

销售人员应把拜访后的分析也作为准备，因为这次的拜访的结束，就是下次拜访的开始。为成功实现销售，拜访后，销售人员应该拿出一些时间来回忆刚刚结束的这段谈话中的每一个信息，并将它们写下来。不要过于相信你的记忆力，也不要等到一天的工作结束后再去回想与客户谈话的情况。将你所能够回忆起来的每件事情都写在本子上。以后你会发现，这样的记录对于你将一位潜在客户发展成真正的客户会有多大的帮助。

之后，当你再次拜访这位客户时，花几分钟的时间回顾一下你所记的东西。一旦你这样做了，你就会对这位客户和他当前的状况胸有成竹。

# 拜访客户也有流程设计

作为销售新手，好不容易见到客户，常常会迫不及待地向客户灌输产品情况。那样无异于按着客户的脑袋，向他猛灌"信息垃圾"，这样会导致客户与你见面两三分钟就会很不耐烦。陌生拜访要先学会聆听，即：销售人员自己的角色只是一名学生和听众，让客户出任一名导师和讲演者的角色。你可以按照以下的流程来进行：

第一步，打招呼。见到客户后，以亲切的话语向客户打招呼问候。如："王经理，早上好！"

第二步，自我介绍。告知对方自己姓名及公司名称，并将名片双手递上，在交换名片时，对客户抽空会见自己表达感谢。如："这是我的名片，谢谢您能抽出时间让我见到您！"

第三步，客气话。营造一个好的气氛，以拉近彼此之间的距离，缓和客户对陌生人来访的紧张情绪；如："王经理，我是您部门的张工介绍来的。听他说，您是一个很随和的领导。"

第四步，开场白。开场白的结构可以为：说明你来拜访客户的目的是什么，陈述你公司的商品/服务对准客户有什么好处，此次拜访需要的时间约定，询问是否接受。如："王经理，今天我是专门来向您了解贵公司对某某产品的一些需求情况，通

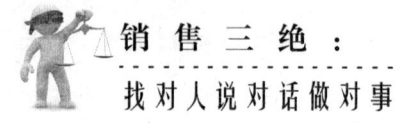

过了解你们明确的计划和需求后,我可以为你们提供更方便的服务,我们谈的时间大约只需要五分钟,您看可以吗?"

第五步,巧妙运用问话技巧,让客户一次说个够。具体技巧有以下三种:

(1)提出想好的问题。通过询问客户来达到探寻客户需求的真正目的,这是销售人员最基本的销售技巧,在询问客户时,问题面要采用由宽到窄的方式逐渐进行深度探寻。如:"王经理,您能不能介绍一下贵公司今年总体的商品销售趋势和情况?"、"贵公司在哪些方面有重点需求?"、"贵公司对××产品的需求情况,您能介绍一下吗?"

(2)结合运用开放式问题和封闭式问题。采用开放式提问方式,客户需要很多语言来解释说明,这样可以让客户自由地发挥,让他多说,让自己知道更多的东西,销售人员只需要相对较少的问题就可以达到目的。而采用封闭式问题提问法,则让客户始终不远离面谈的主题,限定客户回答问题的方向。两者结合起来运用比较好。作为新手经常会犯的毛病就是"封闭话题",所以建议新手拜访客户时,尽量用开放式问题同客户沟通。例如,"王经理,贵公司采购某产品的目的是什么呢?"这就是一个开放式的询问法。又如:"王经理,像我们提交的一些供货计划,是需要通过您的审批后才能在下面的部门去落实吗?"这是一个典型的封闭式询问法。作为销售新手千万不要采用封闭话题式的询问法,来代替客户作答,以免造成对话的中止。如:"王经理,你们每个月销售某产品大概是6万元,对吧?"

(3)对客户谈话重点进行复述并确认。根据谈话过程中你所记下的重点,对客户所谈到的重点内容进行简单总结,向客户复述一遍,并得到客户认可,以保证你没有误解或歪曲客户的意思。如:"王经理,今天我跟你约定的时间已经到了,很高兴从您这里听到了这么多宝贵的信息,真的很感谢您!您今天所谈到的内容一是关于……二是关于……三是关于……是这些,对吗?"

第六步,结束拜访时,约定下次拜访内容和时间。在结束初次拜访时,新手应该再次确认一下本次来访的主要目的是否达到,然后向客户提出下次拜访的目的、约定下次拜访的时间。如:"王经理,今天很感谢您用这么长的时间给我提供了这么多宝贵的信息,根据您今天所谈到的内容,我将回去好好地做一个供货计划方案,然后再来向您汇报,我下周二上午将方案带过来让您审阅,您看可以吗?"

有了第一次成功拜访的基础,就可以第二次拜访,并为最终将产品推销出去打开局面。

# 容易忽略的5个拜访细节

除产品外,销售人员在拜访客户中的一些细节处理,对销售的成功率也有重要的影响。

**1. 只比客户着装好一点**

专家说:最好的着装方案是"客户+1",只比客户穿的好"一点"。既能体现对客户的尊重,又不会拉开双方的距离。着装与被访对象反差太大反而会使对方不自在,无形中拉开了双方的距离。例如,建材销售人员经常要拜访设计师和总包施工管理人员,前者当然要衬衫领带以表现自己的专业形象;后者若同样着装则有些不妥,因为施工工地环境所限,工作人员不可能讲究着装,如果你穿太好的衣服跑工地,不要说与客户交谈,可能连坐的地方都难找。

**2. 与客户交谈中不接电话**

电话多是销售人员的特点,与客户交谈中没有电话好像不可能。不过大部分销售人员都很懂礼貌,在接电话前会形式上请对方允许,一般来说对方也会大度地说没问题。但实际上,对方在心底里嘀咕:"好像电话里的人比我更重要,为什么他会讲那么久。"所以销售人员在初次拜访或重要的拜访时,绝不接电话。如实在打电话的是重要人物,也要接了后迅速挂断,等会谈结束后再打过去。

**3. 把"我"换成"咱们""我们"**

销售人员在说"我们"时会给对方一种心理的暗示:销售人员和客户是在一起的,是站在客户的角度想问题,虽然它只比"我"多了一个字,但却多了几分亲近。北方的销售人员在南方工作就有些优势,北方人喜欢说"咱们",南方习惯说"我"。

**4. 随身携带记事本**

拜访中随手记下时间地点和客户的姓名头衔;记下客户需求;答应客户要办的事情;下次拜访的时间;也包括自己的工作总结和体会,对销售人员来说这绝对是一个好的工作习惯。还有一个好处就是当你虔诚地一边做笔记一边听客户说话时,除了能鼓励客户更多地说出他的需求外,一种受到尊重的感觉也在客户心中油然而生,你接下来的销售工作就不可能不顺利。

**5. 保持相同的谈话方式**

这一点年轻的销售新手要特别注意,虽然你思路敏捷、口若悬河,说话不分对象像开机关枪般快节奏,如果碰到客户是上年纪的,思路就会跟不上,根本不知道

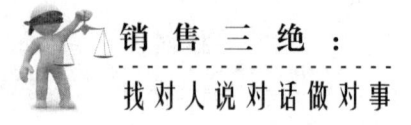

你在说什么,容易引起客户反感。例如,王天雷公司有一位擅长项目销售的销售员,此人不是能说会道的人,销售技术方面也未见有多少高招,但他与工程中的监理很有缘,而监理一般都是60岁左右将要退休的老工程师,而他对老人心理很有研究,每次与监理慢条斯理谈完后必有所得。最后老工程师们都成为该产品在这个工程中被采用的坚定支持者。

# 20种借口让你再见到客户

想要更有效率地达到推销的目的,再访客户的借口就非得好好研究不可。以下有20种不同的再访借口,销售人员若能好好加以运用,一定可以增加许多再访的机会。

**1.以送名片再次拜访**

一般的销售人员总是在见面时马上递出名片给客户,这是比较传统的销售方式,但是却难免流于形式,偶尔也可以试试反其道而行的方法,不给名片,反而有令人意想不到的结果。

**2.故意忘记向客户索取名片**

这也是一种不错的方法,因为客户通常不想把名片给不认识的销售人员,尤其是不认识的推销新手,所以客户借名片已用完或还没有印好为由,而不给名片。此时不需强求,反而可以顺水推舟故意忘记这件事,并将客户这种排斥现象当作是客户给你的一次再访机会。

**3.印制不同式样或是不同职称的名片**

如果有不同的名片就可以借更换名片或升职为理由再度登门造访,但要特别注意的是,避免拿同一种名片给客户,以免穿帮,最好在客户管理资料中注明使用过哪一种名片或是利用拜访的日期来分辨。

**4.不留资料下次奉送**

当客户不太能够接受但又不好意思拒绝时,通常会要求销售人员留下资料,等他看完以后再联络。这时候有经验的销售员绝对不会上当,因为这只是一种客户下逐客令的借口,资料给了之后很可能不用多久就被丢到垃圾桶,所以就算客户主动提出要求也要婉转地推辞,但要在离开之前告知下次再访时补送过来。倘若忘了留下再访的借口,也可以利用其他名目,如:"资料重新修订印制完成后再送来给您参考",或是"客户索取太踊跃,所以公司一再重印,等我一拿到就送来"。

**5.亲自送达另外一份资料**

这份资料必须是客户未曾见过的。专业的销售人员应当有好几份不同的宣传资料,才可以针对不同的客户需求提供不同的资料。

**6.提供有帮助信息**

如果发现报纸或杂志上刊登着与商品相关的消息或统计资料,并足以引起客户兴趣时,都可以立即带给客户看看,或是请教看法。

**7.将资料留给客户再取回**

销售人员在离开前必须先说明资料的重要性,并约定下一次见面的时候取回,若客户不想留下也无妨,放下就走,客户就算不看也不敢把资料丢弃。切记,约定下一次见面的间隔时间不可太长,否则可能连你也会忘记有这么一件事。

**8.借口路过此地,登门造访**

说明自己恰巧在附近找朋友或是拜访客户,甚至是刚完成一笔交易均可,但千万不可说顺道过来拜访,这点是要特别注意的,以免让客户觉得不被尊重。同时还要注意,不需要刻意解释来访的借口,以免越描越黑,自找麻烦。

**9.找一个问题请教客户**

这不是要考倒客户,而是要了解客户的专业知识,所以千万不要找太难的问题,最好是能够给予客户发表空间的"议论题"为佳。

**10.陪同新同事或上司联袂拜访**

通过第三者的造访会给客户带来压力,尤其是你的上司陪同前往时,更能提高说服力。因为上司协助销售人员开拓业绩,会使交易达成的可能性大大提升。

**11.逢年过节小礼物馈赠**

这是接触客户最佳的时机和最佳的运作方式。当然,礼物的轻重要自己把握,非常有希望成交的客户才能送较重的礼,否则可能赔了夫人又折兵,这是需要先判断清楚的。

**12.免费赠予公司刊物**

运用免费赠予客户公司刊物的机会,作为再访的借口也是十分恰当的。例如,某些公司会出一些月刊、周刊、日刊,或市场消息,过年时送月历、日历等资料。

**13.提供新产品组合供客户所需**

推销的商品可以搭配成许多不同的组合,有人称之为"套装"商品,不同的组合与搭配会有不同的效用,可以借此向客户请教某些问题,询问他有何观点或建议。

**14.以生日作为温馨的借口**

若能适时记住客户或其家人的生日,到时候再去找客户并送上一张生日贺卡或鲜花,也不失为有效打动客户的方法。

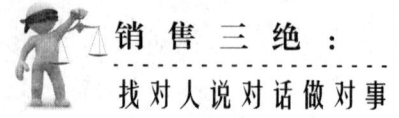

**15. 举行说明会、讲座,并特地亲自邀请**

如果可以提供最新商品的资讯说明会,加强客户对商品的了解,或是提供免费的奖品,相信会吸引很多人前来参加。销售人员在送给客户邀请卡时,可以稍微解说讲座的内容,并在临告辞前请其务必光临指导。

**16. 运用客户填写问卷调查表**

设计几份不同的问卷调查表带去请客户填写,问卷的内容主要在于了解客户对于推销商品的接受程度与观念,或是对于商品喜好的程度。

**17. 在市场突然公布消息时给予第一手资料**

利用市场发布重大消息的机会,提供市场人士或是自己的看法给客户参考,使客户有备感尊荣的感觉,从而拉近彼此的距离。

**18. 提供相关行业的资料给客户参考**

"知己知彼,百战不殆。"搜集相关行业的动态信息作为参考,不但可以成为自己商品改良的依据,同时也可以举例说明别人成功的经验。

**19. 采用特别优惠办法,或特卖方式**

以利益吸引客户接受商品价格,从而引发购买商品的欲望。例如,某些商品在特卖促销时,经常会用"买一送一"、"买1 000送折价券"的策略;信用卡公司推出消费送积分以换取赠品的方式,都是能够引发客户购买欲望的方法。

**20. 不用借口,直接拜访**

与其费尽心思为自己的行动找理由而踌躇不前,不如直截了当地登门拜访更加有效。虽然比较唐突并可能碰壁,但也不失为训练自己能力与胆量的机会。

# 拜访区域客户经验谈

很多销售人员也都有同感:只要客户拜访成功,产品销售的其他相关工作也会随之水到渠成。然而,可能是因为对那些每日数量众多、进出频繁的销售人员司空见惯,所以就有很多被拜访者(以采购人员、店堂经理居多)对那些来访的销售人员爱理不理;销售人员遭白眼、受冷遇、吃闭门羹的事情也多不胜举。也因此很多销售人员觉得客户拜访工作无从下手,其实,只要切入点找准、方法用对,客户拜访工作并非想象中那样棘手。

**1. 说明来意**

初次和客户见面时,在对方没有接待其他拜访者的情况下,销售人员可用简短的话语直接将此次拜访的目的向对方说明;比如向对方介绍自己是哪个产品的生产厂家(代理商);是来谈供货合作事宜,还是来开展促销活动;是来签订合同,还是查询销量;需要对方提供哪些方面的配合和支持等。如果没有这一番道明来意的介绍,试想当销售人员的拜访对象是一位终端营业员时,他起初很可能会将销售人员当成一名寻常的消费者而周到地服务。

2. 赢得注意

由于拜访客户的各家销售人员太多,以致销售人员一而再再而三地去拜访某一家公司,但对方却很少有人知道该销售人员是哪个厂家的、叫什么名字、与之在哪些产品上有过合作。对此,在拜访时必须想办法突出自己,赢得客户的关注。

首先,不要吝啬名片。该销售人员每次去客户那里时,除了要和直接接触的关键人物联络之外,同样应该给采购经理、财务工作人员、销售经理、卖场营业人员甚至是仓库收发这些相关人员,都发放一张名片,以加强对方对自己的印象。发放名片时,可以出奇制胜。比如,将名片的反面朝上,先以印在名片背面的"经营品种"来吸引对方,因为客户真正关心的不是谁在与之交往,而是与之交往的人能带给他什么样的盈利品种。将名片发放一次、二次、三次,直至对方记住你的名字和你正在做的品种为止。

其次,在发放产品目录或其他宣传资料时,有必要在显见的地方标明自己的姓名、联系电话等主要联络信息,并以不同色彩的笔迹加以突出;同时对客户强调说:只要您拨打这个电话,我们随时都可以为您服务。

第三,宣扬成功的、销量大的经营品种引起客户的关注:"你看,我们公司这个产品销得这么好,做得这么成功;这次与我们合作,你还犹豫什么呢?"

第四,制造你与客户单位的上司及领导等关键人物的"铁关系":如当着被拜访者的面与其上司称兄道弟、开玩笑、谈私人问题等。试想,上司和领导的好朋友,对方敢轻易得罪么?当然,前提是你真的和他们有着非一般的关系;再者,表现这种"铁关系"也要有度,不要给对方"拿领导来压人"的感觉。

3. 投其所好

销售人员拜访客户时,常常会碰到这样一种情况:对方不耐烦、不热情地对你说:"我现在没空,我正忙着呢!你下次再来吧。"对方说这些话时,一般有几种情形:一是他确实正在忙其他工作或接待其他客户,他们的谈话不便让你知晓;二是他正在与其他的同事或客户玩得开心,如打扑克、玩麻将、看足球或是聊某一热门话题;三是他当时什么事也没有,只是心情不好而已。

遇到第一种情形,销售人员必须耐心等待,主动避开,或找准时机帮对方做点什么,比如,如果销售人员的拜访对象是一位终端卖场的营业员,当某一个消费者

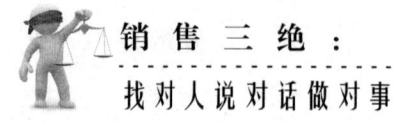

为是否购买某产品而举棋不定、犹豫不决时,销售人员可以在一旁义务帮助推介,以坚定客户购买的决心。在第二种情形下,销售人员可以积极加入他们,或参与讨论以免遭受冷遇;或是加入他们的娱乐中。这时,销售人员要有能与之融为一体、打成一片的能力。在第三种情形下,销售人员最好是改日再去拜访,不要自找没趣。

**4.找准对象**

如果销售人员多次拜访了同一家客户,却收效甚微:价格敲不定、协议谈不妥、促销不到位、销量不增长等。这时,销售人员就要反思:是否找对人了,即是否找到了对我们拜访目的实现有帮助的人。

与一般人员接触,销售人员做到不让其感觉对他视而不见就行了;与关键、核心人物接触,销售人员则应与其紧紧地"拥抱"在一起,建立起亲密关系。所以,销售人员一定要搞清对方的真实"身份",他到底是采购经理、销售经理、卖场经理、财务主管、还是一般的采购员、销售员、营业员、促销员。在不同的拜访目的下,对号入座地去拜访不同职位的人。比如,要客户购进新品种,必须拜访采购人员;要客户支付货款,必须采购和财务人员一起找;而要加大产品的推介力度,最好是找一线的销售和营业人员。

**5.言明公益和私利**

要将说词放在对客户有"利"的面上,这里分"公益"和"私利"。销售人员也可以简单地把它理解为"好处",只要能给客户带来某一种好处,销售人员一定能为客户所接受。

对于"公益",销售人员要将公司品种齐全、价格适中、服务周到、质量可靠、经营规范等能给客户带来暂时或长远利益的优势,对客户如数家珍地详细介绍;让他及他所在的公司感觉到与销售人员做生意,既放心又舒心,还有钱赚。对这种"公益",销售人员要尽可能地让对方更多的人知晓;知晓的人越多,销售人员日后的拜访工作就越顺利;因为没有谁愿意怠慢能给他们公司带来利润和商机的人。

如今各行业在产品销售过程中,很多厂商针对购进、销售开票、终端促销等关键环节都配有形式多样的奖励或刺激;各级购、销人员对此也是心知肚明。因此,哪一家给他的"私利"多,他自然就对哪一家前来拜访的人热情了。和"公益"相比,"私利"就该暗箱操作了。

**6.及时了解销售情况**

在拜访的过程中,销售人员始终都提醒自己:要用眼睛去观察,用心去思考。要不失时机地去了解自己的库存产品、销售额是多少?哪些产品周转快?哪些产品周转慢?库存量、品种有无明显变化?产品的摆放位置、宣传的情况,从而掌握产品在该处的销售动态。同时,要了解客户的客流量、销售规模、门店位置、同类产品销结构(即特价产品、常规产品、高端产品的销售比例)等,其实这也是了解客户的基本过程,可以为日后的铺货、促销打下基础。

**7.建立私交,了解对手**

在同一卖场上,有关竞争对手的产品价格、销量、返利政策、促销力度等相关信息,是销售人员要设法了解的。如果客户对此闪烁其词甚至避而不谈,要想办法突破困难,找到一个重点突破对象。比如,找一个年纪稍长或职位稍高在客户中较有威信的人,根据他的喜好,开展相应的友好活动,与之建立"私交",让他把真相"告诉"给自己。甚至还可以利用这个人的威信、口碑和推介旁敲侧击,来影响其他的人,以达到进货、收款、促销等其他的拜访目的。

# 电话拜访不惹人厌

在推销商品时,最重要的是不能让客户感到讨厌,一旦让客户厌烦了,再好的商品对方也不会买。因此,有人想出了极好的办法,那就是频电话短交谈,增进了解,加深友谊,亦可完成推销任务。

电话销售本身就是打扰别人的事情,销售人员与客户通话时,要懂得把握时间,不能只是一味地大谈特谈,而应该缩短谈话时间,增加通话次数。

真诚的心与关怀的态度会让你的客户对你留下很好的印象!那样,在他要用到这个产品的时候就会想到你,或是帮你介绍其他客户!例如,刚做销售不久的小凡就遇到过一个这样的客户!他们直到现在也没见过面,通过几次电话,那老总总是在开会,所以小凡会很礼貌地告诉他自己是做什么的之后就说一些祝福的话!没有想到,一天打电话过去,那老总说他这个工程上面有业主自己指定的产品,他让小凡等一下,之后就是另一个人跟小凡说他们需要这个产品,让小凡第二天提供样品!

美国的百货业竞争非常激烈,蒙哥马利百货公司为扩大营业额,成立了汽车俱乐部,由会员以电话订购东西,公司送货上门。公司最初是直接给客户寄邮件来推销,但客户对邮件广告根本不予理睬。于是该公司决定采取电话营销。实施电话销售之后,1年之内就有了可观的成绩:①汽车俱乐部增加新会员15万多人。②会员的购买量大幅回升。之所以产生这么好的效果,是因为客户感觉蒙哥马利百货公司重视他们,关心他们,时常打电话给他们。俱乐部采用电话营销后获得了空前成功。

许多电话销售人员,尤其是刚刚进入电话营销的新人,总想"一口吃个胖子",

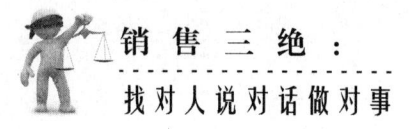

心想这回客户可接电话了,自己得抓紧这个机会,好好地把产品介绍出去,争取一次成功!于是开始滔滔不绝、激情昂扬的介绍,电话这边说的是飞沫四溅,而电话那边早已厌烦,脾气不好的客户可能早已经把电话挂了。

电话销售是一个打持久战的过程,在建立目标客户阶段时应该加大与客户通话的频次,每次通话的时间不宜过长,不要急于求成,电话销售是一个自然的,水到渠成的过程。

电话营销员还要善于用这一技巧,做好客户关系的维护,要把公司产品的创新信息以及公司最近推出的重大活动及时传达给客户,让客户建立忠诚度。

力的作用是相互的,一次次用真心与客户交流,你得到的也是客户的一片真心,是他们一生的忠诚。

# 电话拜访陌生人的10个技巧

以下10条"营销圣训"是进行成功电话销售和开发客户的法则。实践证明它们是行之有效的。

**1.每天安排一小时**

销售就像任何其他事情一样,需要纪律的约束。销售总可以被推迟,销售人员总在等待一个环境更有利的日子。其实,销售的时机永远都不会有最合适的时候。

**2.尽可能多打电话**

在寻找客户之前,永远不要忘记花时间准确定义你的目标市场。这样,在电话中与之交流的,就会是市场中最有可能成为你客户的人。

如果你仅给最有可能成为客户的人打电话,那么每一个电话都将是高质量的,因为你联系到了最有可能大量购买你产品或服务的准客户。在这一小时中尽可能多打电话。由于每一个电话都是高质量的,多打总比少打好。

**3.电话要简短**

销售电话的目标是获得一个约会。你不可能在电话中销售一种复杂的产品或服务,而且你当然也不希望在电话中讨价还价。

销售电话应该持续大约3分钟,而且应该专注于介绍你自己、你的产品,大概了解一下对方的需求,以便你给出一个很好的理由让对方愿意花费宝贵的时间和你交谈。最重要的是别忘了约定与对方见面。

**4.在打电话之前准备一个名单**

如果不事先准备名单,销售人员大部分销售时间将不得不用来寻找所需要的名字。销售人员会一直忙个不停,总感觉工作很努力,却没有打几个电话。因此,在手头要随时准备可供1个月使用的人员名单。

**5.专注工作**

在销售时间里不要接电话或者接待客人。充分利用营销经验曲线。正像任何重复性工作一样,在相邻的时间片段里重复该项工作的次数越多,就会变得越优秀。

推销也不例外。你的第二个电话会比第一个好,第三个会比第二个好,依次类推。这种情况你会发现你的销售技巧实际上随着销售时间的增加而不断改进。

**6.避开电话高峰时间进行销售**

通常,人们打销售电话的时间是在早上9:00到下午5:00之间。所以,你每天也可以在这个时段腾出一小时来推销。

如果这种传统销售时段对你不奏效,就应该将销售时间改到非电话高峰时间。你最好安排在上午8:00—9:00,中午12:00—13:00和下午17:00—18:30之间销售。

**7.变换致电时间**

人们都有一种习惯性行为,你的客户也一样,很可能他们在每周一的10:00都要参加会议。如果你不能在这个时间接通他们,可改在其他时间给他们打电话。

**8.客户资料井井有条**

你所选择的客户管理系统应该能够很好地记录需要跟进的客户,不管是3年后才跟进还是明天就要跟进。

**9.开始之前先要预见结果**

销售人员要先设定目标,然后制定一个计划朝着这个目标努力。这条建议在寻找客户和业务开拓方面非常有效。你的目标是要获得会面的机会,因此你在电话中的措辞就应该围绕这个目标而设计。

**10.不要停歇**

毅力是销售成功的重要因素之一。大多数销售都是在第五次电话之后才成交的,然而大多数销售人员则在第一次电话之后就停下来了。

# 第七章 管理客户：
## 建立客户完全档案

客户管理是指对与你有业务往来的客户进行系统的辅导与激励，从而创造新的业绩的一种管理活动。

看豹捕捉猎物是一件非常有趣的事，从中还会发现许多耐人寻味的启示，豹捕捉猎物时，只会紧紧盯住一只猎物，即使它在奔跑中，已经超过了其他的猎物，但它仍然会坚持自己的奔跑路线，不改变捕捉对象。因为如果它要改变捕捉对象，就要减速，在这一过程中就会失去捕捉的机会。豹这种执著、专注的精神是值得销售人员好好学习的，锁定客户，就要"看"好，时常跟踪、回访，往往会使销售工作取得意想不到的效果。

管理客户，为客户建立档案，将客户的各项资料加以科学化记录、保存，并分析、整理、应用，借以巩固双方的关系。要想加强你的服务与促销，你必须对"产品使用者"（包括中间商和最终消费者）加以有效管理，仅仅是提升客户的满意度并不够，还要做到提升他们的忠诚度，这样才能增加销售机会，提高经营绩效。

第七章 管理客户

# 掌握客户第一手信息

有一位名叫一川太郎的销售人员极受客户的喜爱。他是汽车销售员,每天早上开完早会后,他就向课长详细地报告当日行程,然后马上展开挨家访问。他的早课是中午以前会见10名用户,询问产品使用后的情况怎样,有时也会亲自调整汽车的零件、检查汽车机油是否无误等。据说,他的客户都对这种关心表示好感。特别是女性用户,更是欣赏之至。

一川太郎最厉害的招术是若无其事地推动新客户进入自己的销售网中:"太太,上次您提到一些朋友,目前情况怎样?希望有机会帮我美言几句。"对一川太郎来说,售后访问变成了发现准客户,而当前的客户便成为最有力的情报源。大道理是一样的,具体方法还靠自己去搜求。

有力的情报源该如何建立?情报源的选取又该依照什么标准?一川太郎曾一一列举:第一,过去销售成功的客户,最适合担任情报源;第二,居于情报往来最频繁的地区,如商店老板,都是理想的情报源人选。听说一川太郎对这些老板非常亲切,他们也乐于将情报提供给一川太郎。其他角落其实也存在着客户信息源,像左邻右舍、街道干部、托儿所的保姆以及街头巷尾的老太太们,也都是有分量的客户信息源。这些人在地区上都具有发言权,甚至还能影响当地舆论,因此要拉拢他们,成为自己销售员的伙伴。

在公司方面,一川太郎是以私人关系建立人缘的。首先,他会找同校毕业的校友为他铺路;其次,再与同乡会的人搭上关系,有劳他们在各公司宣传。另外,如朋友聚会与其他种种餐会,也是攻略要地,只是彼此陌生,必须随时顾及对方感受,且不要忘记说声"请多关照"。

一川太郎的客户信息源中,不乏社会上的名流之士,也有不少是各界重量级人物。在与这些人联络感情时,绝不能出现笨拙的小动作,毕竟他们都有深具洞察力的眼光,一旦被他们看不起,就没有回旋的可能。因此要以大方、诚恳的态度去面对他们。

总之,客户信息源是建立在人与人之间的交往中,因为是像蜘蛛网般的线路,所以不能经常地整理。销售人员最好是在客户生日时寄张小卡片或小礼物,随之附

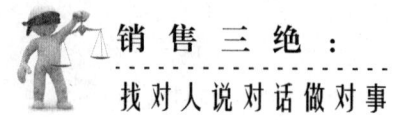

上一张名片即可。

一个销售人员对于准客户的调查,不必考虑太多,也不可犹豫不决,机会稍纵即逝,因此必须立即行动,咬住不放。只有不断寻找机会的人,才能够及时把握住机会。

一位优秀的销售人员能与销售融为一体,时刻都在想着怎样进行销售,从不放过任何一个机会来收集有助于进行销售工作的信息。

一个杰出的销售人员,不但是一个好的调查员,还必须是一个优秀的新闻记者。他在与准客户见面之前,对准客户一定要了如指掌,以便在见面时,能够流利地述说准客户的职业、子女、家庭状况,甚至他本人的故事。只要句句逼真亲切,就能很快拉近彼此的距离。

因此,销售人员在与准客户见面之前,除非把对方调查得一清二楚,否则绝不与他见面。销售成功与否与事前调查工作的好坏成正比。

与准客户见面的时候,就对方而言,是平生第一次见到你,但对你而言,已经摸清了他的底细,就像10年的老友了。

准客户卡是销售人员作战的最重要资料,因此都被视之为"一级机密"的档案。客户越多,你的成功几率就会越高。因此,不要放过任何一个发现新客户的机会,要利用一切资源去扩大自己的客户网络。

# 为客户建立档案

原田一郎进入明治保险公司,整整工作了30年。

原田一郎平均每个月用1 000张名片,30年下来,他累积的准客户已达2.8万个以上。他把这些准客户依照成交的可能性,从A到F分级归类,建立了准客户卡。

"A"级是在投保边缘的准客户。这一级的准客户,只要经他奉劝,随时都可能来投保。

一个准客户要从"F"级晋升到"A"级,虽然偶尔也有只见过一次面的,在原田一郎充分的事前调查工作基础上,一拍即合,但大多数都是历经数月或数年,一级一级爬升上来的。

"B"级是由于某种因素不能马上投保的准客户。这一级的准客户,只要稍待时日,会晋升至"A"级。

"C"级的准客户与"A"级的相同,原来都属随时会投保的准客户,但因健康上的关系，目前被公司拒保。

"D"级的准客户健康没问题，不过经济状况不太稳定。由于人寿保险属长期性质的契约，保费须长期缴纳，若收入不稳定，要长期支付保费就成问题了。这类准客户则有待他们的经济状况改善后再行动。

从"A"级到"D"级的准客户的共同点是，对保险制度有充分的了解，他们也都有投保的需要和意愿。原田一郎只不过就彼此间的不同点，加以分门别类，以便于自己的分析与辨认。

原田一郎从事了50年的销售保险工作，从来不勉强准客户投保。若忽视了这一点，而用种种软硬兼施的方法，勉强准客户投保的话，将会产生许多中途解约的后遗症，这是得不偿失的。做到这一点尤其难。身为保险销售员，最高兴的事莫过于准客户主动说："喂！你来得正好，我左思右想，还是决定投保了。"设法使准客户对商品有正确认识之后，再诱导他们自发前来购买，这是销售人员的任务。

"E"级的准客户对保险的认识还不够，销售人员与准客户之间还有一段距离。这表示销售员的努力不足，还须再下工夫进行深入调查。

"F"级的准客户包括两种：第一种是在1年之内很难升等级者；第二种是仅止于调查阶段。针对第一种"F"级准客户，只得根据实际状况，再做调查，或继续拜访，以求能逐渐晋升等级。至于第二种"F"级准客户，他们很可能富有、健康，但因为还在进行调查工作，因此尚未正式访问。这些人很可能在面谈之后，立即晋升至"A"级。

上述"A"级至"F"级的准客户，不论哪一级，只要原田一郎与他们一有接触，马上详细记在准客户卡上。诸如：与准客户交往的情况：时间、地点、谈话内容、感想等；如果不能见面，不能见面的详细原因；自己为准客户所做的服务工作；自己对这次访问的意见。

原田一郎通常会根据这些准客户卡上的记录，回想当时交谈的情形，与对方的反应，然后边想边反省，并做下列两件事：第一件：检讨错误的内容，加以修正或补充。第二件：修改自己的姿态，以便于更能接近准客户。

从准客户卡上，不但要看到准客户的全部情况，也要看出自己在这次销售员中的全部记录，然后反省、检讨、修正，再拟订出下一次的销售策略。

除了上述的"A"级至"F"级的准客户之外，还有一种原田一郎自己都无法掌握其未来动向的准客户。原田一郎本打算将这些准客户归入"F"级，但因为自己的努力不够，或是他们的条件不合，致使无法把他们归类到"F"级。

原田一郎把这些无法归类的准客户整理成一堆，暂时束之高阁，等待时机。不过，每逢闲暇时刻，他会取出这些准客户卡，一一仔细检查，看看过去的做法是否有遗漏或疏忽之处，以便给这些卡片以新生命。

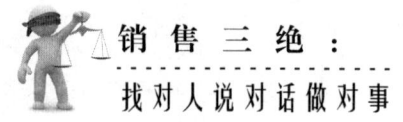

原田一郎说:"我的每一张准客户卡都是有血有肉、有生命的。它经过多次的记录与检查后,已成为我的知己,陪伴我度过无数的岁月。在一张张卡片上,我看到了自己成长的足迹。"

现代的社会是瞬息万变的,而准客户的情况也随时在变。所以销售人员要把握住每一个变化契机,然后进行最有利的行动。

# 把客户联系在一起

为了更好地联络客户,抓住客户,销售人员不妨试着打造一个客户俱乐部。就是说把自己所有的客户都紧密地联系起来,并通过第三者的介绍,结识更多的客户。

第三者介绍的主要方式是信函介绍、电话介绍、当面介绍等。接近时,销售人员只须交给客户一张便条、一封信、一张介绍卡或一张介绍人名片,或者只要介绍人的一句话或一个电话,便可以轻松地接近客户。

当然,介绍人与客户之间的关系越密切,介绍的作用就越大,销售人员也就越容易达到接近客户的目的。介绍人向客户推荐的方式和内容,对接近客户甚至商品成交都有直接的影响。因此,销售人员应设法与客户搞好关系,尽量争取有关人士的介绍和推荐。但是,销售人员必须尊重有关人士的意愿,切不可勉为其难,更不能欺世盗名,招摇撞骗。

第三者介绍接近法也有一些局限性。由于第三者介绍,销售人员很快来到客户身边,第一次见面就成了熟人,客户几乎无法拒绝销售人员的接近。这种接近法是比较省力和容易奏效的,不可加以滥用。因为客户出于人情难却而接见销售人员,并不一定真正对销售产品感兴趣,甚至完全不予以注意,只是表面应付而已。另外,对于某一位特定的客户来说,第三者介绍法只能使用一次。如果销售人员希望再次接近同一位客户,就必须充分发挥自己的接近能力。

比尔·盖茨在25年前创业的时候,他就知道了这一点。25年前,在他20岁的时候,他签到了一份合约。这份合约是跟当时在电脑行业排名全世界第一的公司签的,那个公司叫作IBM。那时候比尔·盖茨是一个无名小卒,他在哪里签得到这么大的"鲸鱼"?可能很多人不知道,比尔·盖茨之所以可以签到这份合约,中间有一个中介人——比尔·盖茨的母亲。她是IBM的董事,妈妈介绍儿子认识董事长,这是理所当然的事情。假如当初比尔·盖茨没有签到IBM这个订单,他今天绝对不可能成为

# 第七章 管理客户

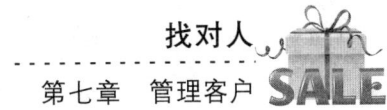

世界首富。

另外必须指出,有些客户讨厌这种接近方式,他们不愿意别人利用自己的友谊和感情做交易,如果销售人员贸然使用此法,会弄巧成拙,不好下台,一旦惹恼了客户,再好的生意也可以告吹。

要成为优秀的销售人员,你必须随时考虑各种策略,不断努力。如果你的表现让你的客户觉得你很有敬业精神,可能产生这样的效果:即便你不积极地去争取,客户也会自动上门。能够做到这点的绝对是一个卓越的销售人员。

如果你的老客户对你抱有好感,就会为你带来新的客户。他会介绍自己的朋友来找你。但是这一切的前提是你用自己的魅力确确实实感染了他。而且你们之间有一种信任的关系,也许是那种由于多次合作而产生的信任关系,但不一定是朋友的关系。因为总是有一些人把工作和生活分得很清楚。其实,只要你让你的老客户对你产生了这样的好感,他会对他的朋友介绍说:"我经常和某个销售人员合作。他很亲切而且周到,我对他很有好感。"既然是朋友的推荐,那位先生一定会说:"这样啊,那我也去试试看。"这对销售人员来说,就等于是别人为你开了财路。

所以基于这种想法,销售人员平时要不断地设法拓展自己的客户群体。去争取新的客户,固然很重要,但是留住老客户更加重要。只要能好好地维系和每一位老客户的关系,建立一个和谐的"客户俱乐部",你或许能因此而增加更多新的客户。与此相反,失去了一位老客户,则可能使你失去许多新客户上门的机会,绝对不能做得了芝麻丢了西瓜的傻事。

## 及时更新客户俱乐部成员

客户俱乐部成员是经常变化的,所以必须不断更新,使其始终保持一定的活力,这就需要销售人员作出合理的取舍。

比如有A、B两个客户,A客户的订货量大,而且与销售人员的关系极深,但却由于其管理不善,而且又不听你对管理上的建议,致使效益不断下滑。而B客户的订货量较小,与你的关系不是很深,但其管理者很有经验,而且很乐于接受同行的好意见。当你的货源不能同时满足两家时,你就应当作出取舍了。如果取A,短期内可能有利可图,但到一定时候,他终会由于经营不善而不能支付你的货款,到时你将会失去两个客户。如果取B,短期内觉得收益甚微,但到其壮大以及A破产时,其优势就明显了。

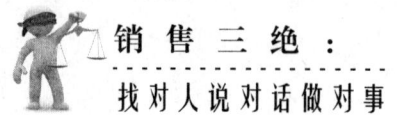

在做合理取舍的同时,销售人员必须不断地补充进更加新鲜的血液,在已有的客户中挖掘客户,在挖掘出的客户中再挖掘客户,这是所有销售高手都具备的,同时也是其感受最深的。在这一过程中,销售人员必须要善于抓住有挖掘潜力的客户,要善于抓住客户中的权威者。

# 客户管理的14个方面

对客户的管理,通常包括以下14个方面:

(1)客户资料档案。随时掌握客户的销售资料,并将客户资料加以建档、分别管理。

(2)销售额成长率。控制销售业务的成长状况、市场占有率。

(3)销售额的统计。分析月、年度销售额并评估销售的内容。

(4)销售额比率。即了解本公司产品的销售额占该客户的销售总额的比率。

(5)经费比率。分析"销售经费增加"与"销售额增加"额度的比率高低。

(6)货款回收状况。留意货款回收的快慢与延迟现象。

(7)了解公司的方针。令客户了解公司的行政方针,通过正当操作来增加销售额。

(8)销售项目。客户的销售项目是否全为本公司商品?是否在为重点产品促销?

(9)商品的陈列状况。本品牌商品在经销店内的陈列状况(地点、空间、高度等)对促进销售非常重要。

(10)商品的库存情况。造成商品缺货或久置库存时,应分析原因,确定是客户对本公司的商品不关心还是销售人员调度不足。

(11)促销活动的参与。客户是否积极参与本公司所举办的促销活动?频率是多少?销售数量是否增加?

(12)访问计划。销售人员对各类客户的访问是否正确,并正确执行?

(13)支持程度。销售人员应检讨与客户的人际关系、意见沟通及对本公司的支持程度,并尽可能经常与客户交换意见,强化彼此关系。

(14)信息的传达。销售人员是否及时、正确地传达促销活动或其他活动的信息,并追踪客户是否遵循或积极销售。

# 了解客户,搜集客户资料

看销售高手乔·吉拉德是怎么做的,你也应该怎么做。

乔·吉拉德说:"不论你推销的是什么东西,最有效的办法就是让客户相信,真心相信:你喜欢他、关心他。"如果客户对你抱有好感,你成交的希望就增加了。要使客户相信你,那你就必须了解客户,搜集客户的各种有关资料。

乔·吉拉德中肯地指出:"如果你想要把东西卖给某人,你就应该尽自己的力量去收集他与你生意有关的情报……不论你推销的是什么东西。如果你每天肯花一点时间来了解自己的客户,做好准备,铺平道路,那么,你就不愁没有自己的客户。"

刚开始工作时,乔·吉拉德把搜集到的客户资料写在纸上,塞进抽屉里。后来,有几次因为缺乏整理而忘记追踪某一位准客户,他开始意识到自己动手建立客户档案的重要性。他去文具店买了日记本和一个小小的卡片档案夹,把原来写在纸片上的资料全部做成记录,建立起了他的客户档案。

乔·吉拉德认为,销售人员应该像一台具有录音机和电脑功能的机器,在和客户交往过程中,将客户所说的有用情况都记录下来,从中把握一些有用的材料。

乔·吉拉德说:"在建立自己的卡片档案时,你要记下有关客户和潜在客户的所有资料,他们的孩子、嗜好、学历、职务、成就、旅行过的地方、年龄、文化背景及其他任何与他们有关的事情,这些都是有用的推销情报。所有这些资料都可以帮助你接近客户,使你能够有效地跟客户讨论问题,谈论他们自己感兴趣的话题,有了这些材料,你就会知道他们喜欢什么,不喜欢什么,你可以让他们高谈阔论、兴高采烈、手舞足蹈……只要你有办法使客户心情舒畅,他们就不会让你大失所望。"

# 制作客户资料卡

客户资料卡是销售人员管理客户时所需要的重要工具。

**1.建立"客户资料卡"的用途及好处**

(1)用以区别现有顾客与潜在顾客。

(2)便于寄发广告信函。

(3)利用客户资料卡可以安排收款、付款的顺序与计划。

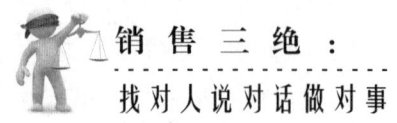

(4)了解每家客户的销售、状况,并了解每家客户的交易习惯。

(5)当销售人员临时有事走不开时,接替者可以很容易地继续为该客户服务。

(6)订立时间计划时,利用客户资料卡可以订立比较节省时间的、有效率的、具体的访问计划。

(7)可以彻底了解客户的情况与交易结果,进而取得其合作。

(8)可以为今后与该客户交往的本公司人员提供有价值的资料。

(9)根据客户资料卡,对信用度低的顾客缩小交易额,对信用度高的顾客增大交易额。便于制定具体的销售政策。

**2.客户资料卡的内容**

通常,客户资料卡中应包括基础资料、客户特征、业务状况、交易现状等方面的内容。

(1)基础资料:即客户的最基本的原始资料,主要包括客户的名称、地址、电话、所有者、经营管理者、法人代表及他们个人的性格、爱好、家庭、学历、年龄、创业时间、与本公司的起始交易时间、企业组织形式、业种、资产等。

(2)客户特征:主要包括服务区域、销售能力、发展潜力、经营观念、经营方向、经营政策、企业规模、经营特点等。

(3)业务状况:主要包括销售实绩、经营管理者和销售人员的素质、与其他竞争对手之间的关系、与本公司的业务关系及合作态度等。

(4)交易现状:交易现状主要包括客户的销售活动现状、存在的问题、保持的优势、未来的对策、企业形象、声誉、信用状况、交易条件以及出现的信用问题等方面。

**3.客户资料卡的填写和管理**

第一次拜访客户后即开始整理并填写客户资料卡,并应随着时间的推移对其进行完善和修订。

销售人员填写的客户资料卡应适当保存,并在开展业务过程中充分加以利用。充分利用客户资料卡可以有效地提升业绩。客户资料卡的建档管理应注意下列事项:销售人员是否在访问客户后立即填写此卡?卡上的各项资料是否填写完整?销售人员是否充分利用客户资料并保持其准确性?每次访问客户前,先查看该客户的资料卡(因卡内注明了该客户进货日期、进货数量、进货种类、库存数量等资料)。销售人员应分析客户资料卡资料,并把它作为拟订销售计划时的参考。

**4.利用客户资料卡进行客户管理的原则**

在利用客户资料卡进行客户管理时,应注意把握以下原则:

一是动态管理。销售人员在客户资料卡建立后不能置之不顾,否则就会失去其价值。因为客户的情况总是会不断地发生一些变化的,所以对客户的资料也应随之

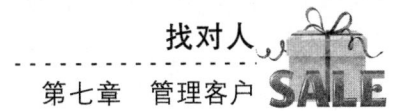

进行调整。通过调整剔除陈旧的或已经变化的资料,及时补充新的资料,在档案上对客户的变化进行追踪,使客户管理保持动态性。

二是突出重点。销售人员应从众多的客户资料中找出重点客户。重点客户不仅要包括现有客户,而且要包括未来客户和潜在客户。这样可以为选择新客户、开拓新市场提供资料,为市场的发展创造良机。

三是灵活运用。客户资料搜集管理的目的是为了在销售过程中加以运用。所以,销售人员不能将建立好的客户资料卡束之高阁,要能对其进行更详细的分析,使死资料变成活材料,从而提高客户管理的效率。

# 说对话

## ——话语一到卖三俏

销售人员学会"见人说人话,见鬼说鬼话",不是要做"变色龙"、"墙头草",而是出于与客户进行良好沟通、满足客户心理需求的需要。"说对话"是发展客户关系重要的一环。与客户交流时,销售人员要注意管好自己的嘴,运用恰当的语言把该说的话说好,说到客户的心坎上。

# 第八章　勇敢开口：
## 嘴巴一张，黄金万两

销售人员是勇敢者从事的职业。从事销售活动的人，可以说是与"拒绝"打交道的人。在现实生活中，不会有客户见到销售人员上门来销售商品时，会笑容可掬地出门相迎："欢迎、欢迎，您来得正好！""真是雪中送炭！"随后便主动付款成交。果真如此，就用不着销售人员了。销售人员从举手敲门、客户开门、与客户的应对进退，一直到成交、告退，每一关都是荆棘丛生，没有平坦之路可走。

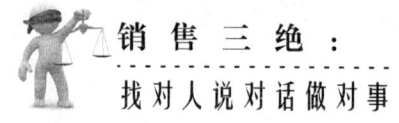

# 只要敢开口就能做好销售

有人把销售工作喻为是一场战争,并引用一位在战争中失去一条腿的军官的话,来描述"看不见的敌人"的可怕:"最恐怖的是眼睛看不见的敌人。跟眼睛看得见的敌人作战,心中多少有些充实感;但在密林中作战,看不见敌人,冲进去却没有抵抗,时间5分钟、10分钟地过去,安静中可怕得令人窒息。恐怖成了我们心中的敌人……"

销售人员也有两大敌人:看得见的敌人——竞争对手;看不见的敌人——自己。销售人员在面对日复一日的拒绝时,如果没有顽强的斗志和必胜的信念,免不了会产生"太受打击了,我实在是坚持不下去了!"的逃避思想,这就是心中看不见的敌人之一。要想战胜这种看不见的敌人,除了销售人员自己给自己鼓气外,别无良策。

一家规模很大的印刷公司推行扩大销售计划,每6个月雇用一名销售人员,新雇用的销售人员必须先在办公室学习商品知识和谈判方法,然后跟着销售教练到现场学习,最后才能得到该公司经理接见的机会,当经理对他讲一些带有鼓励性的话时,他就等于领到了"销售人员的毕业证书"。

有一年,该公司雇用了一个不成熟而且缺乏信心的年轻销售人员,这位销售人员在经过前两个阶段的学习后,对自己能否胜任工作一点儿也没有把握,他正担心经理不发给他"毕业证书"呢。

可是,那位经理在对他讲了"你能干好的"之类的鼓励性的话后,说道:"喂,你听着,我要把我想要做的事告诉你,我打算让你到大街对面的'绝对可靠的预计客户'的住处去推销商品,以往我也总是把新来的销售人员派到那里去推销。理由很简单,因为那个老头是个买主,什么时候都买我们的东西。但是,我要预先警告你,他是一个厚脸皮、令人讨厌、爱吵嘴而且满口粗话的人。你如果去见他,他肯定会对你大吼、大叫,仿佛要把你吃掉似的。不过,你要放心,他只是叫嚷一阵而已,实际上他是不会吃你的。所以,无论他说什么,你都不要介意。作为我来说,希望你默不作声地听着,然后说:'是的,先生,我明白了。我带来了本市最好的印刷业务的商谈说明,我想这个说明对你来说,也一定是想要得到的东西。'总而言之,他说什么都没关系,你要坚持你的立场,然后讲你要说的话。可不要忘记啊,他在什么时候,都会向我们的销售人员订货的。"

这位被打足了气的年轻销售人员立即叫开门进入屋里,报了自己公司的名字。在前5分钟里,他没有机会讲上一句话。因为那老头不停地给他讲一些无关紧要的事情,一会儿教他某种菜的吃法,一会儿又教他一些莫名其妙的英语词汇。好在这位销售人员事先得到过警告,他耐心地等待暴风雨过去。最后他说:"是的,先生,我明白了。那么,这是本市最好的印刷业务的商谈说明,这样的商谈说明,当然是您想要得到的东西。"这样一进一退的进攻和防御大约持续了半个小时。半小时后,那个年轻的销售人员终于得到了该印刷公司从未有过的最多的订货。

当他喜滋滋地把订单交给经理时,他说:"您说的关于那位老人的话没错。他是一个厚脸皮、令人讨厌、爱吵嘴、满口粗话的人。可是我要对那位可爱的老人说点稍微不同的话:他真是个买主!这是我在公司任职以来获得的最大的一笔订货呀。"

经理看了一下订单,满脸惊讶地说:"喂,你搞错人了吧?那个老头,在我们遇到的对手中,是最吝啬、最讨厌、最好吵架,而且是最爱说粗话的老色鬼!我们这15年来总想让他买点儿什么东西,可是那个老头连1元钱的东西也没有买,总之,他从来没从我们这买过一件东西。"

这位所谓的"新手"为什么能成功呢?毫无疑问,是老板的话使他充满了信心。

全力以赴地去做销售,就一定能达到目标,要有无论如何也要完成的勇气。唯有如此,才会想尽一切办法与客户接触,说服客户购买自己的商品。

# 用自己的言谈来吸引客户

在这个万象杂陈的社会中,作为销售人员,最基本的日常工作就是要经常面对着形形色色的客户,并时刻准备去应对各种各样的突发事件。不论是与客户的接触,还是对突发事件的处理,都离不开双方的有效沟通,而这种有效沟通恰恰正是建立在销售人员出色的口才基础之上。

因此,销售人员需要具备一流的口才技巧。因为,在销售实践中,销售人员要面对的更多的是对自己所推销商品不甚了解的客户,如果缺乏开口的勇气,那么很难吸引客户的注意力、打开销售局面,也就更谈不上成功销售了。

一个经验不足的推销员,挎着一个小包走进了一家公司。进去之后,他径直走到最近的一张办公桌前,低声问道:"小姐,财务部在哪里?"

对方答道:"在斜对面。"

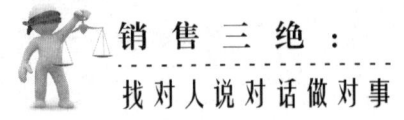
**销售三绝：**
**找对人说对话做对事**

过了一会儿，财务部的出纳走进来说："主管，来了个推销验钞机的，要不要？"

"不要，这种小商贩的东西不可靠。"

出纳离开后，推销员又走进了主管的办公室，大概知道是主管不同意购买，于是就踌躇着走到桌边，一时间竟忘了称呼，嗫嚅地说：

"要不要验钞机，买一个吧。"他几乎是在用乞求的语气说着。

"我们不需要，就这样吧。"主管头也不抬地说。

过了一会，一直没人理他，那位推销员自感无趣，碰了一鼻子灰，最后只好悄悄地退了出去。

看起来，这个推销员是让人同情的，但市场不相信眼泪，更不会同情弱者。因为这个推销员的推销口才基本上没有任何技巧可言，平淡的话语很难让人对其人及其商品产生兴趣，因此被人拒绝也是在情理之中的。

销售人员要想成功地实现销售，一个至关重要的环节就是首先用自己的言谈来吸引客户的注意力，使客户对推销的对象产生兴趣，进而才有可能说服客户，并促使其最终作出购买的决定。在推销的过程中，应该想方设法通过短暂的接触和谈话来博取对方的好感，也就是要充分展示自己的口才魅力，这是进行成功销售的一个必要前提。

日本著名推销之神原一平，在打开推销局面、取得客户的信任上，有一套独特有效的方法：

"先生，您好！"

"你是谁啊？"

"我是明治保险公司的原一平，今天我到贵地，有两件事专程请教您这位附近最有名的老板。"

"附近最有名的老板？"

"是啊！根据我调查的结果，大家都说这个问题最好请教您。"

"哦！大伙儿都说是我！真是不敢当，到底什么问题呢？"

"实不相瞒，就是如何有效地规避税收和风险的事。"

"站着不方便，请进来说话吧！"

突然地推销，就像开始提及的那个推销人员，未免显得有点唐突，而且很容易招致对方的反感，从而招致了顾客的拒绝。如果先适当地恭维客户一番，再根据自己的推销需要，提出相关的问题，就能够比较容易地获得对方的好感，那么，随后的推销过程就会顺利很多。

从以上反正两个推销实例不难发现，销售口才的好坏与话语的得当与否，在很大程度上左右着销售工作的成败。

说对话

第八章 勇敢开口

# 好口才能够打开推销局面

相信几乎每一个销售人员都曾经遭遇过客户的冷遇,吃过闭门羹,特别是在对客户进行陌生拜访时就更是如此。而客户之所以这样,大多是出于他们的疑虑和反感——有的是对销售人员的疑虑和反感,有的是对产品的疑虑和反感。如何消除客户的疑虑和反感,是决定销售工作能不能顺利进行的一个关键。这时,如果销售人员有杰出的口才,就有助于消除客户的疑虑,促进交易的成功。

那么,如何才能化解客户的疑虑和反感呢?一种有效的方式就是真诚地赞美客户。赞美是增进双方之间情感交流的催化剂,如果销售人员能以真诚的语言表达对客户的赞美的话,就会立即拉近和客户之间的距离。

弗兰克先生是美国最著名的保险推销员之一,在一次对陌生客户的拜访中,他就是采用这种赞美的方式,使一位对推销员极其反感的先生改变了对他的看法,而且后来他们还成为了好朋友。当弗兰克第一次前去拜访他时,开始也遇到了同样的冷遇,但是最终他取得了成功。在那次推销的过程中,弗兰克是这样与对方进行交流的。

弗兰克:"吉姆先生您好,我是保险公司的推销员弗兰克,您认识沃克先生吗?就是他介绍我来的。"

话毕,弗兰克把有沃克先生亲笔签名的名片递给了吉姆先生。

吉姆先生看上去满脸的冰霜,他瞥了一眼那张名片,扔在桌子上,嘟囔着说:"又是一个推销员。"

弗兰克说:"是的……"

在他还没有来得及进一步说明情况时,吉姆先生就已经打断了他:"你已经是今天第十个推销员了。我还有很多事情要做,不能花时间听你们这些推销员的话,不要再做无用功了,我没有时间。"

弗兰克:"我只打扰您一会儿,请允许我作个自我介绍吧。我这次来,只是想和您约一下明天的时间,如果不行的话,再晚些时候也行。您看是上午还是下午?我只需要20分钟就够了。"

吉姆:"我已经说过了,我根本没有时间。"

弗兰克用了整整1分钟,仔细地看着放在地板上的产品,问道:"您的工厂是生产这些东西的吗?"

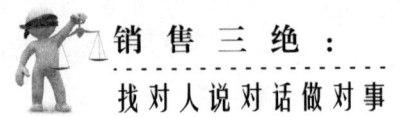

吉姆:"是的。"

弗兰克:"您从事这一行有多长时间了?"

吉姆:"哦,有20多年了。"

弗兰克:"您是如何开始干这一行的?"

吉姆先生仰身靠在椅背上,态度突然变得亲切地说:"这说起来话就长了。我17岁那年就到一家工厂打工,在那里没日没夜地干了10年。后来,我就开了现在这家公司。"

弗兰克:"您是在这里出生的吗?"

吉姆:"不,我出生在瑞士。"

弗兰克:"那您肯定是在年龄很小时就离开家了?"

吉姆:"是的,我离开家时只有14岁,曾在德国待了一段时间。后来,我才来到美国的。"

弗兰克:"那您肯定是带了大笔的资金,来这儿开拓事业的。"

吉姆先生微笑着说:"我是从300美元起家的。干到现在,已经有了300万美元。"

弗兰克:"看看您这些产品的生产过程,肯定是很有意思的事。"

吉姆先生站起身来,走到弗兰克身边说:"不错!我们的确为自己的产品感到骄傲。我相信,这些产品在市场上是最好的。你愿不愿意去工厂,看看这些东西是怎么生产出来的?"

弗兰克:"如果您愿意的话,我真的很高兴。"

然后,吉姆先生像老朋友一样将手搭在弗兰克肩膀上,陪着他一起去参观工厂……

就是这样,弗兰克在第一次和吉姆先生见面时,并没有向他卖出任何保险,而是对他的事业表现出极大的兴趣,并对他的创业经历给予了真诚的赞美,从而为双方的沟通打开了局面,并由此赢得了吉姆先生的好感与信任。但是从那以后的十几年的时间里,弗兰克向吉姆先生卖了将近20份保险,还向他的儿子们卖出了6份。弗兰克不仅赚了钱,还和他成了好朋友。

## 好口才能够使销售取得突破

随着市场上商品品种的极大丰富,竞争越来越激烈,客户也变得越来越理智,说服他们去购买产品的难度也越来越大。但这个世界上本来就没有好办的事,但也没有办不成的事。严峻的市场现实,对广大销售人员来说,不仅仅只是一种挑战,而且更是一种机遇。因为,机遇永远只会垂青于那些有准备的人,但问题的关键是,对此,你准备好了吗?

销售是一项极具挑战性的工作,它要求销售人员要根据市场的变化及客户消费心理的变化,不断地对自己的销售策略与沟通技巧进行优化调整。必须承认的是现在的客户正变得越来越理智,他们不会轻易地掏出自己的钱包,但是,如果能够在销售用语上多花费一些心思,有时确实能够起到意想不到的效果,能够将"一盘死棋"彻底盘活,这种逆转,从以下的案例中可见一斑。

美国新泽西州的一对老夫妇准备卖掉他们的房子,他们委托一家房地产经纪公司承销。这家经纪公司为这栋房子在报纸上刊登了一个广告,广告的内容很简短:"出售住宅一套,有6个房间,壁炉、车库、浴室一应俱全,交通十分方便。"

但是,广告刊出1个多月后仍然无人问津。无奈之下,那对老夫妇只好又登了一次广告,这次他们亲自撰写了广告词:"住在这所房里,我们感到非常幸福。只是由于两个卧室不够用,我们才决定搬家。如果您喜欢在春天呼吸湿润新鲜的空气,如果您喜欢夏天庭院里绿树成荫,如果您喜欢在秋天一边欣赏音乐一边透过宽敞的落地窗极目远望,如果您喜欢在冬天的傍晚全家人守着温暖的壁炉喝咖啡,那么请您购买我们的这所房子,我们也只想把房子卖给这样的人。"结果,这则广告刊出还不到1个星期,房子就卖出去了。

这对老夫妇最终成功地推销了他们的老房子,发生这种逆转的关键在于他们那更富煽动性、更具吸引力的销售广告语言。因为,他们的推销语言中不仅含有商品的信息,同时也运用了更具艺术性的语言将相关信息表述得更加新颖,更有针对性,从而增强信息刺激的力度,加速了客户将购买意图转化为购买行为的进程。

无数的成功销售实践一再证明,拥有那种能够很好地抓住客户心理弱点的口才,是促使销售成功的一个关键前提。它完全能够使已经陷入僵局的销售工作取得重大突破。

台湾某著名电脑公司推销员阿信曾经苦闷极了,他在推销电脑的过程中几乎绞尽了脑汁,去介绍产品的性能如何如何好,但客户们似乎都没有兴趣。电脑推销不出去,他对自己也越来越没有信心,于是心灰意冷地走进一家餐厅,闷闷不乐地自斟自饮。

坐在他邻桌的是一位太太和她的两个孩子,他们正在吃午餐,那个男孩胖乎乎的,什么都吃,长得很结实;那个瘦弱的女孩却紧皱着眉头,举着筷子将盘子里的菜翻来拨去,就是不吃。

那位太太有些着急,轻声开导小女孩:"别挑食,要多吃些蔬菜,不注意营养怎

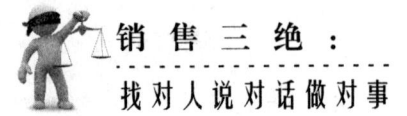
销售三绝：
找对人说对话做对事

么能行呢？"这样一连说了几遍，但小女孩仍将嘴巴撅得老高，还是不肯吃。这位太太渐渐失去了耐心，不断地用手指敲桌面，怒容满面。

看到这种情景，阿信喃喃自语："这位太太的蔬菜跟我的电脑一样，'推销'不出去了……"正想着，一位年轻服务员走近了那个小女孩，贴着她的耳朵悄悄说了几句话。让人感到意外的是，听了服务员的话后，那女孩马上就大口大口地吃了起来，边吃边看那个男孩一眼。

那位太太很惊奇，就把服务员拉到一边问道："你用了什么办法，让我那犟丫头听话？"

服务员微笑着说："马不想喝水的时候，随你死拉活拽它也不会靠近水槽，要想让它喝水，得先让它吃些盐，它口渴了，你再牵它去喝水，它就会乖乖地跟你走。太太，不瞒您说，您经常带孩子来吃饭，我也经常看到小男孩欺负小女孩。我刚才激妹妹说：哥哥不是老欺负你吗？吃了蔬菜，长得比他更壮，更有力气，看他还敢打你吗？"

旁观的阿信听后暗暗叫绝："太妙了，自己的电脑推销不也是这种道理吗！"有了这种想法后，他立即对自己失败的推销经历进行了反思，找出了其症结所在，并对自己下一步的推销工作进行了优化调整，随后便开始了行动。

第二天，他敲开一家公司采购部负责人的办公室，这公司他以前曾经来过多次，但都没能成功。

这一次，阿信不再滔滔不绝地讲述产品性能，而是微笑着问："先生，我不想多说我的产品，我只想问贵公司目前最关心的是什么？贵公司目前为什么事而烦恼？"

对方叹了口气："承蒙您这么关心，我就直说了吧，我们最头痛的问题，是如何减少存货，如何提高利润，您的产品我们真的没兴趣呀。"

阿信却没有说什么，马上回到电脑公司，请专家设计了一整套方案：如何使用自己公司的电脑，使公司存货减少，利润增加。

当阿信再度去拜访这个公司采购部负责人时，边出示那套方案，边热情介绍："先生，请您看一下这套方案，希望能够减轻您的烦恼。"

采购部负责人将信将疑翻开那些资料，越看越高兴："先生，你的策划方案太好了！请将资料留下，我要向上级报告，我们肯定会向你订购电脑的。"

后来，他们果真向阿信订了一大批货。

阿信的这种销售经历，真可谓是"山重水复疑无路，柳暗花明又一村"。

## 好口才能够激起客户的购买欲望

人们只有在真心喜欢一件商品,而且确实需要这种商品时,才会心甘情愿地购买,而喜欢的基础便是好奇心与兴趣,是购买的欲望。正由于此,那些成功的销售人员总是善于从这个突破口入手,用自己巧舌如簧的口才去激发客户的购买欲望。

在20世纪60年代,美国有一位著名的推销员乔·格兰德尔,由于他经常在推销的过程中施展一些小招数,而被人们称为"花招先生"。他在拜访客户时,通常会把一个3分钟的蛋形计时器放在客户的桌上,在客户表现出惊奇的表情后,再对他们说:"请您给我3分钟,3分钟一过,如果您不再需要我继续讲下去,我就立即离开。"就这样,客户就被他的这种离奇的言行吸引住了。

此外,他还会利用各式各样的招数,让自己有足够的时间来向客户推销,并让对方对他所销售的产品产生兴趣。

"太太,您可知道世界上最懒的东西是什么?"

客户摇摇头,表示不知道。

"那就是您存放起来不花的钱,它们本来可以用来购买空调,让您度过一个凉爽的夏天。"格兰德尔说。

他就是这样通过制造一些悬念,来激起对方的好奇心,随后再顺水推舟地来推介自己的商品。

格兰德尔这种利用口才销售的方式,到后来逐渐发展成为了一种有效的推销模式,其基本特征如下。

**1.在与顾客见面时进行恰当的提问**

"您想知道,能够使你的营业额提高50%的方法吗?"

对于这种问题,相信大部分的人都会回答有兴趣。当客户被这种问题吸引并为之所动时,销售人员就应该立即接着说:"我只占用您大概10分钟的时间来向您介绍这种方法,当您听完后,您完全可以自己判断这种方法是不是适合您。"

在这种情况下,由于销售人员已经提前告知了客户,不会占用其太多的时间,而且同时又让客户明白了,在销售的过程中主动权是掌握在他们手中。这样就有效地消除了客户的抵触心理,从而使得销售活动进一步向前发展。

**2.好口才能掌握推销的主动权**

在与顾客接触的过程中,好的销售人员是不能够让客户感到你是在强迫他们

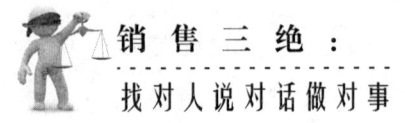

购买的,也就是要让他们认为主动权是在他们手中的,但是销售人员也必须掌握好一个度,即用你的言谈来引导顾客的思路。

作为一个成功的销售人员,就必须要让客户的思想跟着你走。如果达不到这种程度,就不能将局面引向对自己有利的方面,销售工作也就很难取得成功。所以在与客户沟通的过程中必须掌握主动权,而掌握主动权的关键又在于你的销售口才。

大量的销售实践证明,巧妙有效的语言表达,完全可以使本来极不利于销售人员的形势发生逆转。

一个销售人员是这样开始与顾客沟通的:

"哦,好可爱的小狗,是英国的金毛犬吧?"

客户看到对方说话很友善,又在夸赞自己的小狗,心中很高兴,于是回答说:"是的。"

销售人员接着又说:"这狗毛色真好,您一定经常给它洗澡,很累吧?"

客户笑嘻嘻地答道:"是啊,不过它也算是我的伴,也给我的生活增添了不少快乐,习惯了,也就不觉得累了。"

推销员进一步分析说:"人不能太孤独,总得有个陪伴,养犬是调节精神、有利身心健康的活动,我觉得应该大力提倡。"

客户听了销售人员的话,心里感觉很舒服。于是,就和销售人员攀谈了起来。而销售人员也就抓住这个机会,并适时转换话题,来巧妙地推介自己的产品。这种情况下的销售,成功的概率也就比较大了。

因此,销售人员在接近客户时,如果找到容易被客户接受的话题,尤其是一些对方感兴趣的话题,就很容易与对方攀谈起来,并将商品适时销售出去,这也是推销成功的一种屡试不爽的最基本方法。

**3.好口才能赢取顾客的信任**

好口才并不代表一定要口若悬河,并不是要具有把死人说活了的本事。一个优秀的销售人员,在面对客户时,会根据对方的脾气、性格,准确揣摩客户的心理,抓住客户的弱点,因人、因情况来展开自己的推销活动,准确地使用推销语言,而非使用一些让人难以置信的言辞。紧紧准确抓住顾客的心理需求,言简意赅地介绍商品的性能、用途、质地以及维修、保养等知识,并不需要太多的、精彩的语言,就能够真正赢得客户的信赖。

有一位推销员到乡村去推销电饭锅。当时农村大多用的还是原始的锅烧火煮饭,根本就不知道电饭锅是什么。只见这位销售人员走进一家炊烟袅袅的农家,在厨房里一边帮主人烧火,一边感慨道:"要是做饭不用烧火该多好啊!"

主妇笑了起来:"天下哪有这种好事啊,再说我们祖祖辈辈都是这么做饭的。"

"有啊，"销售人员看时机成熟了，就拿着电饭锅说，"我这口锅煮饭就不用烧柴，你不信的话，咱们可以试试看。"

说完他便忙着放水，下米，插电源。同时向主妇解释其原理及使用的方法。饭煮好后，主妇一尝，不烂不糊，味道很好。销售人员于是乘机说："更妙的是，用这种锅煮饭的时候你不用在一直在旁边看着，可以休息或干些别的事情。"

主妇做梦也没有想到居然还有这种好用又方便的东西，于是这位早就想从繁忙的厨房事务中解脱出来的主妇，当即就买下一台电饭锅，并且还跑到她的左邻右舍那去介绍，做了义务推销员。

# 第九章 大方赞美：把握火候，一本万利

人类行为学家约翰·杜威说："人类本质里最深远的驱策力，就是希望具有重要性，希望被赞美。"

在销售人员讲话术中，赞美的作用举足轻重，在与客户进行面对面地交流当中，一句小小的赞美往往会带来意想不到的效果。

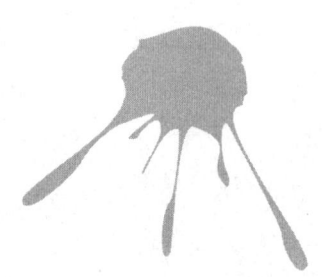

## 第九章 大方赞美

# 真诚的赞美没人会拒绝

有这样一位教员,呕心沥血写了一本书,但是出版之后,出版社让他推销1 000册。对于他这样一个没有一点销售经验的教员来说,推销这1 000本书远比讲课要难得多。

为了把书推销出去,他在学员中进行了一次演讲,他说:"作为老师,我站在讲台上没有讲课而试图推销自己写的书时,心里总不免有些尴尬。不过,如今这个时代,作者也很难,写了书,还得卖书。出版社一下压给我1 000册,稿费一文没有,所以我不推销不行。这本书写得怎样,我自己不好评说。不过有两点可以保证:第一,这本书是我用3年时间完成的,是我心血的结晶;第二,书的内容绝不是东拼西凑抄下来的,是我自己长期思考的见解。前不久,这本书被思想政治工作研究会评为社科类图书的二等奖,这是获奖证书。说实话,对于我们这些教书匠来说,觉得搞推销比写书还难,只是硬着头皮来找大家帮忙。不过,买不买完全自愿,决不强迫。如果觉得这本书对你有用,你又有财力就买一本,算是帮我一个忙。谢谢。我向大家推销这本书,不仅仅是因为要完成我的任务,更不是因为这是我写的书,而是我相信大家能够用自己的慧眼来识别这本书。如果是垃圾书,我绝对不会推荐给大家,另外,买不买完全自愿。我相信自己的能力,我更相信大家的眼光。"

这位教员不是专职推销员,但是他却获得了成功。他的这次演讲立即产生了效果,一次就卖掉了300多册。

从某种意义上说,这位教员的成功就在于他恰到好处地表达了自己的真诚,赢得了听众的信赖,又不失时机地加以赞美,其言外之意是:买了这本书的人,都是有眼光的人。这次推销的成功也说明,在讲话中学会表达真诚要比单纯追求流畅和精彩更重要。

对于以与人打交道为职业的销售人员来说,赞美是友谊的源泉,是一种理想的黏合剂,它不但会把老相识、老朋友团结得更加紧密,而且可以把互不相识的人连在一起。

历史上,戴维和法拉第的合作是一个典范。虽然有一段时间,法拉第的突出成就引起戴维的嫉妒,但两人的友谊仍被世人所称道。

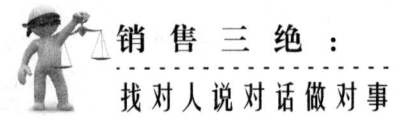

这份情缘的取得少不了法拉第对戴维的真诚赞美这个原因。

法拉第没有和戴维相识前,就给戴维写信:"戴维先生,您的讲演真好,我简直听得入迷了,我热爱化学,我想拜您为师……"

收到信后,戴维便约见了法拉第。

后来,法拉第成了近代电磁学的奠基人,名满欧洲,他也总是念念不忘戴维,说:"是他把我领进科学殿堂大门的!"

这样的友谊谁不羡慕呢?这份友谊恰恰就是用真诚的赞美来搭建桥梁的。

作为一个销售人员,最重要的就是要做到被人接受,被越少的人拒绝就意味着越成功。那么,怎样才能做到被客户接受呢?在销售人员话术中,赞美是行之有效的方法,但是盲目赞美也是不能被人接受的,甚至会引起客户反感也说不定。因此,赞美必须发自内心,即赞美必须注入真诚,说话的魅力并不在于你说得多么流畅、多么滔滔不绝,而在于是否善于表达真诚!

用真挚诚恳的语言去打动对方,是一种在销售行业中被广泛使用的语言表达方式。这里的真诚不仅仅是只包括"真实"的意思,更重要的还在于要有"真情"。

真实、笃诚和真情是赞美顾客时尤须注意的要素。以真实为铺垫、为基础,以真情动人,以真情感人,才能达到在赞美的同时说服对方的目的。对此,鲁迅说得很深刻:"只有真的声音,才能感动中国人和世界人;必须有真的声音,才能同世界人同在世界上生活。"

有一个5岁大的女孩,在教堂表演中首次登台演唱。她有着优美的歌声,她的天才从一开始就颇堪造就。当她长大时,她的家人了解到她需要专业声乐训练,就请了一个很有名的声乐老师来训练她。这位老师造诣很深,很少有人比得上他。他是一个十分苛求完美的老师。不论何时,只要这女孩一想到放弃或节奏稍微不对,他都会很细心地指正。经过一段时间以后,她对教师的崇拜日益加深。即便双方年龄相差很大,他的严格远胜于鼓励,但是她最后还是嫁给了他。他在婚后继续教她,但是她的朋友发现她那优美自然的腔调已有了变化,带着拉紧、硬邦邦的音质,不再是以前那种清爽而悠扬的声调了。渐渐地,邀请她去演唱的机会越来越少。最后,他们几乎不邀请她了。

这时,她的先生,也是她的老师死了。以后几年,她很少演唱或根本没有演唱。她的才能很少用到,直到又有一位推销员追求她为止。有时候,当她正在哼着小调或1个乐曲旋律时,他会惊叹歌声的美妙:"再唱一首,亲爱的,你有全世界最美的歌喉。"

他总是这样说。事实上,他可能不知道她唱得是好是坏,但是他确实非常喜欢她的歌声,所以他一直对她大加赞扬,她的自信心开始恢复了,她又开始前往世界

## 第九章 大方赞美

各地演唱。后来，她嫁给了这位"良好的发现者"，又重新开始了成功的歌唱生涯。

那位推销员对她的称赞出于诚挚、真心，衷心恭维事实上是最有效的教导与驱动。赞美是一种艺术，它的魅力相信任何人都无法抵挡。

人是有情感的高级动物。情感是人的心理过程的重要组成部分，它是人对他人和外物是否符合自己的需要所产生的内心体验。这种内心体验具有情境性和直接性。情感的产生则需要外界的刺激，据研究发现，饱含真情实感的言语是唤起情感的一种最具神力的武器。运用真情的言语策略，可以顺利促使双方产生情感共鸣，使关系融洽，形成良好的交际氛围；可以较快地促使双方强化相应的感性认识，形成并巩固某种态度倾向和观念信仰；可以有力地推动人们将某种行为动机付诸实施，并作出积极的反应，这就为赞美的有利作用提供了科学的依据。俄国文豪托尔斯泰说："真诚的称赞不但对人的感情，而且对人的理智也起着巨大作用。"

## 赞美建立在真实的基础上

杰克刚刚进入推销行业不久，还是一个处于学习阶段的学生。

一天，一位推销行业的前辈带他去进行上门推销，希望他能够在实际工作中尽快地学到一些经验。

杰克十分崇拜这位前辈，对前辈的一言一行也都仔细观察，用心记忆。一天，他发现前辈一见到约见的客户，就笑容满面地说："我听说您最近又做了不少善事，真是心地善良的人啊，那些穷苦的人能够遇见您，真是他们的一种幸运。"

本来是一脸严肃的客户听见这句话，立即喜笑颜开地说："哪里哪里，这是应该的。"

于是下面洽谈的气氛变得融洽许多，遭到拒绝几次的生意现在也谈成了。杰克仔细分析，认为是前辈的那句赞扬的话起到了关键的作用，于是勤奋好学的他将这句话记到了本子上。

老师终于同意让杰克独立去完成任务了。他的第一个客户是一个玩具商，在见到这位客户之前，杰克作了大量的准备，包括如何将寒暄引入正题、如何说服客户。在自认为准备得十分充分之后，他敲响了玩具商的门。

杰克见到玩具商一脸严肃，决定先缓和一下气氛，于是他故作兴奋地说："我听说您最近又做了不少善事，真是心地善良的人啊，那些穷苦的人能够遇见您，真是他们的一种幸运。"

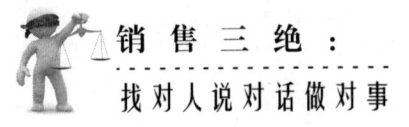

销 售 三 绝：
找对人说对话做对事

玩具商听了这些赞扬后目瞪口呆，心想："我最近根本没做任何善事，这位推销员肯定是记错人了，我不能允许一个不重视我的人在我的办公室里。"于是玩具商说："先生，恐怕你是认错人了，我很忙，请回吧！"

就这样，杰克还没有开口谈正事，就被拒绝了。

这说明了一个道理：赞美一定要建立在真实的基础之上，尽管人人都希望被赞美，但当赞美一些不符合现实的东西的时候，被赞美的人往往会产生"他说的是我吗？"的想法，同时，也会得出"这是一个虚伪的人，他所说的话不值得信任，他的商品更不值得信任"的结论。一旦客户得出这样的结论，那么销售人员再如何能言善道，也将是徒劳。

用赞美架通桥梁，让客户产生优越感。赞美别人也是一种美德，但最好不要说违心话。当你认为这样赞美最恰当时，那就赞美他几句，这就是所谓的极好的赞美时机。只要你的赞美有根据、发自内心，对方的自尊心被你所承认，那他一定会非常高兴。

有些销售人员可能会在夸奖内容方面有些困难，会有"我到底该赞美他哪一个方面呢？"等这类问题。

经过分类，进行有效夸奖的手法有三种：

(1)夸奖对方所做的事。如："您发表了很多销售管理方面的文章，我都拜读过，真是我们销售员的圣经。"

(2)夸奖后紧接着询问。如："您真是又漂亮又时尚，您看这台笔记本又轻又薄，非常适合您的形象和气质。"

(3)代表第三者表达夸奖之意。如："我们总经理要我感谢您对本公司多年来的照顾。"

杰克的公司承包了一项建筑工程，预定于一个特定日期之前，在费城建立一幢庞大的办公大厦。一切都照原定计划进行得很顺利。大厦接近完成阶段，突然，负责供应大厦内部装饰用的铜器承包商宣称，他无法如期交货。如果真是这样的话，整幢大厦都不能如期交工，公司将承受巨额罚金。

长途电话、争执、不愉快的会谈，全都没效果。于是杰克奉命前往纽约，当面说服铜器承包商。

"你知道吗？在布鲁克林区，有你这个姓名的，只有你一个人。"杰克走进那家公司董事长的办公室之后，立刻就这么说。

董事长有点吃惊，说："不，我并不知道。"

"哦，"杰克说，"今天早上，我下了火车之后，就查阅电话簿找你的地址，在布鲁克林的电话簿上，有你这个姓的，只有你一人。"

"我一直不知道。"董事长说。他很有兴趣地查阅电话簿。"嗯,这是一个很不平常的姓,"他骄傲地说,"我这个家族从荷兰移居纽约,几乎有200年了。"一连好几分钟,他继续说到他的家族及祖先。当他说完之后,杰克先生就恭维他拥有一家很大的工厂,杰克说他以前也拜访过许多同一性质的工厂,但跟他这家工厂比起来就差得太多了。"我从未见过这么干净整洁的铜器工厂。"杰克先生如此说。

"我花了一生的心血建立这个事业,"董事长说,"我对它感到十分骄傲。你愿不愿意到工厂各处去参观一下?"

在参观过程中,杰克恭维他的组织制度健全,并告诉他为什么他的工厂看起来比其他的竞争者高级,以及好处在什么地方。杰克还对一些不寻常的机器表示赞赏,这位董事长就宣称是他发明的。他花了不少时间向杰克说明那些机器如何操作,以及它们的工作效率多么良好。他坚持请杰克吃中饭。到这时为止,杰克一句话也没有提到此次访问的真正目的。

吃完中饭后,董事长说:"现在,我们谈谈正事吧。自然,我知道你这次来的目的。我没有想到我们的相会竟是如此愉快。你可以带着我的保证回到费城去,我保证你们所有的材料都将如期运到,即使其他的生意都会因此延误也不在乎。"

杰克甚至未开口要求,就得到了他想要的所有的东西。那些器材及时赶到,大厦就在契约期限届满的那一天完工了。

建立在真实基础之上的赞美才能够被人信服和接受。真实与否是区分真心赞美和阿谀奉承的关键,要想使你的赞美达到好的效果,不流于庸俗,就要谨记:真实的,才是人们喜欢的。世间万物都是如此。

## 赞美客户不是拍马屁

赞美会令对方产生好感,从而使相互之间的关系融洽,这一作用是不言而喻的。但是在这里,应该明确一点,赞美并不是拍马屁,赞美也不等同于阿谀奉承。

尽管赞美在某些方面同拍马屁有相似之处,如赞美同拍马屁的出发点都是为了取得别人的好感、赞美和拍马屁的途径大都是直接颂扬等,但两者还是存在本质区别的,赞美在抬高对方的前提下并不伤害自己的自尊,而拍马屁则不同,拍马屁通常是在不自尊、不自爱的前提下发生的。

一位汽车销售冠军说:"接近客户,并不是一味地向客户低头行礼,也不是迫不及待地向客户说明商品,这样做反而会使客户逃避。当我刚进入企业做销售员时,

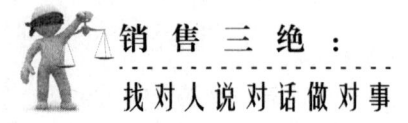

销售三绝：
找对人说对话做对事

在接近客户时，我只会销售汽车，因此往往无法迅速打开客户的'心防'。在无数次的体验、揣摩后，我终于体会到，与其直接说明商品不如谈些有关客户太太、小孩的话题，或谈些乡间的事情。让客户喜欢自己，这一点关系着销售业绩的成败。但是要注意一点，那就是：赞美客户会赢得他们的喜爱，对客户溜须拍马则自会让他们疏远你。"

为了达到影响他人的目的，销售人员时时需要说些恭维的话，但是为了防止自己的赞美流于奉承，销售人员一定要显得诚恳且坦然，而且要注意只恭维他人的行为而不恭维他人本身。在与客户交谈的时候，可以不时在"这张可爱小孩子的照片，是你孙子的吗？"类似轻松的话题中插入你想知道的正题。只要心里坦然，在愉快和谐的谈话中，你会得到满意的答复。

总有人认为专门说赞美的话，是厚颜无耻的拍马屁行为，因而耻于为之。事实上这都是粗浅的认识，在潜移默化中赞美别人、恭维别人，这些都是人际交往中至高无上的"润滑剂"，何况这种美丽的言辞又是免费供应的，如此于人有利、于己无损而多益的事，又何乐而不为呢！

一位橡胶厂的总工程师，听说本市的一家同行企业上了两条生产乳胶手套的流水线。他很想就这两条流水线的机械、技术方面的问题作一番了解，因为他们厂也想上几条这样的流水线。

第一次，拜访这家兄弟企业的厂长时，他遭到了婉言谢绝："对不起，这套设备的制作图纸是花钱买来的，至于一些技术上的问题，还属暂时保密。"

第二次，他又去了。那位厂长见他只隔两天又来了，不禁微皱了一下眉头，但还是请他坐在沙发上。

"听说你在TQC（全面质量管理）方面是个专家，我早就想在这方面向你请教。"工程师说。

厂长显然很惊讶，说："是的，我搞TQC已有几年了，在省内算得上搞得较早，但只是'笨鸟先飞'罢了，哪里谈得上什么专家。"他微露出宽慰的笑容。显然，之前他持有的戒备心理消失了。

"你能不能向我推荐一些这方面的专著和文章，使我也对TQC有所了解呢？"工程师恭敬地掏出了本子和笔，真心诚意地请他指教。那位厂长愉快地接过去，给他写了几个书名，并向他详尽介绍这几本书的特色和有关章节。

接下来，厂长又向工程师具体介绍了许多他们厂进行全面质量管理的方法和措施，甚至讲到了他对决策和用人方面的一些做法和设想，他们越谈越投机。中途，他曾告诉秘书，请她将工程师所需要的东西准备一下。

不知不觉已临近下班时分了。"我很高兴能认识你，希望你在有空的时候，到我家中小叙。"分手的时候厂长这样对工程师说。

橡胶厂总工程师的经历很典型地说明了这一点。为了了解生产乳胶手套流水线的机械、技术方面的问题,他去拜访同行企业的厂长,第一次碰了钉子,第二次却获得了成功,就是因为他在第二次运用了美誉推崇的言语策略。他了解到这位厂长在TQC方面是个专家,就毕恭毕敬地去请教对方在这方面的知识,表达了自己的仰慕之情,并让对方推荐一些专著和文章,使这位厂长自觉地意识到这是一种由同行认可的荣誉,心里一高兴,就畅谈起他自己进行全面质量管理的历程,两人遂成知音。

值得注意的是:工程师赞美了厂长的能力,却不是阿谀奉承。这种赞美是建立在自尊自爱的基础上的,效果往往也比阿谀奉承要好得多。这位总工程师打开了交际的大门,建立了融洽的人际关系,预期的目标也就完全顺利实现。

将赞美与拍马屁区分开来,才能够真正达到接近客户的目的。赞赏与拍马屁是完全不同的两回事。要知道,赞美人人喜爱接受,但马屁却不是人人都喜欢的。赞赏是发自内心的对对方的某种长处的肯定,而拍马屁则是为了不可告人的目的的虚伪的吹捧。是诚恳的称赞还是虚伪的拍马屁,对方一听就清楚。

# 赞美要有的放矢

不管赞美什么,都是说给人听的。要是忘了这一点,赞美就是无的放矢,毫无实效。

当你看到一个人拥有一辆名牌汽车,你会怎样赞美呢?

在现代营销战术中,所谓的"美人计"中的"美"字应当做动词理解,如"美容"、"美发"一般,让人变得更美,让人感到自己很美,这才是"美人计"的最高境界。要达到这一境界,极其有效且成本低廉的做法就是用语言赞美。

有一位营销员曾经说,原先他以为"拍马"是拍拍马的屁股,让马感到很舒服,后来才知道"拍马"一词出自蒙古族。据说从前蒙古人的身份、地位完全可以从他的坐骑看出,所以,当他们称赞一个人时,总是拍着他的马的屁股连声道:"好马!好马!"既然马是好马,那骑在马背上的主人自然是好汉了。

现在,你想好怎么赞美汽车了吗?会不会轻轻地摸着车子连声说:"好车!好车!真漂亮!"如果这样说,可谓还徘徊在"赞美"大门之外,尚未得其诀窍。车子再漂亮,那也是生产厂家的功劳,和车主有什么关系?直截了当、毫无特色、只管物品、与

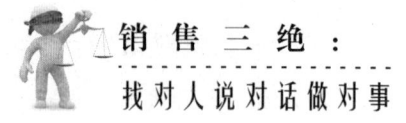

人无关、隔靴搔痒……怎么能起到好的作用呢?拍一拍马的屁股,马还有反应,说不定还会喜欢上你;可你摸车子,车子能有感觉吗?车子会领你的情吗?

赞美是给人听的,所以一定要与人有关系。在上述例子中,如果销售人员说"这车子保养得真好",就说明他注意到了车主的活动,其观察能力和思维方式都已入了赞美之门,初窥到了赞美奥秘。

请问,当一个销售人员到客户家里访问,首先应对客户的哪些东西进行赞美?

高明的销售人员会针对对方的能力大发感慨。如到客户家里拜访,说:"这房间布置得真别致,富有特色。"这是在赞赏客户的审美观。同样,对汽车也可以从"独特的"车内装潢进行赞美,这样比仅仅说"保养得好"强很多。同样,对一个女孩子说:"这样的衣服穿在你身上,可真是绿叶扶红花!"这仅仅只是表达出了欣赏对方的眼光。如能紧紧盯住对方的知识、能力、品味,将赞美做到这一步,则说明你有一定的造诣了。

除了"你很能干!"之类的一般赞赏外,恭维客户的"精明"、向客户"请教"等都是销售人员常用的赞美绝招。

销售人员赞美客户,就是为了让对方获得"自己非常美好"的感觉。一个人的外表有美丑之分,能力有高低之别,这些都是难以求全的。但是一个人的心灵与其外貌、能力没有什么必然关系。明白这一点的销售人员,就会聪明地把赞美的目标转到对方的心灵上。

"你的眼睛又清澈又明亮,透过这两扇心灵之窗,我看到了一颗纯洁的心!"

"你开车这么稳,又谨慎又稳健,太好了!"

"你喜欢储蓄?好啊!谨慎,稳当。"

"你太热心了!"

"真没想到你这么细心!"

当你看到这段文字时,请你想象一下,如果有人对你说这样的话,你会有什么感觉?如沐春风吧?

在人际交往中,适度地听到一些被夸奖、称赞的话,博取美誉,是人所共有的心理需要。说"美"话就是对对方非凡的经历、伟大的事业、卓越的贡献、高尚的人格、良好的声誉、优秀的才能表示由衷的赞美,或者在表示理解尊重的同时,从正面用道德、荣誉等引导对方做好具体的言行。

用美誉激励对方,使其同时也形成自励,从而以更高的标准自觉地、严格地要求自己,在继续创造美誉的过程中更加完善。美誉推崇根据内容的不同,可分为直接赞美和正面激励两种方式。直接赞美是因对方已经获得良好的声誉而赞美对方;而正面激励是为了调动对方道义、情操方面的精神力量,希望其创造良好的声誉。

美国著名心理学家威廉·詹姆士说:"人类本性上最深的企图之一是期望被赞美、钦佩、尊重。"渴望赞扬是每一个人内心中的一种基本愿望。所以,生活在社会当中,销售人员要想在善意、和谐的气氛中有所创新,就应该去寻找别人的价值,并设法告诉他,让他觉得那价值实在值得珍惜,从而创造出一个崭新的自己。这样,销售人员便等于扮演了鼓励他、帮助他的角色。这就是赞美的意义之所在。

## 千万别让赞美帮了倒忙

虽说人人都喜欢听赞美之词,但也并不是无条件地喜欢一切赞美自己的言论。"拍马屁"若拍得不得法,不仅达不到预期的目的,反而会引起对方的反感。

比如说,有的销售人员上顾客家去推销时,只要看见主人是女的,张口说:"您长得真漂亮!"、"您打扮得真好看!"或"您显得真年轻!"像这种一点铺垫都没有的夸奖,太不自然了,碰上脾气好的至多不过说你"神经病",然后把门关上,要是碰上脾气不好的,她不骂"流氓"才怪呢。

怎样使你的"马屁"拍出来时不唐突呢?有一位销售人员是这样做的:

当他敲开一顾客的家门,看见开门的是一位十分年轻的妇女时,便故意装出一副惊慌失措的样子,可怜巴巴地说:"真对不起,小姐,我是个推销儿童游戏卡的推销员,我本来是想找一家有小孩的,没想到打搅您了。"

那少妇有些火了:"我就有孩子。"这位销售人员又赶紧装出一副很惊诧的样子,瞪了她半天,才用惊奇的语调说:"啊,啊,请原谅,没想到您已经有了孩子,您是这么年轻、漂亮……真不敢相信。"正如他所预料的那样,那位少妇的脸上有了笑容。

此外,赞美还必须符合事实,倘若对方长相很普通,甚至可以说还有点难看,此时你却夸她有一张漂亮的脸蛋,这样的赞美是收不到任何好的效果的。最好的办法是选中对方最心爱的东西、最引以为豪的东西进行称赞,这样的称赞无论怎样过分,对方都不至于气恼。

赞美是一件好事,但绝不是一件易事。赞美别人时如不审时度势,也会变好事为坏事。

某著名化妆品公司销售代表小李,深谙赞美之道。但是,在他刚刚步入销售人员的行列时,也曾因赞美不得法而得罪了客户。

那天,他拜访一位刘小姐,恰巧刘小姐的一位闺中密友也在,为了争取到更多

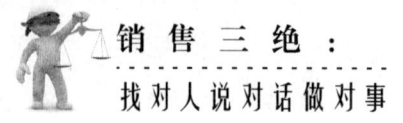

的客户,给刚刚认识的女士们留下一个好的印象,他决定依靠赞美这一战术来达到打动她们的目的。

出于这样的心理,于是他对刘小姐说:"您的朋友很漂亮。"刘小姐的朋友听了很高兴,走过来跟小李握手,又对他的化妆品问这问那,显得很热情。

小李很得意,认为自己的赞美话术奏效了。事实上也的确如此。但就在此时,小李转过头发现刘小姐一言不发,好像很不高兴的样子,对自己也不再热情。小李心里明白自己对其他人表示赞赏之意而将主人刘小姐忽略,这犯了推销的大忌。小李心里一急,又加了一句话:"就是皮肤黑了点。"

这时,杠杆平衡了。但是,结果并不是两个人都对他热情有加,而是都对他冷眼相看,认为这个人怎么这么不会说话。就这样,小李不但失去了两个潜在的客户,而且令自己颜面尽失。

为了避免你的赞语引起误解,不要突然没头没脑地就大放颂辞。你对对方的赞赏应该与你们眼下所谈的话题有所联系。

请留意你在何时以什么事为引子开始称赞对方。对方提及的一个话题,他讲述的一个经历,也可能是他列举的某个数字,或是他向你解释的一种结果,都可以用来作为引子。

一男青年晚上在饭店碰到一位认识的女士,她正和一位女伴在用餐,两人刚听完歌剧,穿戴漂亮。这位男青年不禁眼前一亮,很想恭维一下对方:"噢,康斯坦泽,今晚你看上去真漂亮,很像个女人。"对方难免生气地说:"我平常看上去什么样呢?像个清洁工吗?"

在一次管理层会议上,一位报告人登台了。会议主持人向略显吃惊的与会者介绍:"这位就是刘女士,这几年来她的销售培训工作做得非常出色,也算有点儿名气了。"这末尾的一句话显然是画蛇添足,让人听了不太舒心,什么叫"也算有点儿名气"呢?

这些称赞的话会由于用词不当,让对方听来不像赞美,倒更像是贬低或侮辱。结果自然是事与愿违,不欢而散。

所以,在表扬或称赞他人时请谨慎小心,注意你的措辞,尤其要注意以下几条基本原则:

(1)列举对方身上的优点或成绩时,不要举出让听者觉得无足轻重的内容,比如向客户介绍自己的销售人员时说他"很和气"或"纪律观念强"之类和推销工作无甚干系的事。

(2)你的赞扬不可暗含对对方缺点的影射。比如这样一句口无遮拦的话:"太好了,在一次次半途而废、错误和失败之后,您终于大获成功了一回!"

(3)不能以你曾经不相信对方能取得今日的成绩为由来称赞他。比如:"我从来没想到你能做成这件事。"或是"能取得这样的成绩,恐怕连你自己都没想到吧。"

另外,你的赞词不能是对待小孩或晚辈的口吻,比如:"小伙子,你做得很棒啊,这可是个了不起的成绩,就这样好好干!"

总之,赞美就像空气清新剂,可以振奋对方的精神,"美化"你身边的气氛,但也必须清楚,再好的清新剂也有过敏以致反感者,更何况人与人之间的关系如此复杂,如果不首先通达人情,不根据所赞对象的心情及当时情境的具体情况而乱赞一通,恐怕真的会拍马屁拍到马腿上。

# 用赞美堵住客户的口

业绩非凡的化妆品销售人员A君介绍经验时说:"我的前辈常教导我说,推销化妆品时,首先要了解化妆品的本质。一般来说,化妆品算不上生活必需品,甚至可以把它归入生活奢侈品之列。因此,大多数的人会以'太贵了'为拒绝的借口。所以,在推销时就要狠下工夫,多利用一些赞美之词来堵住客户的口,从而掏出他的钱包。"

有一次,A君向一位社交型的太太推销化妆品,她一开始就拒销售人员于千里之外。这时,A君突然发现她家门厅里有一只女用高尔夫球袋,A君立刻计上心头,便话锋一转说道:"这球袋是您的吗?"

太太:"是啊!"(态度开始有所好转)

A君:"呵,您的球袋真漂亮。"

太太:"噢,这是我去年到欧洲旅游时在巴黎买的。"

A君:"您是高尔夫球的爱好者呀?"

太太:"可不是,为此我可花了不少的钱呢。"(流露出自豪的神情)

A君:"是啊,高尔夫球是富裕阶级的娱乐活动。"

太太:"你说得不错,在国外,高尔夫球是上层社会人物喜爱的高级娱乐。"

当这位太太眉飞色舞地谈论时,A君不失时机地说:"是的,这种化妆品不是便宜货,的确贵了一点,所以用它的女士均是高收入者。而且,使用这种化妆品就如打高尔夫球一样,能显示出您的身份!"

这句话正中了这位太太的下怀,销售人员的附和使这位太太挣足了面子,为了使自己不失面子,她无法再说出"没钱"的借口了。

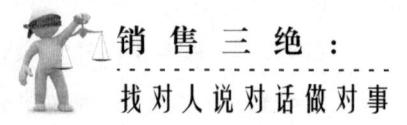

## 销售三绝：
### 找对人说对话做对事

在推销过程中，如果听到"没钱"，千万别泄气。的确，钱是决定成交与否的关键性因素，但是应该相信，"没钱"却是极富弹性的，很可能只是一种借口罢了。所以，销售人员要避免与"没钱"这个借口做正面交锋，应采取迂回战术，在客户还没有借口说没钱时，就预先堵住这个"借口"，让他说不出"没钱"，那就只有掏腰包了。

美国著名的推销商戴维讲了一个他亲身经历的有趣故事。

一位中年顾客和他谈了15分钟后，这位顾客向戴维订购了一个热水器和一个新式煤气灶、一台电子微波炉，并约定第二天早上8:00来取货。可是第二天，这位顾客却打电话给戴维先生说："不要了。"戴维先生既没有作罢，也没有埋怨，他驱车前往他家，微笑地质问："为什么呢？您昨天不是高高兴兴地和我闲聊这些炊具的好处吗？"

"我太太说免了罢，因为用热水在煤气灶上烧就可以了，以前的煤气灶还可以用……"

"那么电子微波炉呢？"

"我太太说家里有电炉，也有火锅，何必再花那么多钱。"他还接着说，"我太太说准备省一些钱给我买一部摩托车。"

戴维先生突然打断他，问道："对了，您不是刚买一套新楼房吗？"

"不错啊！"

戴维先生继续问道："以先生的财力买一部摩托车易如反掌，从前怎么不买呢？"

"那时我太太一直怕我骑摩托车有危险……""现在难道就不怕了吗？"说到这里，俩人都不禁哈哈大笑。

戴维接着又说："先生，依您的财力和身份，我看买汽车才和您的身份相配啊！德国的'奔驰'、美国的'福特'、日本的'丰田'，七八万就可买到八四或八五式。有了汽车，不但会提高您的身价，而且事业会取得更大的成功……您希望要大型的，还是小型的？"

这位中年顾客支支吾吾地说："买汽车是我多年的愿望，就不知道买哪种好，您是生意内行人，是否能帮我……"

"我也只是略知一二，不过我乐于效劳，但是新房子、新汽车和旧灶炉是很不相称的啊！"

听了戴维先生的谈话，那位顾客不禁说："是啊，我们还要热水器、煤气灶，还有微波电炉，请您马上派人给我送货，顺便也请几个人给我安装。"

"噢，您要慎重考虑，不要勉强自己，您太太的意思是应该考虑考虑……"

"没关系，没关系，这事还是我说了算。其他就拜托您了……"

通过以上事例可以了解到,那位中年顾客退货并非是因为缺乏支付的经济能力,而是想买摩托车。为什么要买摩托车呢?因为他觉得那样与自己的身份、地位更相称。于是戴维先生就抓住这个想提高自己身份、地位的欲望为突破口,劝他买汽车,燃烧起对方对高层次生活的欲望,然后话锋一转,使对方觉得原来的订货和他求得社会地位的欲望并不矛盾,于是便水到渠成地完成了原来的交易。

在生活中,有很多利用赞美来堵住他人之口的事例,下面就是一个。

一次,某厂职工老王到外地出差。临返回时恰好遇见邻厂的一辆卡车,他就想搭这辆卡车回去,尽管老王不认识司机,但是经过交谈还是搭上了车。老王回家后才发觉有只提包放在车上忘记带回了,他立即返回去找,已不见提包踪影。第二天,老王找到司机家中,先感谢他帮忙捎脚儿,然后说自己忙乱中把一只提包落在车上。他说:"一发现提包不在,家里人就催我快找,我说不要紧,那位师傅的为人很好,又没别人,他见到后一定会帮忙收起来的。"听了老王这番话。司机略一思忖说:"收车后发现有只提包,我断定是你忘记拿走,放在车上怕出差错,就拿回来了。"说着,从里屋拿出了那只提包。

老王的提包失而复得,绝非偶然。他找到那位司机后,除了十分客气地感谢司机帮忙外,几句话说得非常自然、朴实,毫不矫揉造作。在介绍自己忙乱中把一只提包遗忘在车上的情况后,借转述与家人的对话巧妙地赞颂了司机。说"师傅的为人很好",是称赞他品行端正、情操高尚、乐于助人,不会贪小便宜;说"他见到后一定会帮忙收起来的",则是称赞其责任心强,处理问题非常小心在意、妥善周到。这就明确地表达了对司机为人处世、人格道德的肯定与尊重,这种肯定与尊重则满足了对方希望得到他人尊重和做一个高尚的人的心理需要。这些赞美的话语让司机得到了激励,司机在得到激励的同时也自励——以实际行动作出回应,于是拿出提包给了老王。

把握先机,先将赞美说出口,让对方产生"不能让人白夸"的心理,事情就会好办多了。在推销的过程中,适当利用人的这些微妙的心理,将会使你发现很多成功的契机。而这些技巧的掌握,还需要在实践中不断地锻炼和完善。

# 第十章　巧妙提问：
## 选对池塘钓大鱼，
## 问对问题赚大钱

在和客户沟通中，让客户说得越多，销售人员了解对方真正意图的机会就越多。所谓知彼知己，百战百胜。当你掌握对方的情况，远比对方知道你的情况还要多，你自然就把握住了先机。

怎样样才能让客户说得更多呢？秘诀就是——提问！

## 第十章 巧妙提问

# 提问是销售成功的基础

在销售中,只有懂得巧妙地提出问题,才能够把和客户之间的谈话导向自己所希望的那种结果。因为说服的艺术并不在于你来我往地各抒己见,而是隐藏于一问一答的过程之中!提出相应的问题,可以引导你的谈话对象去仔细地思考,然后再说出他的意见与看法。

销售人员不必太在意自己是否得理,所应该秉持的原则是与客户共同寻求解决问题的答案。通过提问,销售人员可以得到很多意想不到的收获。

销售高手刻意设计的问题可以使谈话有转换方向的机会,以便找出客户的兴趣所在(包括他的希望或烦恼等);用提问题的方式,销售人员可以将客户的注意力引到对自己有利的重要事项上来;通过询问,可以了解到客户的反对意见,并可设法进行消除;通过提问题,可以拉回已失去的谈话动机或主题。

比如,销售人员可以通过以下方式对客户进行询问:"……就是说,是否……"(话锋一转,向客户提出一个关键性的问题,以便引导他进一步表示意见或发言)"……你的问题是不是就在这里?"(迫使客户下结论,或者使他重新考虑)

销售人员通过询问使自己的想法变成客户的想法,再进一步提出问题,从而使客户转变原来的立场,并同意自己的观点。

销售人员巧妙发问,可以逐步引导客户作出购买的决定,甚至建立起真正的友谊。巧妙提问不仅可以得到好处,而且也是非常必要的,它是推销的一种必不可少的手段。

提问是推销沟通中经常运用的语言表达方法,通过巧妙而适当的提问,销售人员可以摸清对方的需要,把握对方的心理状态,透视对方的动机和意向,启发对方思考,鼓励和引导对方讲话;可以准确地表达自己的思想,传递信息,说明感受、疑惑、顾虑、希望等;可以在出现冷场或僵局时,打破沟通中的沉默,如:"我们换个话题好吗?"可见,提问是推进和促成交易的有效工具,它决定着谈话、辩论或论证的方向。

客户的异议有可能是多方面的,他并不能立即明白地说出他的疑问。这时销售人员应正确地采用提问的方法,找到症结所在,然后再对症下药。

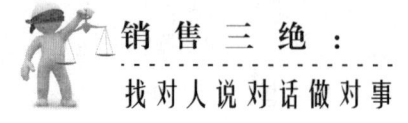

# 提问能了解客户的需求

在向客户推销产品的过程中,销售人员一定要确保客户对所讲解的内容清楚、明了,否则会造成不必要的误解。这就要求销售人员要善于运用提问的技巧,通过不断地向客户提问,了解客户真实的需求,确保客户清楚你所讲内容。

**1.询问客户的需求和观点**

小张在向某公司的领导推销电脑时,很好地充当了顾问的角色。

"上次,您谈到电脑的性能可以满足3~5年的需求。这怎么理解呢?"

"现在电脑产品更新很快,我们希望笔记本电脑能够用得久一点。"

"确实是这样。我记得3年以前,电脑的主频只有200多兆,现在的主频已经到了1.8G,是以前的七八倍。您觉得电脑使用时间的主要瓶颈在哪里?或者说三五年以后,笔记本的哪些配置会成为使用的障碍?"

"我想听听你在这方面的看法。"

"您看看我这3年用电脑的情况您就知道了。3年前,我的电脑是256MHz的主频,64M的内存,40GB的硬盘。3年下来,我已经将硬盘升级到了160G,内存升级到了1G。屏幕技术发展比较稳定,没有必要升级。主板的设计造成CPU不能用市面上的CPU来升级。考虑到内存的升级最容易而且价格下降较多,内存现在只要够用就行了,以后可以很方便地升级。为了能够使您的电脑用得时间长一些,您应该在CPU的主频和硬盘方面的配置高一些,显示屏应该使用19英寸的,这样在几年之内都会是顶级配置。"

"你建议的配置呢?"

"现在生产的电脑CPU有三种:PIII850,PIII900和PIII950。PIII850马上就要停产了。而且Intel的CPU最近会降阶,我建议您采用PIII950的CPU。您使用的数据量很大,考虑到以后升级硬盘时要淘汰现有的硬盘,所以我建议您这次的硬盘配到160G。内存就使用512MHz就可以了,屏幕选择19英寸的屏幕。"

"有道理。"

**2.适当提答案为"是"或"否"的问句**

要确定客户有某一个需要,销售人员应该把客户的需要涵括在提问当中(运用反映需要的言辞),引出"是"或"否"的回答。

客户:"我们现在用的笔记本电脑,它的电池使用时间太短,好几次在紧要关头就没电了。"

推销员:"所以您希望电池的使用时间长些,对吗?"(用选择式询问确定需要)

客户:"是。"

3.尊重客户

"我这样讲清楚吗?"

"你了解我的意思吗?"

"怎么还不明白!"

在上面三句话中,很明显第一句是最好的,它暗示着如果客户没有搞懂,那是销售人员没有讲清楚,是销售人员的责任。第三句在你的销售过程当中是一定要避免的,因为客户会认为销售人员在贬低、嘲笑他的智商,这样只会引起客户的反感。

# 销售提问的基本方式

### 1.主动式提问

主动式提问是指销售人员通过自己的判断将自己想要表达的主要意思用提问的方式说出来。在一般情况下,对这些问题客户都会给予一个明确的答复。

有一家洗发水公司的推销员问:"现在的洗发水不但要洗得干净,而且还要有一定的护发功能才行,是吧?"客户回答:"是的。"推销员又问:"为了能够护发养发就要合理地利用各种天然药物的作用,在洗发的同时做到护发养发,这种具有多种功能的洗发水您愿意用吗?"客户:"愿意。"

当然,销售人员接着就可以问他想要知道的问题:"这种含有药物的洗发水含有一种淡淡的药物香味,你喜欢吗?"如果客户说他不太喜欢,那么"症结"就已经找到了。

### 2.反射性提问

反射性提问也称重复性提问,是以问话的形式重复客户的语言或观点的提问方式。例如:"你是说你对我们所提供的服务不太满意?""你的意思是,由于机器出了问题,给你们造成了很大的损失,是吗?""也就是说,先付50%,另外50%货款要等验货后再付,对吗?"

这类问题的好处在于:第一,它具有检验的作用,即能够用来检验销售人员是否真正理解了客户的观点。如果理解有误,客户就会当场指出。第二,它鼓励客户以合乎逻辑的方式继续表明观点。第三,它还可以使销售人员对客户的言谈作出适当

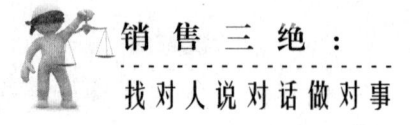

的反应,可以避免直接向对方表示肯定或否定。第四,它还可以用来减弱客户的气愤、厌烦等情绪化行为。销售人员以问话形式重复顾客的抱怨,让客户感到他们的意见已受到重视,其抵触性情绪也就会减弱。

### 3.指向性提问

这种提问方式通常是以谁、什么、何处、为什么等为疑问词,主要用来向客户了解一些基本事实和情况,为后面的说服工作寻找突破口。如:"你们目前在哪里购买零部件?""谁在使用复印机?""你们的利润制度是怎样的?"

这类问题的提问目的十分清楚,也比较容易作出回答。通常用来了解一些简单的、宜于公开的信息,不适合用来了解个人情况及较深层次的信息。需要注意的是,在使用这类问题时要表现出对客户的关心,语气不可太生硬。

### 4.评价性提问

评价性提问可用来向客户了解对某一问题的看法,而且这类问题一般都用没有固定答案的提问方式。如:"你觉得小型轿车怎么样?""你认为租与买哪个更合算?""要是增加一些零件存货会怎么样?"

评价性提问通常用于指向性问题之后,用来进一步挖掘相关的信息。在很多情况下,客户很可能不愿意对某个问题发表意见。这时,销售人员就应该使用间接评价性的问题。间接评价性问题要求客户对第三者的观点作出评价。如:"有报道说,××牌电梯在消费者中信誉很高,你认为它在客户中受欢迎吗?"

### 5.细节性提问

这类提问的作用是为了促使客户进一步表明观点、说明情况。但与其他提问方式不同的是,细节性问题直接向客户提出请求,请其说明细节性问题。如:"请你举例说明你的想法?""请告诉我更详细的情况,好吗?"

### 6.损害性提问

这种类型的提问,其目的是要求客户说出目前所使用的产品存在哪些问题,最后再说服客户来使用你的产品。例如,一位复印机推销员问潜在客户:"听说你们现在使用的这种复印机复印效果不太好,字迹常常模糊,是吗?"显然,这类问题极具攻击性,如果使用不当,也会引起客户的反感。所以,在提出这类问题的时候,一定要注意用词和语气的委婉,并要考虑客户的承受能力。

### 7.结论性提问

这种提问是根据客户的观点或存在的问题,推导出相应的结论或指出问题的后果,诱发出客户对产品的需求。这类提问通常使用在评价性问题和损害性问题之后。例如,复印机推销员在客户对损害性问题肯定之后,可以接着使用结论性问题:"用这样的复印机复印广告宣传材料,会不会影响宣传效果?"

### 8.选择式提问

销售人员应该将产品可能引起的异议进行分类,让客户自己从中选择一个或几个。例如,推销员可以问客户:"你好,我们的产品有哪些问题让您觉得不太符合你的需要呢?是样式、体积、重量还是口味……"

### 9.建议式提问

销售人员应该主动对客户提出购买相关产品可以获得的相关利益,并给出一些良好的建议,以刺激客户的购买欲望。比如,童车推销员就可以这样问他的顾客:"请问您买这辆小车是给几个月的婴儿睡觉用还是给一两岁的婴儿坐着用?"或是问:"您买这辆车是愿意让小孩骑三轮稳定些,还是要让他练习一下骑两轮单车的技巧?"短短的一个问题既赢得了客户的信任和认同,又巧妙地说出了该产品的多种功用,从而给客户留下了良好而又深刻的印象。

### 10.请教式提问

一家大公司的推销员到一所学校里去推销计算机,他问学校教师:"现在学校都搞现代化教学,都配备了计算机,是吗?"教师回答:"是的。"接着推销员就可以顺理成章地推销他的计算机了。

# 做好提问的准备工作

在与客户面谈之前,销售人员应该做好充分的准备,其中准备向客户提出的问题是其重要一环。为了使交易继续下去,销售人员应仔细考虑制订出一个周密的计划。

事实上,销售人员不需要准备很多的问题。正如美国广播公司的播音员和采访专家特德·考培尔说:"在大部分时间里,如果你开始幽默地向人们提出一个问题,结束时他们会告诉你非常有趣的东西。"

随着会谈的进展,销售人员的问题应集中于确定客户的真实需求、目前的问题或损失、购买你的产品后他将获得什么。在这个交易阶段,重要的是尽可能让顾客深入地思考。

在进入建议阶段时,更应多提出问题让客户考虑并说出他目前行动的结果和你的想法的效用。没人比客户自己更了解他对所期待结果的观点和概念。关键的推销战略是让客户用自己的话把他的想法给你解释一下。当然,提出错误的问题会使客户停止交谈。这就出现了一个问题:该问什么样的问题呢?

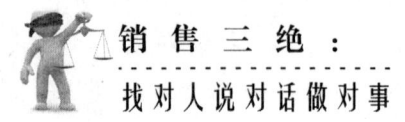

在销售沟通中,向客户提出什么问题,主要在于提问者的目的。毫无目的的提问在沟通中是毫无意义的。因此,在提出问题时要注意:

第一,提出的问题要能引起对方的注意,并能诱导对方的思考方向。而要引起对方的注意,所提出的问题必须有一定的分量;要诱导对方的思考方向,所提出的问题必须要有一定的计划性。

第二,提出的问题要能获得自己所需要的信息与反馈,即问什么,一定要有针对性,并做到具体明确,这样才可能得到对方明确的回答。同时,在措辞上一定要慎重,不能刺伤对方、为难对方,也不要引起对方的焦虑与担心。

第三,要更好地发挥提问的作用,提问之前的思考、准备是十分必要的。诸如:"我要问什么?对方会有什么反应?能否达到我的目的?"

此外,为了让所提的问题能在对方心中留下印象,它应该满足以下几个条件:

(1)想从这问题里得到什么样的信息?

(2)提出这个问题之后,能否因此判断这位准客户的资格?

(3)要得到所需的信息,必须提出一个以上的问题吗?

(4)所提我的问题能不能让准客户思考?

(5)所提的问题能不能把销售人员与其他竞争者区分开?

通过有效的提问,能够引起客户的注意,从而也能让销售人员的产品在对方心中留下强烈的印象。总之,方法多种多样,要灵活运用。

# 销售实战中的提问技巧

一个好的提问能够在很大程度上改变一场交易,那些具有一流水准的销售人员往往是提问的高手,他们在推销实战中总是特别注意提问的技巧。

**1.提问要有阶段性**

应该把问题分布在沟通中的不同时段上,避免连续性的提问。因为,当销售人员接二连三地提出问题时,客户可能就会感到很不舒服。这样的话,他们可能会觉得不是在参与交谈,而是在接受审问。有的客户甚至会因此而产生抵触情绪,故意不回答问题。

如果能够适当地把你的问题分割开来,就可以使客户有充裕的时间来作出回答,从而做到在轻松的气氛中参与交谈。分割问题的主要方法是要进行有计划的提问,不打断客户的回答。总之,要让客户感到:他们是自愿提供信息的,而不是被迫泄露的。

### 2. 提出的问题要客观

销售中的提问，主要目的应该是了解客户的真实想法，而不是诱使客户作出某种承诺或强迫他们接受销售人员的观点。举例来说，如果提出的问题只有一个可能的答案，而这个答案又明显有利于销售人员，那么，这个问题就不具备客观性。

例如："为什么你认为这是一个优秀的产品？"或者"你认为我们的产品在哪些方面胜过你正在使用的产品？"这样的问题试图鼓励对方作出肯定回答，没有否定答案，还具有明显的主观倾向，很容易引起客户的反感。退一步讲，即使得到了想要的答案，那么销售人员也不能把握客户的真实想法。

### 3. 多做开放性的提问

开放式的提问技巧是指发问者提出一个问题后，回答者围绕这个问题要告诉发问者许多信息，不能简单以"是"或者"不是"来回答发问者的问题。

这类提问的目的是为了鼓励客户作出较深入、较详尽的回答。如果销售人员提出的问题只有"是"或"否"这样简单的答案，那么，这样的提问就是不恰当的。因为它无法使客户发出更多的信息，也很难使客户真正参与到交谈中来。

如："你是否听说过我们公司？"这个问题的答案只有"是"与"不是"，而"有关我们公司，你了解哪些情况呢？"这个问题就要好得多。

销售人员要想从客户那里获得较多信息，就需要采取开放式问法。使客户对你的问题有所思考，然后告诉你相关的信息。

提出开放性的问题，并且耐心地等待，在客户说话之前不要插话，或者鼓励他们大胆地告诉你有关信息，收效会很明显。客户对于开放式的问法也是乐于接受的。他们能认真思考你的问题，告诉你一些有价值的信息。甚至还会对你的销售工作提出一些建议，这将有利于你更好地进行销售工作。

### 4. 适当采用封闭式的提问

封闭式问法是指回答者在回答问题时，用"是"或是"不是"就能使发问者了解其看法。

销售人员以封闭式问法可以控制谈话的主动权。如果销售人员提出的问题都使客户以"是"或者"不是"来回答，销售人员就可以控制谈话的主题，将主题转移到和推销产品有关的范围里来，而不至于把话题扯远，同时，销售人员为了节约时间，使客户作出简短而直截了当的回答，也可以采用封闭式问法。

一般说来，在进行销售工作时，不宜采用封闭式问法。采用封闭式问法虽然有助于掌握谈话的主动权，但是并不能够了解客户是否对谈话的主题感兴趣，因而也就不可能从客户那里得到更多的信息。如果确定已经了解客户的需要以及他的兴

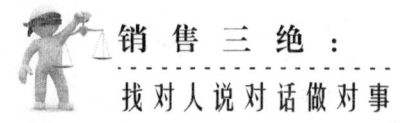
销售三绝：
找对人说对话做对事

趣，那么就可以采用封闭式问法获得直截了当的答案，提高推销效率。

开放式问法与封闭式问法得到的回答截然不同。封闭式问法的回答很简单，而开放式问法的回答所包含的信息量多，它的回答也常常出乎提问者的意料。

**5.进行明确的提问**

要使所提问题容易被客户理解和回答，避免提出过于复杂与冗长的问题。

有些销售人员把几个问题糅合在一起，使提问复杂化。例如，"请问你们多长时间订货一次并全部销售出去？"这个问题就很难让客户作出合理的回答。因为他们不明白你究竟是在问多长时间订一次货呢？还是在问一次所订的货物多长时间能够全部售完呢？

另外，还有些销售人员把问题拉得很长。例如，"有这么多复杂的报告要准备和翻阅，你很难确定什么时候去展销会看我们的样品和技术资料吧？"这么繁琐的问句，很容易让客户感到厌烦，他们也很难集中精力去仔细听清这类问题。所以，提问应做到尽量简单、明确，不拖泥带水。

**6.证明式提问的技巧**

有时客户可能会不假思索地拒绝销售人员的产品，所以，作为销售人员就应事先考虑到这种情况并相应提出某些问题，促使客户作出相反的回答。如："你们的冷却系统是全自动的吗？""您公司的仓库很大吗？"当客户对这些问题作出否定回答时，就等于承认自己有某些需求，而这种需求亟待销售人员来帮助解决。

# 提问时的注意事项

在与客户的沟通中，一个好的提问有可能会促成一笔交易的达成。同样，一个不当的提问也很可能会葬送一笔即将要成交的买卖。因此，在向客户提出问题时，销售人员必须要慎之又慎。

**1.选择好提问的时机**

销售人员在向客户提问时，一定要注意把握好时机，做到审时度势地去提问，这样才能够比较容易地引起对方的注意，保持客户对沟通的兴趣。具体来说，对提问时机的把握，要注意以下几个方面的要点。

(1)即使你急着想要提出问题，也应该等对方充分表达之后再提问。过早或过晚提问，都会打断对方的思路，而且显得不礼貌，也影响对方回答问题的兴趣。

(2)在对方还没有答复完毕以前，不要提出你的第二个问题。

(3)与谈判无关的一些问题,最好在谈判前、谈判后或中间休息时提出。

(4)要想控制谈话的方向,可以连续发问,但每次提出的问题要单一而明确,所提出的问题,前后要有连续性、逻辑性。

(5)提问时要注意对方的情绪。当对方情绪高涨时,可以抓紧时间多问,问深些;反之,则尽量少问,所提问题亦不能太深。

### 2.避免一些不当的提问法

一个不当的问题,对沟通效果的影响也许将是不可挽回的,所以销售人员要特别注意以下几个问题。

(1)不要直接提那些对方不可能回答的问题。杜绝使用讽刺性、盘问式、审问式的发问。

(2)不要有意使对方难堪,不能提出带有敌意或威胁性的问题,更不能提出指责性的问题。

(3)按平常的语速发问。太急速的发问容易使对方认为你是不耐烦或持审问态度;太缓慢的发问,容易使对方感到沉闷,无时间观念。

(4)提问时态度要谦虚,语气要和蔼,面部表情、手势动作、身体姿态等要同步配合。

(5)由广泛性的问题入手再移向专门性的问题将有助于缩短沟通的时间。

(6)对手欲回避的问题,既不要放过,也不要死缠烂打,更不要冒犯对方的忌讳,可以细心体会对方的某些暗示。所谓"说话听音,锣鼓听声"。

(7)提出敏感性问题时,应该说明一下发问的原因,以示对人的尊重,同时也可避免造成麻烦和窘境。

(8)所有的问题都必须围绕一个中心议题,并且尽量根据前一个问题的答复设计问句。

(9)提问方式,必须与问话对象相适宜。对方坦率耿直,提问就要简洁;对方爱挑剔、善抬扛,提问就要周密;对方急躁,提问就要委婉;对方严肃,提问就要认真;对方活泼,提问可幽默。

# 多做积极的提问

在与客户沟通的过程中,销售人员应该多提一些内容积极、肯定的问题,以增强客户对产品的信心,并促使他们下决心购买。

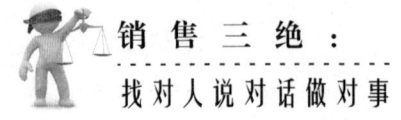

**销售三绝：找对人说对话做对事**

### 1.进行积极的发问

这种问法的目的是主动引导顾客，获得对方的肯定回答，并诱导顾客作出决定。

问："那么，你同意获得利润最重要的是靠经营管理有方了？"

答："对。"

问："专家的建议是否也有助于获得利润呢？"

答："那是毫无疑问的。"

问："过去我们的建议对你们有帮助吗？"

答："有帮助。"

问："考虑到目前的生产情况，技术改革是否有利于生产一些畅销商品呢？"

答："应该说是有利的。"

问："如果把产品的最后加工再做得精细一点，那是否有利于你们在市场上销售呢？"

答："是的。"

问："如果在适当的时间，以合理的价格推销质量好的产品，你们公司是不是会得到更多的订单？"

答："会的。"

问："如果你们按照我们的方法进行试验，并且对试验结果感到满意，你们是不是下一步就准备采用我们的方法？"

答："对。"

问："那么我们现在可以先签个协议吗？"

答："可以。"

由此可以看出，销售人员只有不断地通过积极的发问去促使客户多说"是"，才能抓住时机，步步深入，引导客户作出一个又一个的购买决定。

### 2.积极建议式的提问

销售人员应该多采用建议式的提问，使客户跟着你的思路走。如：

"还有什么需要我来完成的吗？事实上，你只需在这里签个字，这张保单从明晨零点起就开始生效了。"

"你看保险费是年付还是季付？"

"相信您一定非常清楚这张保单的保障功能吧？"

"这张保单应该很适合你吧？"

在交谈中，应避免用下面的方式："你看怎么办？""您是不是盖个章或签个字？"

### 3.积极询问客户的要求

销售人员应不断询问客户,了解其要求,随时为其解决问题。

问:"您喜欢两个门的还是四个门的?"

答:"哦,我喜欢四个门的。"

问:"您喜欢这三种颜色中的哪一种呢?"

答:"我喜欢黄色的。"

问:"要带调幅式的还是调频式的收音机?"

答:"还是调幅式的好。"

问:"您要车底部涂防锈层吗?"

答:"当然。"

问:"要染色的玻璃吗?"

答:"那倒不一定。"

问:"车胎要白圈吗?"

答:"不,谢谢。"

问:"我们最晚在5月8日交货可以吗?"

答:"可以。"

在引导客户作出了一系列小决定之后,这位推销员递过来订单,轻松地说:"好吧,先生,请在这签字,现在您的车子可以投入生产了。"

在这里,销售人员所问的一切问题都假定了对方已经决定买了,只是尚未定下来买什么样的而已。

# 第十一章 懂得客套：
## 说好客套话，帮助会很大

在正式的销售开始之前，几句客套话能拉近销售人员与客户之间的距离。客套话本身并不正面表达特定的意义，但它在销售中是必不可少的。因为客套话能使不相识的人相互认识，使不熟悉的人相互熟悉，使沉闷的气氛变得活跃。尤其是初次见面，几句得体的寒暄会使气氛融洽，有利于顺利成交。

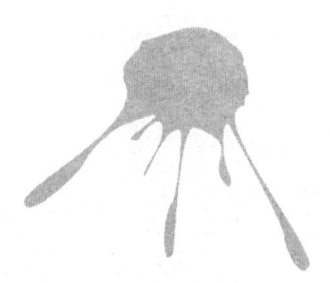

## 用客套话应对冷落和冷场

对于销售人员来讲,销售过程是一个主动与人沟通的过程。正因为是主动,就不可避免地存在一些被不想购买东西的客户故意冷落的现象。

一次,小李在一位客户的办公室外等他,由于没有提前预约,客户的秘书知道他是一位推销员,因此就不把老板的工作行程告诉他。同时,为了防止小李要求她这么做就不跟小李说任何话,故意冷落小李,希望小李觉得意兴阑珊而自动离开。

这时,小李突然注意到在秘书的桌上放着一本厚厚的畅销书。于是,他问秘书小姐说:"这本畅销书你看了没有?"秘书回答说:"正在看!"他又问:"你觉得这本书有趣吗?"

她坦率地说:"一点也没有趣!不过快要看完了。"

"我也读了这本书,完全不是因为兴趣,而只是为了学习知识。这种想法真是无奈,就像我现在的工作一样。另外我再推荐给你几本既有趣又值得学习的书吧。"小李再度打开话匣子。

秘书回答:"你怎么跟我的想法一样?看来我们对某些问题的看法还是很相似的。哦,对了,刚刚我查了老板的行程表,他今天下午4:00会有半个小时的时间。"

客户之所以这样做,只是想通过对销售人员的冷落来传达一种"我对你的商品不感兴趣"或"我根本不想买你的东西"的信息。这种冷落法看起来好像很难破解,但即使客户是正面拒绝,他也会跟销售人员对话沟通,只要存在沟通,销售人员就有很多的机会完成"从拒绝到接受"的销售过程。那么,面对一个完全拒绝沟通的客户该怎么办呢?这时,客套话就发挥了它积极的作用。

化解被冷落的场面,说一些对方感兴趣的客套话,这是销售人员应该掌握的基本技能。要知道,如果一个销售人员仅仅是因为受到了冷落而打退堂鼓的话,那他一定不会成为一个成功者。怎样才能走出被人冷落的窘境呢?

**1. 接受冷落的沉默语言**

这是至关重要的一步。也就是说,面对被人冷落的情况,销售人员应当首先承认它的存在,允许它的发生。这是因为,人生本来就是一个万花筒,红橙黄绿蓝靛紫,喜怒哀乐,酸甜苦辣,温凉冷热,可谓应有皆有。少了热情,生活会因此而失去光

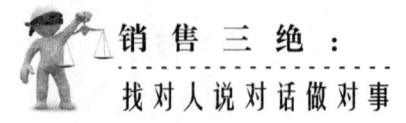

彩；没有曲折，生活也会变得索然无味。

事实上，每一个生活在社会中的人，或多或少、或轻或重地都会遇到过"冷落"，不管你是自觉的还是不自觉的，情愿的还是不情愿的，谁也休想与它绝缘。

因此，面对冷落，销售人员应当采取承认的态度，就是说要有接受冷落的心理准备。当然，承认冷落的存在，并非是承认它存在的合理性，而是承认它存在的客观性。承认了此种矛盾存在的客观性，也就承认了解决此种矛盾方法存在的必然性。唯其如此，销售人员才会直面冷落，既不回避，也不惧怕。

**2. 敢于表现勇气**

人们在受到冷落之后，往往会在生活上感到失意，在心理上产生退却。对于一个强者来说，愈是受到冷落的重压，愈是应当富有自我表现的勇气。此种勇气不仅可以吹散来自外界对自己冷落的风云，也最易于拨开因自己被人冷落而产生的心头迷雾。

**3. 平息抱怨**

每逢遇到冷落，销售人员有时难免会生气，这是可以理解的。但是，过多的自我抱怨又恰恰是战胜冷落之大忌。大凡经历过冷落的人，都有这样的感觉，抱怨冷落的结果只会在客观上助长受冷落压力的程度。社会生活中的各种现象，无不可以从人的主观认识上找到原因，冷落的现象也当属此中。

**4. 勿失自信**

遭遇冷落，很容易使一些意志薄弱的销售人员失去自信心。这是因为，冷落不仅是一种腐蚀剂，而且有时还是一种毒药。大凡事竟成者，无不是自信人生的典范。殊不知，他们在探求成功的道路上，何止受到冷落的这点挫折。

**5. 主动感化的态度**

有的销售人员在处理与客户之间的关系上，有一种看法，即："你对我好，我就对你好；你看不上我，我也不买你的账"。这是一种不够大方的姿态。一个成熟的销售人员，应该想得更多，想得更细，甚至会做一些必要的让步和牺牲，即常说的高姿态。

**6. 谈论双方有共同点的话题**

在销售过程中，如果对方不善言谈，很容易陷入尴尬局面。要想成为销售的高手，首先必须掌握场面上没话找话的诀窍。没话找话说的关键是要善于找话题，或者根据某事引出话题。因为话题是初步交谈的媒介，是深入细谈的基础，是纵情畅谈的开端。没有话题，谈话是很难顺利进行下去的。好话题的标准是：至少有一方熟悉，能谈；大家感兴趣，爱谈；有展开探讨的余地，好谈。

## 第十一章 懂得客套

# 用客套话来缓解尴尬

在销售的过程中,可能经常会出现一些尴尬的事情。那么,面临尴尬的局面,销售人员怎样化解才好呢?

客户叫错销售人员名字就是经常出现的一种尴尬局面。在一般情况下,销售人员先在电话里预约与客户见面的时间,然后再与客户会面,而客户接到类似的电话肯定已经超过千万个了,因此,发生客户叫错名字的事情也不足为奇。那么,当发生这样尴尬的局面时,应该怎样应对呢?

掌握一定的语言技巧,在与客户交谈时能够控制整体局面,带动整个谈话的方向,这是优秀销售人员必备的素质。因此,当面对被叫错名字的尴尬局面时,销售人员应该努力化解尴尬,让客户不至于紧张。而化解尴尬的有效方法就是会说客套话。

推销员周月发经常被顾客叫错名字,因为他的名字与一位著名影星的名字很相似。小周不但不认为这是销售的不便,反而把这当成是缓和气氛的契机。

"您好,是张老师吗?我是盛德公司的小周,我前天跟您打电话预约的,您还记得吗?"见到客户,小周很有礼貌地说。

"噢,我想起来了,前天我们是通过电话,你的名字是周润发吧?"也许是周润发这个名字太熟悉了,张老师不小心脱口而出。

"您记错了,我叫周月发。"

张老师一愣,显得很尴尬:"对不起啊,你看我,年纪大了记性也不好,别介意啊!"

小周笑着说:"没关系,大家都说他没有我帅。"

张老师笑了:"快请进。"

名字被弄错时,上面这种近乎诙谐的指正方法,反而会令谈话气氛更加融洽。

同样,在外面邂逅以前认识的朋友或同事,待上前去打招呼时,却因对方记不起自己的名字,致使彼此尴尬而散。这种情况应该很多人都曾遇到过吧!

例如,当你参加讨论会或公司集训时,碰到过去曾经在一起工作的老同事,于是自己便很兴奋地过去打招呼:"赵老,好久不见了,您好吗?"对方也像看到了熟面孔似的回答,可是寒暄的话一讲完,对方就显得局促不安而想找理由离开。假如你碰这种情形,你会如何应变呢?尤其像经常需要和很多人接触的人,虽然别人对他

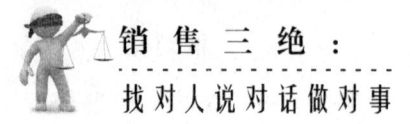
销售三绝：
找对人说对话做对事

了如指掌,可是他却经常无法一下就叫出别人的名字。通常遇到这种情形时,他们都会很自然、直截了当地向对方请教,譬如说:"请问您尊姓大名？"或"您是哪位呢？"可是对一般人来说,这种开门见山式的问答,似乎令人很难启口。还有,就是叫不出对方姓名时,既不敢开口请教,又害怕被对方看穿真相,因此,心虚、不安,当然就想要尽早离去。

在前面的例子中,那位姓赵的老同事就是心虚而想离去。这时,销售人员就应该很巧妙地把自己的名字夹在谈话中。譬如:"最近偶然也会碰到当时跟我们在一起的伙伴,他们还是老样子,仍然取笑我叫小呆。想从前,真是多亏您的照顾……"这样对方可能就比较安心,至少不会急着想要避开。

人总难免会有忘记别人名字的时候,因此将心比心,要体谅别人的处境,尽量避免让别人出洋相。与此相反,要是自己想不起对方的名字时,怎么办才好呢？这时销售人员可这样去应变:"对不起,您可否给我一张名片？"

"嗯！名片吗？！"

"是的,拜托！拜托！"

或许,一开口就讨名片,别人会感到唐突,因此,您要非常不介意似的,等接过名片后,再说:"以后有机会,我就可很快地凭这张名片和您联系了……"然后,你就可以依名片上的姓名来称呼对方了。

名字类似的人经常会有张冠李戴的笑话发生。

像朱华先生就是这样。因为在同一公司内凑巧就有一位老同事叫做"陈华",他就经常被误叫名字。今年一位新分配来的女职员一时疏忽,又叫他"陈华先生",他感到非常懊恼,就默不吭声不理睬对方。这样做对吗？

一个经常跟自己碰面的人,却搞不清自己姓氏名字,这是很令人不愉快的事。可是,这也不是什么不能忍受的事吧！既然对方记不清楚,自己干脆再报一次姓名就好了,譬如:"我是朱华呀！这个名字也实在是太平淡了,不好记。"

无论如何,对被弄错姓名的人而言,如果不想办法叫对方记住自己,以后仍会经常有不愉快的情形发生。最好的应变方法之一,就是把自己外表的特征和名字连在一起告诉对方。

依此类推,当有其他尴尬的局面发生的时候,销售人员同样可以将客套话灵活地应用起来。

## 用客套话套出客户的需求

有一天,一位老人拎着篮子去菜市场买水果。

她来到第一个水果摊前问道:"这李子怎么样?"

第一个小贩:"我的李子又大又甜,特别好吃。"

老人摇了摇头走了。

她向第二个小贩的水果摊走去:"你的李子好吃吗?"

第二个小贩:"我这里各种各样的李子都有,您要什么样的李子?"

老人说:"我要买酸一点儿的。"

第二个小贩:"我这篮李子酸得咬一口就流口水,您要多少?"

"来一斤吧。"

老人买完在市场中逛,又看到第三个小贩的摊上也有李子,又大又圆非常抢眼,便问:"你的李子多少钱一斤?"

第三个小贩:"您好,您问哪种李子?"

老人说:"我要酸一点儿的。"

第三个小贩:"别人买李子都要又大又甜的,您为什么要酸的李子呢?"

老人:"我儿媳妇要生孩子了,想吃酸的。"

第三个小贩:"老太太,您对儿媳妇真体贴,她想吃酸的,说明她一定能给您生个大胖孙子。您要多少?"

老人:"我来一斤吧!"

第三个小贩:"您知道孕妇最需要什么营养吗?"

老人:"不知道。"

第三个小贩:"孕妇特别需要补充维生素。您知道哪种水果含维生素最多吗?"

老人:"不清楚。"

第三个小贩:"猕猴桃含有多种维生素,特别适合孕妇。您要给您儿媳妇天天吃猕猴桃,她一高兴,说不定能一下给您生出一对双胞胎。"

老人:"是吗?好啊,那我就再来一斤猕猴桃。"

第三个小贩:"您人真好,有您这样的婆婆,儿媳妇真有福气!"小贩开始给老太太称猕猴桃,嘴里也不闲着:"我每天都在这儿摆摊,水果都是当天从批发市场找新鲜的批发来的,您媳妇要是吃好了,您再来。"

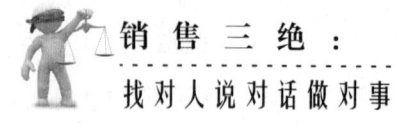

"行!"老太太被小贩说得高兴,边付账边应承着。

三个小贩对着同一个老人,为什么销售的结果完全不一样呢?需求有表面和深层之分,三个小贩了解需求的深度不一样,所得到的结果也不一样。第一个小贩没有掌握客户真正的需求,所以没有卖出李子。第二个小贩问出了老人的一个需求,卖出了一斤李子。而第三个小贩善于运用客套话,不经意间就问出了老人的儿媳妇怀孕了,而且由此进行联想,更进一步想到孕妇需要营养,所以还卖出了猕猴桃。

## 从客套话里发现客户的软肋

有很多人看起来似乎不需要保险,可是一经分析,却发现每个人都需要保险。一个年轻人刚从学校毕业,一年有2万元的年薪,他没有任何需要抚养的家眷,而且短期内也不想结婚。根据客户的具体情况,保险推销员可以用下面的方式与之交谈。

"这样的情形下,您不需要投保人寿保险。如果有人告诉您,您需要投保人寿保险,那这个人说话一定没有经过大脑分析。我是一个保险专家,我可以坦白告诉您,您并不需要保任何险,可是请问您,您计划结婚吗?"

"哦!也许过一两年吧!可那是以后的事。"

"即使等您结了婚,您也还是不需要保险,您知道为什么吗?因为万一您不幸发生了什么意外,您太太仍然年轻,她可以工作,也可以再婚,所以在这段时间内您不需要投保人寿保险,那么再请问您,您将来计划有小孩吗?"

"当然我们都希望养几个小孩,所以我想应该会有小孩吧!"

"当您太太怀孕的时候,我想您就应该投保了,现在让我们来看看人寿保险的基本原则。任何人要买人寿保险时都有三个问题要考虑:第一个是职业,您的职业不属于危险性高的职业,所以我想没有问题。第二个是健康,您现在身体健康,这也没有问题。不过三四年以后,我就不敢说了,但现在我们假定您的健康情况一直良好,所以也不成问题。第三个问题,就是您的年龄,您年龄愈大,买保险时保费就愈高,一般而言,每增加1岁,保费就增加3%。"

"不过再等3年实在也差不了多少。"

"老兄,那可有差别呢!假如在3年之内您太太怀孕了,那时您准备买人寿保险,您就要付比现在高出9%的保险费;如果您现在的所得税税率是37%,那也就是说您必须要多赚12%的年薪,才付得起那份保险费。这并不是说在第一年就得多付9%,

而是您在投保的每一年都需要多付9%,这笔账您算算看怎样才划算。"

"假如您现在投保,3年以后,您还是拥有同样价值的保险,可是每年就省下了12%以上的保费。我相信以您的努力,将来一定会飞黄腾达,而且我也希望多一位杰出的客户,这样我的业绩才能蒸蒸日上呢!所以我愿意现在为您设计一套保险计划,让您从现在开始节省12%的多余保费。"

"啊,让我考虑考虑……"

由上述对话可以想见,到最后这位保险推销员一定会成功签下保单,而他所运用的策略正是把握现在而又着眼于未来的"无中生有",让客户从开始的毫无需要到最后的非购买不可。

不买保险的人,有的是自忖身体健康不需要买,有的是自认为银行里有存款,可以应付家中生计,也不需要买。这一类型的客户本身已具经济基础,只是危机意识不很强,只要在这一方面多下工夫,一定能达到效果。

客户:"我身体很健康,根本不需要买保险!"

推销员:"听您这么说真是恭喜啊!不知道您有没有玩过纸牌或是买过彩票?"

客户:"玩过一阵子,现在不玩了!"

推销员:"其实,我们每个人每天都在赌博!(客户愣了一下)和命运之神赌,赌健康、赌平安无事,如果我们赢了,就可以赚一两个月的生活费用,万一要是输了呢?将把日后家庭所有的费用全部输光,您认为这种做法对吗?您既然认为赌博不好,可是您现在为了省下一点点保险费,却是拿您的健康作为赌本,赌您全家的幸福!"

客户:"我有存款可以应付家用,不需要买保险!"

推销员:"储蓄是种美德,您能这么做可见您是个很顾家的人!但是,我冒昧地问一句,以您目前的存款是否能支付家里5年或10年以上的费用?哦!对了!我刚刚在外面看见您的车子,真漂亮!好像才开1年多吧!不晓得您有没有买安全保险?"

客户:"有!"

推销员:"为什么呢?"

客户:"万一被偷了被撞了,保险公司会赔!"

推销员:"您为了怕车被偷被撞,为车子买安全险,车子怎么说也只是个代步工具,只是资产的一部分,但是,您却忽略了创造资产的生产者——您自己。何不趁现在为家庭经济购买'备胎'?"

客户:"你说得有道理,那你说以我目前状况买哪种保险最好呢?"

由此可见,保险推销员开始说的话非常客套,没有一点推销的意思。但一步步深入,却让客户明白了,其实每个人都需要保险来保障自己的生活,无形中让客户树立危机意识,自然能成功地拿到保险订单。

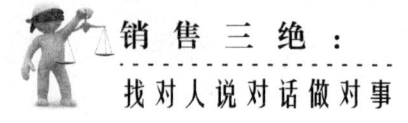

# 客套话不要太随意

销售人员越快和客户"发生感情",将商品推销出去的机会也就越大。最好的方式就是与客户聊天,说一些客套话。但是聊天不是毫无目的地瞎说,而要遵守一定的原则与方向。这个原则就是利用说客套话作为营销的引子,将所要谈的主题不知不觉地传递到客户心中。

**1. 掌握客户基本资料**

"知彼知己,百战不殆。"能够掌握客户的基本资料,自然就可以针对其需求切入业务营销的主题。倘若一无所知就开门见山地推销,很容易碰一鼻子灰,所以客套话为更深入的交谈铺了一条路,搭了一座桥。比如,销售人员约见某企业家,自然会说"久仰大名",然后进一步可以少量叙述其功绩,然后委婉地进入销售的主题。

所以,在一般闲谈的客套话之中,要想办法套出客户的种种资料,才能为后续的营销铺路。如果可以先掌握客户的习惯与需求,在客套之中一点一滴地灌输营销的理念,改变客户原先对商品的错误认识,就可以很快地达到目的,这是最容易达成目标的方法之一。销售人员在询问的过程中要讲究技巧,以免引起客户的戒心。

例如,销售人员如果想要了解客户的财产状况,不用直接问他有没有钱,或者1个月能够赚多少钱。因为大多数人不愿意正面回答,得到的答案都是模糊而不明确的。所以应该用比较迂回的方式询问,比如可以先谈最近利率高低的变化,再谈银行对目前房贷的情况,最后再切入主题,问他所居住的房子有多大、房子是否有贷款等问题,如此最起码你已经得知他每个月的基本负担有多少了,再依据他的职业推算收入就不难了。诸如此类的问话技巧,必须时常加以练习与修正,才能达到最佳效果。如果能够得到更多的资料,对于进一步营销会有帮助。

**2. 掌握时势新闻或政策性的议题**

新闻节目是收视率最高的电视节目,新闻的内容和深度也成为百姓最关心的话题。适当地掌握时代的脉搏是必要的,它不仅能搭起与客户聊天的桥梁,也可以掌握客户的习惯和其对社会现况的看法。

应该注意的是,个人的宗教信仰是要谨言慎行的话题,因为这属于主观自我意识的认定,并很难由单一事件去推论其中的对与错。若遇到此类话题时宜迅速地跳过,最好不要下结论,尽量附和客户。

**3. 使营销的话语化于无形**

兵法中最高明的战术是"不战而屈人之兵",而在销售技巧中最厉害的莫过于"使营销的有形转化于无形",使客户在不知不觉中接受你的观念进而达成销售的目的。但销售中最应注意的问题是如何隐藏自己的营销意图,所以需要加以练习,将销售用语化为一般的日常言辞。只要可以让别人听起来不像是销售的语言,就算是成功了。

**4.客套话也需谨慎出口**

有句老话叫做"祸从口出",引申到销售过程中就是指一定要把好口风。什么话能说,什么话不能说,销售人员都要在脑子里多绕几个弯子,心里有个小算盘。

商场来了一对年轻夫妇,他们在家用电器楼层转了几圈,后来终于停在了张良的柜台前。张良见顾客上门,便很热情地向他们打招呼:

"请问两位需要点什么?"

"我们想看看冰箱。"

于是,张良便开始给他们介绍最新的冰箱款式和功能:

"两位请看这一款,这是刚刚上市的最新款式,噪声小,耗能低,很适合喜欢安静的家庭。"

这时,那位先生问道:"这款冰箱的外壳为什么和其他的不一样?是什么材料做的?"

张良说:"这是采用科学家研究出来的最新式材料精制而成,既节省能源又美观大方,目前很受消费者欢迎,我们一天要卖很多台,现在库存已经很少了。"

女士说:"我们很喜欢这一台,但是这种型号的容量太大,对我们这样一个两口之家来说不是十分合适。这样吧,我们再看看其他的,如果没有更合适的,我们就来买这一台,好不好?"

张良为了显示自己的冰箱货好不愁卖,便大方地说:"可以,欢迎您再回来。"

于是,这对年轻夫妇离开了。过了一会,张良的同事小李跑来聊天,问张良:"你的那一款冰箱卖得怎么样?我的简直是太难卖了。"

为了不令小李感觉不平衡,张良也假装发牢骚:"是啊,怎么那么难卖呢?现在库存还一大堆呢!"

不料,这话正被返回的年轻夫妇听见,顿时,张良尴尬万分。一单生意就这样失去了,更重要的是,他们可能永远都不会到张良这来买东西了。

其实,张良也只不过是在同小李的谈话中随便客套几句,别人说不好卖,他也随意地附和。这样的随意客套只能是害人害己。张良的失败就在于随便说话,毕竟是在销售场所,自己的言行都应时刻注意。

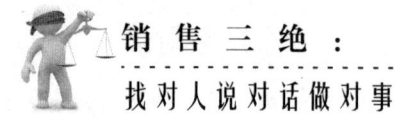

# 说客套话不可过度

谈话的目的在于沟通双方的情感,增加双方的兴趣。销售人员在绝大多数情况下都是跟陌生人沟通的,为了同陌生人达成一致的态度,客套话肯定是必不可少的,但是过多的客套话则恰恰是横挡在双方中间的墙,如果不把这堵墙搬走,人们只能隔着墙作极简单的敷衍。

经过1个月的培训,麦克学习了部分销售的知识,在走上营销岗位的第一天,他将去拜访自己第一位客户。在培训当中,麦克知道见到客户一定要有礼貌,为了增加与客户之间的亲密感,一定要说一些场面上的客套话。经过周密的准备,他敲响了客户的门。

"请问您找谁?"一个中年男子开了门。

麦克彬彬有礼地回答道:"请问您是安德森先生吗?我是麦克,很高兴认识您。"说着,麦克伸出了手。主人礼节性地握了握手,又问道:"认识你我也很高兴,但是你找我有什么事呢?"

"冒昧地打搅,真是不好意思。占用了您的休息时间,也非常过意不去。您可以原谅我吗?"

"噢,没关系。您有何贵干?"

麦克从开着的门看了一眼屋内的摆设,故意夸奖说:"看您屋内的摆设,就知道您是一个会生活的人,我说得没错吧?"

"谢谢你的夸奖,但是你究竟有什么事?"主人有些不耐烦了,屋内热水壶也鸣叫起来,告诉他水烧开了。

"嗯,再一次谢谢您能够抽出时间来跟我说这么多的话,我真的很感激。事实上,我还想再耽误您一点时间,来说说……"

"够了!"主人焦躁地说,"你已经耽误我够多的时间了!"接着,门就被"砰"的一声关上了。麦克目瞪口呆,不明白这是怎么一回事,难道自己对客户还不够礼貌吗?

客套话说得还不够吗?事实上恰恰相反,麦克的失败就在于认为客套话是拉近关系的唯一方法,忽视了因过度客套而带来的反面作用。

有人片面地认为,多说客套话只有好处,没有坏处。实际上,客套是一柄双刃剑,一方面能让不熟悉和不那么亲近的人感受到你的礼节和敬意,另一方面如果过于客套,那就是有意拉大谈话双方之间的距离。

## 第十一章 懂得客套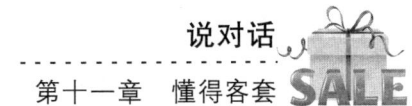

　　与客户初次见面略谈客套话后,第二、第三次的见面就要尽量少用那些"阁下"、"府上"等名词。如果一直用下去,真挚的友谊便无法建立,客套话的堆砌就会损害融洽的气氛。

　　客套话是表示你的恭敬或感激,不是用来敷衍人的,所以要适可而止。多用就流于迂腐,流于浮滑,流于虚伪。有人替你做一点小小的事情,譬如说递过一杯茶吧,你说"谢谢"也就够了。要是在特殊的情形下,那么最多说"对不起,这事情要麻烦你"也就很够了。但是有些人却要说:"呵,谢谢你,真对不起,我不该把这些小事情麻烦你,真使我觉得难过,实在太感激了……"你在旁边看见也会觉得不舒服的,可是你自己不也有这样毛病吗?

　　显然,过度的客套是令人痛苦的,销售人员应谨记。

# 第十二章 因人而言：
## 注意方式，看客户说话

不同类型的客户对销售人员的态度，对推销活动的反应是迥然不同的。一个销售人员只有事先掌握这种情况，因人而言，才能面对各种类型的客户做到临阵不乱、沉着应战，才能使推销活动得以顺利进行。

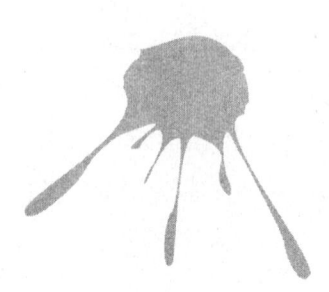

# 对待不同年龄客户的口才技巧

不同年龄阶段的人会有不同的心理特点,消费心态自然也就不同,对待不同年龄阶段的人自然要采取不同的推销方式。青年人和中年人是消费的主力军,推销产品首先要攻克的就是这两个群体。

**1.应对青年客户的口才技巧**

所谓青年消费者,是指18~30岁的消费者。目前,我国青年大约有2亿人,他们购买力强、消费量大。因此,研究青年消费者的购买动机是十分重要的。

青年消费者的购买动机具有下列特点:

(1)购买动机具有成人感。青年消费者是流行商品的消费带头人,他们对推动商品更新换代有先导作用,这是由其青春期的心理特征决定的。其典型表现是:内心丰富、感觉敏锐、富于幻想、勇于创新、敢于冲破旧的传统观念与世俗偏见,易于接受新鲜事物,追随时代潮流。其具体表现是:他们的购买行为趋向求新求美,喜欢购买富有时代特色的商品来装饰自己和家庭,表现出现代化的生活方式,以博得他人的赞许和羡慕。因此,投放市场的新产品,社会流行的某一商品,都会引起他们极大的兴趣和购买欲望,购买动机也会随之形成。在实际调查中发现,在事先没有明确的购买目标,但却实现了购买行为的消费者中,青年人居多数。

(2)购买范围广,购买能力强。这里所讲的青年消费者主要是具有独立购买能力的青年人。他们有一定的经济来源和购买经验,加之没有较重的经济负担,所以购买商品的范围十分广泛。各种商品,不论高档、低档、一般、特殊,他们都买。随着人们消费观念由保守型向开放型的转变,青年人消费的时代感也愈加强烈,表现在追求衣、食、住、行、学各方面现代化的生活方式,注重享受、娱乐,甚至是奢侈性的消费。

(3)购买动机易受社会因素的影响。青年人既是社会活动的中坚力量,又是家庭和某些团体的成员,集体感、荣誉感表现比较强烈。而这些团体的行为标准、规则,对他们的行为活动产生重要影响,并为他们提供一定的消费模式,使购买行为趋于一致化。特别是商品的社会流行性,直接决定了他们的购买行为。

(4)具有明显的冲动性。青年人的特点是体力充沛、精力旺盛、朝气蓬勃,其心

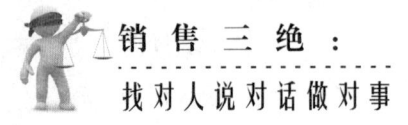

理特征一方面表现为果断迅速、反应灵敏;另一方面也表现为感情冲动、草率从事。因此,其购买动机具有明显的个性特点。首先讲究商品美观、新异,其次才注意质量、价格,他们一般不能冷静地分析商品的各种利弊因素,许多人凭对商品的感情好恶与直觉判断商品的好坏、优劣,形成对商品的好恶倾向。

因此,青年客户比较开放,易于接受新生事物。他们好奇心强,兴趣广泛。这些对于销售人员来说都是极有利的,因为你可以抓住他的好奇心,动员其投资,也可以使他们佩服你,抓住时机,与他们交朋友。

由于青年客户的抗拒心理很少,只是因为缺少阅历在与人交流时有些紧张,销售人员只要对他们热心一些,多表现自己的专业知识,让他们多了解一些这方面的问题,他们就会放松下来,与你交谈了。

对待青年客户,销售人员在进行推销说明时,要激发他们的购买欲望,使他们知道这商品很流行,正符合时代潮流。

销售人员和青年客户交谈时,要亲切,对自己的商品有信心,与他们打成一片。要尽量为他们想办法解决各种困难,不要增加他们心理上的负担。

**2.应对中年客户的口才技巧**

相对青年人,中年客户一般都有了家庭,有了孩子,也有了固定的职业,他们要尽量地为自己的家庭拼搏,为自己的孩子挣钱,为了整个家庭的幸福投资。他们都有一定的阅历,比青年人沉着、冷静,比青年人经验丰富、有主见,但缺乏青年人的生机和梦想。

中年客户各方面的能力都比较强,正是一个人能力达到顶峰的时候,对这类客户欺骗和蒙蔽是很困难的,不过只要你真诚地对待他们,交朋友也是不难的。他们喜欢交朋友,特别是知己。对待这样的客户不要夸夸其谈,不要显示自己的专业能力,而要认真地、亲切地与他们交谈,对于他们的家庭说一些羡慕的话,对于他们的事业、工作能力说一些佩服的话,只要你说得实实在在,这些客户一般都乐于听你讲话,也愿与你亲近。

这类客户有主见,能力又强,不怕销售人员欺骗他们,所以只要推销的商品质量好,销售人员的态度又很真诚,要和他们达成交易并不是一件太难的事。

中年客户对于销售人员的言辞不会太在意,他们要求实实在在,因此你不需要用什么计谋。不过这些客户都爱面子,所以销售人员可抓住他们这一点进行推销,可以引诱他们说出某些话,然后让他收不回去,这样交易就成功了。

# 对待不同性别客户的口才技巧

男性和女性的消费心理差异很大,销售人员必须在了解两者心理特征的基础上,对他们进行不同方式的推销。

**1.男性客户的消费特点**

(1)比较自信、决策迅速。男性善于控制自己的情绪,具有较强的独立性和自尊心,处理问题时能够冷静地权衡各种利弊,从大局着想。这些直接影响他们在购买过程中的心理活动。因此,他们能果断迅速地形成购买动机,并能立即导致购买行为,即使是处在比较复杂的情况下,也能够果断处理,迅速作出决策。

(2)动机不强,时常被动行事。就普遍意义讲,男性客户的购买活动远远不如女性频繁,购买动机也不如女性强烈,比较被动。在许多情况下,购买动机的形成往往是由于外界因素的作用,如家里人的嘱咐、同事、朋友的委托、工作的需要等,动机的主动性、灵活性都比较差。

(3)理智多于感情。在购买活动中,男性客户心境变化不如女性强烈,不喜欢联想、幻想,感情色彩比较淡薄。所以,当动机形成后,稳定性较好,其购买行为也比较有规律。男性客户在购买某些商品上与女性的明显区别就是决策过程不易受感情支配,如购买汽车,男性主要考虑商品的性能、质量、品牌、使用效果、价值和保修期限。如果上述条件符合他的要求,就会作出购买决策。而女性则喜欢从感情出发,对车子的外观式样、颜色严加挑剔,并以此形成自己对商品的好恶。另外,男性客户认为男性的特征是粗犷有力,因此,销售人员在面对男性客户时,要抓住他们对具有明显男性特征的商品感兴趣的心理特征,选择如烟、酒、个人装饰品等带有男性标志的商品进行介绍,以便顺利打开局面,与他们成为朋友,为日后的产品介绍推广奠定基础。

(4)看重简单、实用。男性客户多注重商品的质量和实用性。男性客户购买商品多为理性购买,以能否满足自己的需要为主,不太看重产品外形是否花哨,追求简单明快的风格。他们注重商品的使用效果及整体质量,不太关注产品细节。

(5)注重产品档次。男性客户多具有强烈的自尊好胜心,购物时十分注重产品的档次和品位,而不关心价值问题。由于男性客户本身所具有的攻击性和成就欲较强,所以男性客户购物时喜欢选购高档气派的产品,而且不愿讨价还价,忌讳别人说自己小气或所购产品"不上档次"。根据男性客户普遍具有的这一心理特征,在向他们介绍商品时,销售人员要特别强调商品的档次价值。

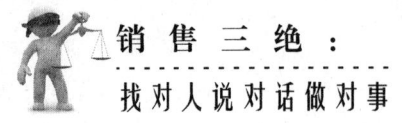

总而言之,男性客户多具备理智型购物心理。理智型购物心理是指以较为清醒的理智指导购买行为的购物心理。具有这种购物心理的客户大都是经过一番认真的思考之后,产生的对某种物品购买欲望和购买行动。

当然,也有为数不少的男性客户具有盲目型消费特征。男性客户盲目型购物心理,是一种没有明确购买目标而且盲从随意的购物心理状态。男性客户需求的盲目性是因这些客户的消费需求不是自己生活的实际需要形成,而是受外界的影响造成的。有这种心理的客户,多数是那些经济富裕,实际需求已经满足,而又好奇、冲动、讲究时尚的人。

**2.女性客户的消费特点**

(1)具有较强的主动性、灵活性。女性较多地进行购买活动的原因是多方面的。有的是迫于客观需要,如操持家务;有的则是为满足自己需要;有的则把购物作为一种乐趣或消遣等,所以购买动机具有较强的主动性、灵活性。动机的灵活性也时常体现在购买具体商品上,比如原打算购买某种商品,但商店无货,这时男客户往往放弃购买,而女客户会寻找其他适合的替代品,完成购买。

(2)具有浓厚的感情色彩。女性心理特征之一是感情丰富、细腻,心境变化剧烈,富于幻想、联想,因此购买动机带有强烈的感情色彩。如看到某种产品能够使儿童聪明活泼,马上会联想到自己孩子要是这样会是多么可爱,从而引起积极的心理活动,产生喜欢、偏爱等感情,促发购买动机。

(3)购买动机易受外界因素影响,波动性较大。女性购买动机的起伏波动较大。这是因为女性心理活动易受各种外界因素的影响,如商品广告宣传、购买现场的状况、销售人员的服务、其他消费者的意见等。例如,许多商店为了招徕客户,用醒目大字标明"减价商品"、"促销商品"、"出口转内销"等,这些往往对女性具有特别大的吸引力。

可见,男性与女性在购买心理和购买行为上存在着极大的差异,所以销售人员应该针对不同性别的客户,采取不同的推销策略,展现不同的推销口才,这样才能提高销售工作的针对性与成功率,千万不要小瞧这种细微的差别。

# 不同职业客户的购买特点

不同职业的客户具有不同的消费心理与购买习惯。随着现代社会的日趋复杂,人们的分工越来越细,职业对社会生活的影响日益加深,表现在商品选择意向上,职业特征直接影响人们对商品的偏爱与嗜好。因此,作为销售人员,应该准确把握这些不同职业的潜在客户的购买心理,然后才能对不同职业的客户去进行有针对性的说服。

**1.专家**

专家心胸宽广,想法积极,可以并且有意当场突然决定购买,也很清楚交易的实际情况。

**2.企业家**

企业家心胸开阔、思想积极,因此,通常当场就能决定购买与否,而且他对交易的实际情形也了如指掌。销售人员不妨称赞他在事业上的成就,激起他的自负心理,然后,再热诚地为他介绍商品,就比较容易达成交易了。

**3.中层管理者**

中层管理者头脑精明,面对销售人员,态度有时会显得傲慢而拒人于千里之外,而且完全以自己当时的心情来决定对商品的分析及选择,不喜欢承受外来压力,只希望能安分地做自己分内的事。虽然他表现出一种自信而专业的态度,但只要你能谦虚地进行商品说明,多半还是能成交的。

**4.政府工作人员**

政府工作人员往往无法自己决断购买,销售人员说明了商品的优点,也不随便相信。因为提防的心理强,想法带有官僚作风,故若不积极进攻则其不会买。销售人员的具体销售对策是:最初,应以稍微保守的介绍施加压力,然后慢慢地逼近,若不多花时间及热情,便不会成功,应该在最后围困的阶段,始终进攻到底。

**5.工程师**

工程师一般是比较理性的,很少用感情来支配自己,对任何事都想追根究底,头脑清晰,绝不可能冲动购买。因此,销售人员实在很难去引起他的购买动机。此时,销售人员唯有衷心热诚地介绍商品的优点,同时尊重他的权利,才是有效的做法。

**6.医师**

医师往往梦想自己是站在黄金舞台上的主角,是具有保守气质的知识分子。对待这类客户,销售人员应该对他们显示出自己的专业知识,而且,推销时必须保持体面的外表与得体的语言。

**7.公司职员**

公司职员行为谨慎且疑心重,会经过理智的思索而不会凭一时的冲动做事。会以握有权力者似的态度,多方分析、选择商品。喜欢有系统的事物,讨厌压力。对于他们,销售人员如果一面展示充满自信的专家似的态度,一面展开保守一点的介绍,即

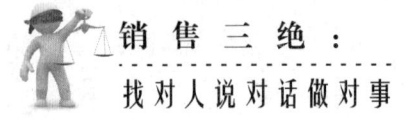

能引导他们购买。

**8.设计师**

设计师有用与普通人不同的观点来注视商品的倾向。对于将来的看法,他们既乐观又悲观,在思考的过程中易动摇。对于此种人,销售人员一定要强调商品所具有的优点,在说明的时候强调商品的效用。

**9.教师**

教师由于工作的关系,善于说话,思想保守,对于任何事情若不理解就不会投入。销售人员应该对教师这种职业表示敬意,倾听关于其得意门生的话。最好激起其自尊心,展开虽然积极但稍微谨慎的商品介绍。

**10.退休人员**

退休人员只能以有限的收入来维持生活,因此对将来非常担心。他们对于购买,采取保守态度,决定及行动都相当缓慢。在刚开始时,如果销售人员以刺激的情感速求交易,他一定不会购买。销售人员应先引导他的购买动机,进行商品说明时,销售人员必须恭敬而稳重。

**11.同行**

理论上讲,对同行而言,销售人员可以向他们推销任何东西。他们往往雷厉风行,颇有个性,观念清楚,购买时会凭一时的冲动下决断。对事物抱着乐观的看法,随时寻找理想的交易。如果让他们觉得对于商品内行,即能说服他们。销售人员应该表现你佩服他们身为销售人员具有的知识或工作态度。

# 对待喋喋不休型客户的口才技巧

即使是对那些富有经验的销售人员而言,喜欢讲话的客户也是一类非常难缠的对象。拜访他的时候,高兴起来滔滔不绝,你花费的时间会比预定的长很多,倘若告辞的时机不好,往往会在客户兴头上打断他的话题,就会被客户认为服务不好。

所以很多销售人员都认为与能言善道的客户告辞是一大难题。要让对方感到一种满足,又能够及时地把握时间,避免无谓的耗时,这看起来确实很困难。是让客户把话讲完之后再转移话题呢?还是立刻告辞好呢?

"您的讲话真是太有意思了,我收获很大,您看我把时间都忘了。我希望下一次来能再与您长谈。"这么讲,一方面告诉客户自己确实是喜欢听下去,而且对方是一个很重要、很有趣的人,另一方面强调自己还有别的事情要去办,很遗憾不能继续听对方谈下去,如果再有机会与对方交谈,那将是自己的荣幸。当然,说这番话、表达这种意思的时机很重要。一般的规律是,当客户吸气时就表示谈话到一个段落了;而当客户吐气时,很可能就表示要讲话了。如果一不小心弄错了,就很容易引起客户的不快。要使自己成为一个优秀的销售人员,就要经常在实践中积累经验,增强推销工作中"时间就是金钱,时间就是效益"的观念。

显然,爱讲话的客户总比不爱讲话的客户容易应付得多。这种喜欢与销售人员攀谈的客户,通常可分为两种类型:一种是想利用他的口才来使销售人员退却;另一种则是天生就有好说话的个性。在前一种情况中,客户是有意地拿"多侃"作挡箭牌,占用更多的推销时间,使销售人员更多的时间是在听客户海阔天空不着边际地"胡侃",而分身乏术。在这种情况下,有经验的销售人员首先要及时从对方大幅的说话内容中发现其矛盾的地方,他们内心真实的欲望以及对推销的抵触情绪。然后,要尽快给客户一种错觉,就好像销售人员一直在全神贯注地听着,使客户认为自己已经把销售人员弄得糊里糊涂,随后放松警戒、抵触心理,甚至开始对产品进行胡乱评价。这个时候,销售人员可以利用对方内心的矛盾、误解、欲望,用简洁的方式突然直击其要害,逼其对关键环节表态,促使事情明朗化。当然,销售人员对付"喋喋不休、没完没了"的客户,不必费心钻研人际关系,完全可以用一句话来概括:不怕"苦",不怕"累"。这种嘴上无遮拦、不善心机、貌似难对付的客户其实并没有什么坏心眼,所以对待这种客户,第一要做到不怕"苦",任他驳你、贬你、讽刺你,始终不露"怯"色,一脸风平浪静状;第二要不怕"累",你要挺住,让他说个痛快,他在尽兴之后,比较容易反省自己,下一次就会比较友好地对待你,并且把自己摆在听众的位置,听你说话了。

此外,对付这种人要严格限制交谈时间,销售成功的关键是看你在1天、1周或1月内销出商品总量的多少,而不是某一天你终于说服了某一客户。要保证总量,就需提高效率,要提高效率,就得在短时间内完成你的交谈。

销售人员必须单刀直入,直接切中问题的关键,从而结束客户漫不经心的闲扯,但提问题时,态度要诚恳,使对方感到你坦诚相待。这时如果他们再打开他的话匣子,也许就会露出更多的弱点。因此,对于喜欢逞口舌之能的客户,要仔细去听,并分析判断出隐藏在"谈话"中的实际问题,提问要坚决果断。

实践证明,客户买不买并不会随着时间推移而改变,其购买欲在交谈开始几分钟内就已经确定。有时候,销售人员费上几小时的工夫也不见得有成就,这不仅打击了你的积极性,也浪费了你同别的客户的交易时间。

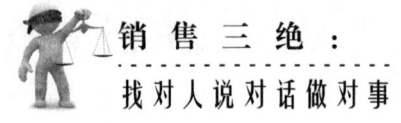

# 对待沉默寡言型客户的口才技巧

沉默寡言的客户与喋喋不休的客户刚好相反,他们老成持重,稳健不迫,对销售人员的宣传劝说之词虽然认真倾听,但是反应冷淡,不轻易谈出自己的想法,其内心感受和评价如何,有时令销售人员难以揣测。

一般来说,沉默寡言的客户比较理智,感情不易激动,销售人员应该避免讲得太多,尽量给对方讲话的机会和体验的时间。进行面谈时要循循善诱,着重以逻辑启发的方式劝说顾客,详细说明产品的使用价值和推销利益所在,并提供相应的权威资料和证明文件,供对方分析思考,判断比较,加强客户的购买信心,引起对方的购买欲望。有时客户沉默寡言是因为他讨厌销售人员或推销的商品,他们对销售人员或产品主观印象欠佳就闭口不理。对待这种客户,就要表现出诚实和稳重,特别注意谈话的态度、方式和表情,争取给对方以良好的第一印象,提高自己在客户心目中的美誉度,善于解答客户心中的疑虑,了解和把握对方的心理状态,才能确保双方面谈过程不至于冷淡和中断破裂。

沉默寡言的客户之所以"金口难开"有两个原因:

其一,惧怕销售人员的"嗅觉"。他知道销售人员的感觉十分敏锐,善于察言观色洞察客户的想法,然后再引着客户跟他上一条"船"。所以他担心自己的想法会被销售人员觉察到。怎么办呢?最有效、最直接的方法就是闭口不言,销售人员就没办法知道他心里想什么,从而也不可能被牵着鼻子走。

其二,对自己的"抵抗力"缺乏信心,认为自己根本不是销售人员的对手,在交易中被对方引诱利用,没有反驳对方的本事,只有被说服的份,因此还是不说话比较保险。

销售人员对少言的客户应给予理解,相信自己是完全有能力和他沟通的。

由于这类客户的行为动机很多,又各不相同,所以你必须要仔细观察对方,通过他的表情态度以及拒绝你的理由来分析判断,选择适当的方式出击。如果一开始对方不理睬你,不与你搭话,你要采用"试探"的原则,变换谈话主题或谈话方式,尽可能吸引对方。

对有"口一开,祸事来"心理的客户,你不要谈生意场上的事或你的推销经历,不要给他一种你"能言善辩"的感觉,这样他会觉得你这人比较安全,他能够在与你的交易中把握自己,对自己有了信心。对"当时的心境以不说为妙"类的客户,你可以找个开口的话题或找一个能使他产生"同病相怜"感觉的话题。总之,你要有针对性。

遇到有"急于把销售人员撵走"心理的客户拒绝你,只能怪自己来得不凑巧,最好还是"一走了之",等以后有机会再做交易也不迟。

# 对待喜欢争论型客户的口才技巧

在推销中,销售人员会遇到不同类型的客户,其中有一种专门爱跟别人斗嘴理论或瞎扯。这种客户不论什么事,总爱批评几句,如果事情迎合他的口味,他自会怡然自得。

这种客户喜欢理论,如果销售人员不合他的胃口,他就会讨厌销售人员。这种客户还有个特征,即对有权威的人所讲的话表示不屑,而且还会用诡辩式的三段论法,使销售人员无法接近他。至于杀价时,销售人员也可以以一种毫不犹豫的态度,与这种客户辩论,如果双方由辩论演变到争论,就要不了了之,因为就算销售人员赢了这场争辩,倘若货品推销不出去,也算不得胜利。

销售人员对待这种爱争辩的客户,必须让他三分,避免直接的争论与冲突,因为销售人员的最终目的是要将自己的产品成功推销给客户,并非赢得争论。

"刚才这个人真是,明明自己是'老土',什么都不懂,还非要充行家,老是说这也不好,那也不行,气得我跟他大吵一通。结果呢,他连一句话也说不出来啦!"这个销售人员当时一定是很痛快,因为他制伏了一个苛刻的客户,可是从他的销售任务和责任角度看,无疑他可能永远失掉了一个客户,这显然不能算是一个称职的销售人员。

如果改换一种说法:"是的,您讲的话的确很有道理,这可不是我所能赶得上的(适时给对方戴上高帽子),但是这种产品,是我们公司的新发明。也许您知道,××大学电子工程系的吴教授,就是这方面的权威人士,他曾经针对我们的产品研究试验后,称赞这项发明确实非常好。"

"有您这么一位关心教育的妈妈,您的小孩真是前世修来的福气,您刚才所说的话,真让我佩服得五体投地。请您再看看这个,这个产品曾被××大学的李教授推荐过,认为开发儿童智力的效果很好,对于儿童教育是最适合的。美国也曾有人评价说,这是一部按部就班的学习机器,有了它就不用临时抱佛脚了。"

在理论上,销售人员能够提出权威证明,对方也比较能接受。就算你知道客户

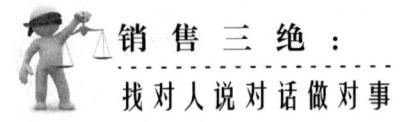

是在诡辩,也不可以指责或点破对方,可以一方面表示说不过他,另一方面最好是设法改变话题,从其他方面再跟他谈下去。

销售人员对待爱争辩的客户,既能够提出权威的证明,同时又肯定了对方的意见,客户一般是能接受的。在这种气氛下,就容易完成自己的责任和使命了。

## 对待疑虑重重型客户的口才技巧

曾经购买过保险却因某些因素留下不好印象的客户,可以说是最不好处理的。保险销售人员首先一定要先找出问题症结,将客户的怒气、不满一扫而光,才有可能让客户以正常的心态重新接纳自己。下面有一个例子。

客户:"上次那个推销员叫我附加个什么医疗保险,说一天可以领多少多少,结果还领不到1/3,那都是骗人的!"

推销员:"请问您是不是有劳保?"

客户:"有啊!"

推销员:"那么当初那个推销员有没有告诉您,必须先扣除劳保支出的部分,再实支实付?"

客户:"这个……"

推销员:"我想可能是他忘记讲了或是解说得不够详细。其实,保险是不会骗人的,只不过有很多契约条款我们都没有注意到。就好比说,骨折时我们都喜欢找中医贴膏药而不愿看西医上石膏,但万一所找的不是有中医师执照的,往往得不偿失。"

客户:"原来是这样啊!"

推销员:"这些在契约条款上都有明文记载,同时也具有法律约束力,只要合乎规定,保险公司一定会依法行事的!"

在实际销售中,销售人员时常会遇到上述这种不信任销售人员的客户,他们总是紧锁眉头,用充满了怀疑的目光在销售人员身上扫来扫去,这便是多疑型客户。

在交谈过程中,尽管销售人员在客户怀疑的眼光审视之下,满脸堆笑,强作热情,详细地向他介绍产品,可此类客户仍旧无动于衷。

多疑的客户之所以疑心重,一般是出于以下几种原因。

**1. 对销售人员存在戒心**

多疑型客户是以前曾因相信"花言巧语"买了劣质产品,或是以前面子较薄在一阵猛攻下半推半就地做了交易。现在一见销售人员就产生一种反感,不放心、怀疑就是这种感觉的外在表现。

### 2.客户过于深思熟虑

这种类型的客户要对产品的质量、型号、售后服务等方面全面考察后,才能下决心。从表现分析,这类客户之所以有这样的行为,一般是由于其经济状况所致。如果他要购买的这一商品占其收入的相当比例,那么只有达到"十全十美",才能使他觉得"这笔钱花得值得!"他需要前提保证和确认。他的经济条件使他无法相信别人,他只要看事实。

### 3.曾经被骗过

这类客户由于此前曾遭受过较大的损失,而这一损失完全是由于他本人太过"好心"轻信的缘故而造成的。一次"重创",足以使他改变对所有销售人员的看法。

面对多疑的客户,销售人员在态度上要给人以坦诚老实的感觉,说话要注意语气,切不可眉飞色舞唾沫横飞,让他们产生一种华而不实的印象,进而对你所介绍的产品产生相同的感觉。销售人员可适当地表示你对他们意见的赞同,甚至还可以主动承认产品的一些"小问题",当然这都无伤大雅,绝对不会影响产品的使用,这样会使对方心情由阴转晴。比如,销售人员可这样说:"是啊,虽然我们的产品质量属于一流,但其款式还有值得改进的地方!"

对于那些需要证据的客户,销售人员可以展示手头能找到的一切证据向其证明:你说的话绝不掺假。你可将获奖证书、权威机构的认证证明、报纸杂志刊登的表扬性文章请他过目,相信这些能令他折服。

# 对待刨根问底型客户的口才技巧

顾客:"你们店里的东西包装得很好,常使顾客很满意,里面装的东西,是不是也一样呢?"

售货员:"这是小店创业50年的经营传统,一向都是如此。"

顾客:"你们的传统又是什么?"

售货员:"光顾本店的客人,大都是很高雅的人士,所以形成本店的高雅风气,××杂志也曾有过这样的报道。就因本店有这样的顾客,所以才以尊重传统风气,作为本店经营的方针。"

顾客:"嗯!是这样啊!可是又为什么……"

有些客户就像上述案例这样有一句没一句地问个没完,销售人员也许会把这种

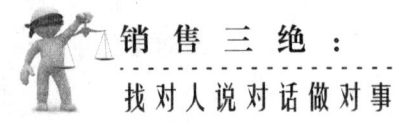

人归到属于难缠的客户之列,其实像这种追根究底的客户,大致可分为四种类型:

(1)具有孩子般好奇心的客户。

(2)具有学者涵养态度,喜欢探究自己所关心的事。

(3)本性就属喜欢追究又爱聊天的人,这种类型的客户以女性居多。

(4)由于个性的关系,总要追究到底弄个明白,这种类型的客户,大多具有自卑感。

碰到上述这些类型的客户时,销售人员必须先找出客户为何追根究底的原因,再加以应付,才能成功地完成销售任务。

第(1)种类型的客户,并不重视事实,销售人员只要跟他说明,让他产生认同感,他就会觉得满足,销售人员对其采用像是对付小孩般的回答方式,就可以了。

第(2)种类型和第(4)种类型的客户,销售人员必须拿出证据,证明的确是事实才可以。

第(3)种类型的客户,销售人员只要跟他谈如何交货,和一些商场上的批评,他都会很乐意听的。

第(2)种类型的客户,或许会问销售人员:"为什么同样的商品,顾客们都喜欢买你们店的?"你可以这样回答:"我想这件事顾客大概也知道,在我们公司总部附近地区,我们共有四家分店,本来四家分店的包装纸是不一样的。可是逢年过节时,我们发觉客户都不喜欢用其中一个分店的包装纸,于是我们就请某大学的研究所,帮我们做了一次市场调查,结果显示人们似乎都不喜欢在那一分店买礼物。所以我们才决定,把所有分店及总公司的包装纸都换成受欢迎的那种包装纸。"

应付第(4)类型客户的问题,销售人员可以这样说:"为什么本店格调较高,我也不清楚,但是根据大学的研究结果显示,风度及学识愈好的人,尤其是中年以上的人,愈是讲究传统,重视传统。因为小店历史悠久,大家对于本店,多少也有点怀旧的心理,不过你这个问题,的确是把我问倒了。"销售人员像这样谈谈自己的成就,同时也满足对方的优越感,更能吸引客户。总之,销售人员必须先满足客户的求知欲后,才能最终达成交易。

## 对待挑剔型客户的口才技巧

在通常情况下,那些挑剔的客户疑心都比较重,一向不信任销售人员,片面认为销售人员只会夸张地介绍自己产品的优点,尽可能地掩饰缺点和不足。挑剔的客户多半不易接受他人的意见,而且争强好胜,喜欢鸡蛋里挑骨头,当面与销售人员辩论一番。

在与这类客户打交道时,销售人员要懂得采取迂回的战术,先与他交锋几个回合,但必须适可而止,最后故意宣布"投降",假装战败而退下阵来,心服口服地宣称对方高见,并伴赞对方独具慧眼、体察入微,让其吹毛求疵的心态发泄之后,再转入推销的论题。身处这种场合,销售人员一定要注意满足对方争强好胜的习惯,请其批评指教,发表他的意见和看法。

实际上,挑剔是客户在购买过程中的一种必然现象,处理好了,有促进交易的可能,若处理不当,很可能就会造成交易的失败。

**1.挑剔型客户的基本类型**

在通常情况下,客户的挑剔大致有以下9种:

(1)借口,即不购买的借口。如:

"这个款式很好,只是短了点,显拘谨。"(本来就应该短)

"这个产品不错,但对我们没有什么用处。"

(2)偏见和成见。如:

"什么?幸福牌彩电?您送我一台也不要!我要的是双喜牌!"

"我们这个年纪还赶什么时髦,不要不要!"

(3)自我表现。如:

"现在不流行这种样式了,现在讲究的是……"

"这没什么了不起的,一看就知道是组装机。"

(4)恶意反对。这是无理取闹的一种表现。

(5)压价。这是常见的一种。如:

"这是最后一台,好坏都无法挑。"

"这种商品,成本低得很,不过几十元。"

"这里有点损坏,质量不好。"

(6)客观批评。客户提出的是产品或服务本身确实存在的问题,这是有购买兴趣的客户都得提出的。如:

"这种冰箱外形可以,功能也齐全,只是压缩机是国产的,噪声大。"

"这种切割机刀片易坏,经常更换不方便。"

(7)对商品的性能不了解。客户故意据此了解有关情况。如:"这个功能没什么用处。"

(8)两难处境。客户喜欢商品的这一面,又讨厌商品的另一面,是否购买处于两难之中。

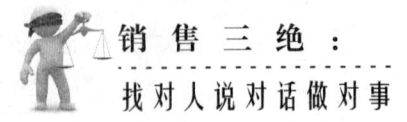

(9)最后的反对。客户提出最后的反对,这不是新的理由,而是早些时候已提出的意见,实际上不是挑剔,而是下决心购买的信号。

## 2.挑剔型客户的心理分析

挑剔型客户经常用来对付销售人员的战术就是先挑三拣四,然后提出一大堆问题和要求。这些问题有的是真实的,有的只是虚张声势。这类客户之所以要这样做,是为了达到以下目的:

(1)迫使销售人员把卖价降低。

(2)为自己留下讨价还价的余地。

(3)想说明和强调自己是很精明的,不会轻易被人欺骗。

## 3.规劝挑剔型客户的口才技巧

销售人员针对爱挑剔的客户,不要在意客户的褒贬,可选择以下劝购技巧:

(1)归纳法。销售人员把客户的意见归纳起来,同时回答几种反对意见,就会削弱意见产生的影响。如:"你的这些想法是可以理解的,集中一点是只要价格合适,就签订合同……"

(2)摊牌法。销售人员在无法说服对方时可采用反问的方式,表明自己的诚意,以此答复客户,从而削弱其反对程度。如:

"您自己怎样回答这个问题呢?"

"我怎么才能说服您呢?"

(3)否定法。如:

客户:"这种衣服洗后一定会褪色"。

销售人员:"不,这是一种新型面料,绝不褪色,我以本店名誉担保。"

客户:"这种是假冒伪劣产品。"

销售人员:"我们店从不卖假货。"

(4)先发制人法。销售人员主动提出客户的疑虑,并自问自答,作出解释,给客户一种诚实、可靠的印象。如:

"您可能认为它的功能单一,但它的这一功能的效果比多功能的要好。有些功能很少能用上,反而浪费了金钱。"

"您心里在想,价格可能偏高了点。但这是手工制作,绣一幅要花上半天时间,算来也不贵。"

(5)顺应法。如:

客户:"这个商品的价格太贵了。"

销售人员:"是啊,的确很贵,名牌产品哪有不贵的道理呢?"

(6)转折法。如:

客户:"我觉得这不好。"

销售人员:"您说得有道理,不过,这种商品就是这样。"

(7)拖延法。如:

客户:"这个商品我不放心其安全性。"

销售人员:"关于这点,请您看看产品说明书。"同时递上有关资料,也可拿出商品让客户挑选比较,以转变客户的态度。

## 对待似懂非懂型客户的口才技巧

所谓似懂非懂,就是表面看起来很懂,实际上并不懂。也就是在说话时,对不懂的事装作很懂的样子。似懂非懂型的客户跟其他客户不一样,有时候也很好对付,但是碰到没有经验的销售人员,往往会使客户下不了台而让他很气愤。这种客户的自尊心特别强,优越感和自我表现的欲望也很强。如果销售人员当面指责客户讲话矛盾或错误,当然是不易为其所接受的。

销售人员:"您的见解,实在高明,绝不是一般人能赶得上的。"

客户:"我在大学时代也很用功,你看这间会客室,是我自己设计的,还可以吧?"

销售人员:"我总觉得自己是不学无术,挺不好意思!您刚才不是说过,红色是代表兴奋的色彩,绿色是镇静的色彩,可是您书房的颜色,怎么都是红的呀!……"

客户:"这是装潢公司弄错的,那时我不在家。"

销售人员:"是嘛!我想您自己绝不会弄错的,如果这间书房以绿色为主的话,当然,您也知道该如何调配色彩的浓度、明度和如何补色,配什么样的地毯!"

要像这样,销售人员略为提到话里的错误和矛盾,用教导的方式和客户交谈,对方也较容易接受,而且在交谈中,销售人员能用心去了解对方的了解程度,谈起来也比较容易。

为了知道客户究竟懂多少,销售人员可以用一小部分专业问题来问他。如:

"电线回路不好,到底是什么原因啊?"

"为什么扬声器愈多发出的声音愈好?"

如果对方能够很流利地回答这些问题,当然显示他懂得不少,你可以照他懂的程度来应付。相反,如果他们的回答是:"嗯!这个嘛!意思就是……就是,总而言之,它的性能很不错。"像这种答案,无论是谁听起来,都知道对方的知识有

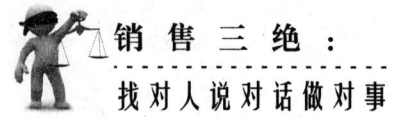

限,但是销售人员却不可以马上露骨地表示出来,必须帮他答下去:"也许您知道吧!就是……"

另外,你也可以先称赞一下客户的了解程度,然后再向他说明,这也是应付这一类型客户的方法。

# 第十三章 避开禁忌：
## 别陷入无知和冲动中

人毕竟是人，总难免限于无知和冲动。无知和冲动是销售的禁忌。避开禁忌，是销售过程中应该注意的事情。

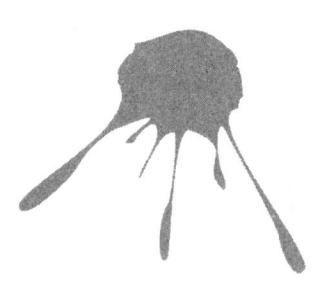

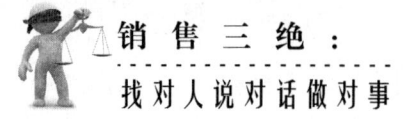

# 敲开门就直奔主题

推销员:"早上好,王先生,很高兴见到您。"

客户:"你好,有什么事吗?"

推销员:"王先生,我今天来拜访您的主要目的是给您带来了我们最新产品——高智能A100型号设备,我知道您一定很希望您的企业降低生产成本,提升收益。"

客户:"是啊,但你们公司的产品性能怎么样?"

推销员:"王先生,这项设备是引进的德国SA技术,它的制造效率是普通设备的2倍,而且比一般设备的单位能耗要低20%。另外,这款产品的操作平台非常人性化,操控性能很稳定,安全性能也非常好。还有就是安装了自检系统,这样,就不需要经常安排大量人工来检查,节省了大量的人力成本。您觉得怎么样?"

客户:"不错,那这款产品已经应用在哪些行业呢?"

推销员:"主要是挖掘机制造、油田开发等领域。"

客户:"这套设备大概需要多少钱?"

推销员:"仅需要20万元人民币。"

客户:"是吗?我知道了。这样吧,你把资料放下,我先了解一下,回头给你电话。"

推销员:"王先生,我们公司的设备曾荣获国家设备制造金奖,每年销售量达到5 000万元人民币呢。"

客户:"我知道了。我们领导班子需要研究一下才能给你电话。再见。"

推销员:"唔?……"

这是一个拜访客户的典型个案:销售人员第一次拜访顾客,他希望顾客对自己的产品感兴趣。这位老实本分的推销员遇到了一个愿意参与对话的客户是非常幸运的,但不幸的是,他的行为印证了推销泛滥的时代人们脑海中根深蒂固的销售代表形象,最终他失去了机会。

美国一份关于公众对销售人员评价的调查报告显示,人们最讨厌的销售人员的形象就是:一见面就喋喋不休地谈自己的产品与公司,千方百计想向客户证明自己的实力与价值。

销售人员失败的一个主要原因往往就是这种情况——被客户控制了局面。在整个会谈中,客户成功地控制了会谈节奏,并最终轻松地摆脱了销售人员。为什么会这样呢?是因为销售人员一直在说!在人际沟通中,尤其在和陌生人的沟通中,是说得少的人控制局面还是说得多的人控制局面呢?显然,说得少的人控制局面!本案例是首次拜访,推销员希望通过陈述自己的公司和产品有多么好来吸引客户,谈话的焦点一直在自己身上,客户被置于次要的位置甚至被完全忽略。这样做的结果是顾客心理产生了巨大的购买成交压力,为了释放或抵抗这种压力,客户会本能地采取质疑的态度,全神贯注地关注销售人员陈述中存在的缺陷。

当销售人员的陈述一旦停下来,客户就会开始反击——提问,提出主观的甚至幼稚片面的问题与异议,当然,客户几乎会本能地问到销售人员最不愿意回答的问题——价格,而价格恰恰是客户拒绝销售人员最冠冕堂皇的理由。就这样,客户赢得了对话的控制权,轻易摆脱了销售人员:客户主观地得出"不需要"的结论,或者干脆以"先考虑考虑再联系"之类的话推托。

那是不是不要给客户提问的机会呢?当然不是,只是当客户还没有认识到销售人员的真正价值,没有解除心理抗拒时,就给机会让客户来提问是很危险的。如果销售人员保持沉默,让客户说又会怎么样?因此,一个聪明的销售人员既不会冷场,也不会一直站在自己的立场上说个不停。

# 过于程式化和职业腔

很多销售人员往往会认为做什么就得像什么,做销售人员就得有销售人员的样子,说话做事一定要像个职业人士。他们对客户总是客气地称"先生、女士",而不知道亲切地称呼他们"王经理、李老师"。

职业腔调会使客户十分不舒服、不自然,对于销售人员来说,是十分不好的。程式化就是指销售人员不能自然行事。

避免程式化和职业腔调是销售人员成长中的最大难题。优秀的销售人员和失败的销售人员有一个明显的区别:优秀的销售人员看起来是自然而然的,而失败的销售人员却很难从端着的职业架子中跳出来。

这可能是一个比较抽象的问题。对方愿意接受一个作为自然人的你,而不太接受作为销售人员的你。你一定要用心体会行为对其他人的影响,不断地去体会,然后纠正自己的毛病,去掉不适合交往的习气。

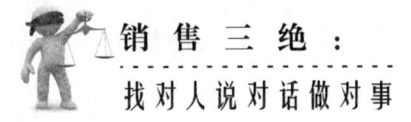

很多时候,你做得越像销售人员,你可能就越做不好销售人员。销售人员首先应该是一个可爱可信的人。

## 喋喋不休,说个没完

销售人员常犯的一个错误就是喋喋不休,说个没完。

一个美国人到日本做现场演讲,请一位日本人做他的翻译。

美国人为了考验翻译,一口气讲了15分钟才停下来让日本人翻译,但那位日本翻译只讲了一句就完了。美国人觉得很奇怪,但又不好意思问,就又继续讲了15分钟,再停下来让日本人翻译,结果日本人又是一句就完了。

最后美国人又讲了10分钟,结束了他的演说,而日本人一句话就带了过去,听众报以热烈的掌声。

演讲圆满结束。美国人非常惊奇,想知道那个日本人为什么那么厉害,就去问台下会日语的朋友他翻译了些什么。他的朋友对他说:"第一句是'到目前为止,没有什么新鲜的事可听。'第二句是'我想到结束前都不会有什么可听的。'第三句是'我说得没错吧!'"

有些销售人员总喜欢滔滔不绝、长篇大论,试图以此来说服客户购买产品,殊不知常常适得其反。学会锤炼语言,减少语言的失误,才能使客户与你保持长久的业务关系。

那些业绩不甚理想的销售人员往往会按照职业习惯行事,他们一开口便一发不可收拾,说个没完没了。他们迫切地希望自己说得尽量详细,但却经常因此偏离主题。即使他们发觉自己浪费了太多口舌时,也不知道立刻住口。

销售人员不一定什么都要知道,但通常都能言善道。根据通用电气公司副总经理所言:"在最近的代理商会议中,大家投票选出导致推销员交易失败的原因,结果有3/4的人认为,最大的原因在于推销员的喋喋不休,这是一个值得注意的结果。"

## 东拉西扯没有重点

销售人员在与客户进行沟通时,应该清楚哪些话是该说的、哪些话是不该说的,切不可说起来东拉西扯,没有边际,一定要掌握好洽谈的重点;否则,就很容易偏离你推销工作的主题。

客户在与销售人员交谈时,由于自身的需要,往往要对产品进行详细的询问与了解。而客户的这种了解又会具体地反映在产品的某些方面上,如品牌、价格、安全性、质量、售后服务等,所以销售人员就应该根据这些情况来把握客户所关心的重点,定出接下来的谈话重点,进而对客户进行详细的说明,这是成功销售的一大"法宝"。

但在实际的推销洽谈中,有些销售人员却不能够做到想客户之所想、答客户之所问,尤其对客户特别关心的问题不能给予及时准确的回答,不是充耳不闻、轻描淡写,就是回答笼统含糊、答非所问。究其原因,无外乎以下几点:

(1)粗心大意,忽略了客户所关注的问题。
(2)对客户的问题不够重视,甚至会认为是多余的。
(3)认为客户的问题很简单,泛泛之谈就足以说清。
(4)怕引起客户的疑虑而有意回避。

以上任何一种情况的出现都会影响到销售工作的成败。泛泛而谈缺乏说服力,不够具体,那么客户的疑虑就得不到合理的答复,当然也更容易引起对方的警觉。在这种情况下,你想顾客会作出购买决定吗?

看看下面这个案例。

张先生平时工作比较繁忙,很少有时间照顾家庭。前不久,一次意外事故使他的女儿被暖气中的热水烫伤了。由于担心家里的取暖设备再出故障,张先生决定安装一台家用中央空调。针对他的这种情况,请看推销员是如何进行推销的。

推销员对他说:"先生,如果使用中央空调的话,不仅非常舒适,而且也很安全,只是价格稍微贵了点……"

张先生说:"价格贵点倒没什么,不知道这种空调到底能够安全到什么程度?"

"这你放心了,我们中央空调还从没出过事呢,使用过的客户对它都非常满意!我们还负责上门安装和提供其他的一些配套服务。"

"这都好说。"张先生还是不放心,"从来没用过,不知用起来到底怎样,会对孩子有益吗?"

对于上面这位客户,他对产品的要求主要体现在安全问题上,而并非价钱、安装、配套服务等。而那位推销员却没能够及时意识到这一点,只是在安全性之外的问题上盲目地进行说明,没有抓住顾客关注的重点。

销售人员在与客户洽谈时,一定要从客户的言语表情中判断出他所希望知道的重点,并有针对性地进行答复,切忌泛泛之谈。

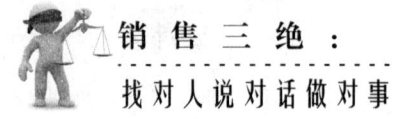

# 心不在焉

精神涣散、心不在焉是推销中的大忌。如果销售人员在与客户接触的过程中展现出的是一副词不达意、六神无主的样子，就很难使客户对你的产品产生兴趣，他们会认为你没有足够的诚意。因此，在向客户推销产品时，做到精力集中是相当重要的。

销售人员只有做到精力集中，才能及时发现问题、解决问题，而且能够有效吸引对方的注意力，可以很好地控制整个局面，使你处于主动的地位。

关于精力集中这一主题，成功的推销员乔·吉拉德是这样介绍他的成功经验的：

"推销时要精力集中，一旦我的眼睛正视着顾客，他就一定能够感到我的注意力集中在他身上。我会把一切杂念都抛在脑后，我不允许任何想法来分散我的精力。从我和顾客握手、作自我介绍的时候起，就没有什么能把我的眼光从顾客身上移开。

即使有5辆消防车在旁边呼啸而过，我也不会转过头去。我曾看见别的推销员一听到警报声或撞击声就会冲到窗户边去；我还看见有的推销员在欣赏某位顾客小姐美丽修长的双腿时，眼珠都快鼓出来了！要是我生活在西海岸的话，即使发生大规模的地震，我也不会失去方寸，丢开我的顾客。

我为什么要如此控制局面呢？首先，这样可以让顾客也能做到集中精力，因为我在观察他的每一个动作，聆听他的每一句话。但是我得承认，我并不是总能这样。倒不是因为我不想做到，而是缺乏一种清醒的认识，结果导致外界的干扰使我分了心，走了神。

几年以前，一位年轻的推销小姐请我观察一下她的推销过程，并对她进行指导。'我一定做错了什么，乔'，她说，'可我就是不知道错在哪儿。'

结果，我发现她在整个推销中没有说错任何话，推销进展也顺利，她自己的自我感觉也不错，可是最终却未能使生意成交。

'乔，我做错了什么？'她问我，'那人想买一辆新车，而且他也买得起，我的推销似乎也不错，可……我到底哪儿做得不对？'

'海蒂，你做得对，你做的所有事都对，可是你犯了一个致命的错误。我想你自己肯定没有意识到。'

"'是什么?'她急切地问,'我想知道。'

'我数了一下,在推销的过程中,你一共看了6次手表。每次看的时候,你的顾客都有些不悦,而且还会沉默一会儿。他心里一定在想:她的兴趣可能在别的事情上,而不是跟我谈话。好了,就这些。他觉得你想尽快摆脱他。'

'说实话,我并不在乎什么时间,这只是我的一个坏习惯。你说得对,我不会再那样了。'

几个星期之后,她已经能够做到精力集中地去做推销了。"

精力集中意味着你对这件事情很重视,对方也就觉得你尊重他,他也就会与你们沟通思想,愿意接受你的思想,最终使推销有成效。所以,你要懂得精力集中就是控制局面的最有效的方法和策略。

# 不会揣摩客户的心理

一个不能想客户所想的销售人员很难最终赢得客户。在实际操作中,很多销售人员不懂得去揣摩顾客的心思,他们因为急于要与客户成交,往往忽略了对客户心理变化的观察,也因此而错过大单。

吉勒斯是美国著名的汽车销售人员。有一天,一位西装笔挺、神采飞扬的客人走进店里。吉勒斯明白,这位客人一定会买下车子,于是热情地接待,为他介绍不同厂牌的车子,说明车子的性能、优点,客人频频微笑点头,然后一起走向办公室,准备办手续。不料,由展示场到办公室,短短2分钟,客人的脸色越来越难看,开始发脾气,最后竟然拂袖而去。

吉勒斯百思不得其解,当晚,实在按捺不住,照着名片拨通了电话。"先生,对不起!我看您本来要买车,后来却生气不要了,能不能告诉我哪里做错了,好让我以后改进?"

"我是很生气!我是要买车子,连支票都开好带在身上了!"

"可是,我在走廊上提到买车子的原因时,你却毫无反应。知道吗?我儿子考上医学院,全家高兴极了,所以要买车子送他!我说了三次,儿子!儿子!儿子!你却只说:车子!车子!车子!"

不管客户是悲是喜,只有当你真正去关心客户,理解客户,体会客户当时的心境,主动与他分享时,他才能与你的心灵产生共鸣,促使交易的达成。

作为销售人员,要做到成功销售,学会揣摩客户的心思,是一项必须要具备的

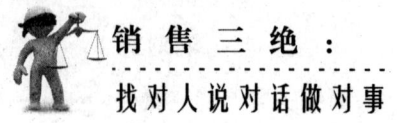

基本素质。切记,不要太急于同客户成交;否则,就容易忽略观察客户的心理变化,最终很可能会因此而错过大单。

# 第十四章　应对借口：
## 把拒绝转为销售机会

由于多方面的原因，销售人员对本可以成交的销售忽然拒绝，并找出了为什么会拒绝的借口。面对这种情况，销售人员要把握住正确的态度，要冷静、沉住气。只有冷静才能从借口中来发觉客户的需求，才能把拒绝转换成每一个销售机会。

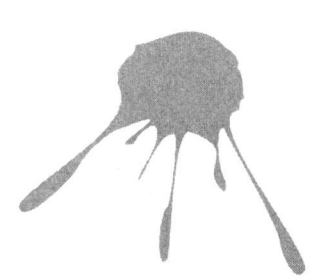

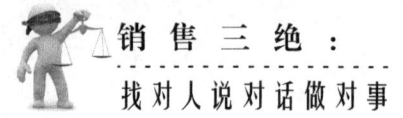

# 应对"我很忙"的借口

"我现在很忙,请你改天再来吧!"当客户这么拒绝的时候,销售人员该怎样"应付"呢?

一般而言,这只不过是客户的一种借口罢了。所以,你要迅速而准确地看出究竟是"真忙"还是"假忙"。如果对方是"真忙",你应该采取下列两种方法应对。

**1."约定时间"洽谈**

"看您工作这么繁忙,打扰您还真是不好意思呢。这样吧!就5分钟,请您抽出5分钟听我说几句话,好不好?说完我立即就走。"

真正忙碌的客户,如果销售人员事先和他约好"5分钟",他也可能愿意抽出这5分钟时间听你说明;否则,"这个人不知道要跟我啰唆多久"的心理,将使得他犹豫不决。

**2.适时离开**

当客户推辞的时候,销售人员宁可先说:"打扰您真抱歉。那我就改天再来拜访了。"而不要等客户说:"我说不要就是不要!"之后才离开。

重要的是,你已经说过"改天再来",这不仅告诉你自己,更告诉了对方:不久之后,你会再次登门拜访的。同时,千万要记住,离开时的态度要好,不要令对方感到厌恶。

# 应对"改天再来"的借口

在推销过程中,销售人员可能经常会遇到这样说的客户:

"请您改天再来吧!我今天不买。"

"我现在不需要,过几天再说吧!"

在通常情况下,进行这般推辞的客户都属于下面两种类型的人:

第一种类型:感觉敏锐,能照顾对方的立场,很讲究礼貌。

第二种类型:优柔寡断,不能给予对方明确的答复。

**1.对付第一种类型客户的方法**

这种客户看来沉静且易于接近,但是事实上,销售人员要说服他们得花费相当多的工夫。在经过双方的简短交谈后,如果对方"请你改天再来吧"的意愿仍然未变,那销售人员就要改变策略了。"冒昧地打扰您了,真是抱歉。那么,我就改天再来拜访您吧。"

第一次拜访的时候,吃客户的"闭门羹"是很平常的事。所以,还要再接再厉进行第二次拜访。但如果第二次得到的答复仍同第一次一样,那么,这笔生意成功的希望也就不大了。

**2.对付第二种类型客户的方法**

当这种类型的人在推辞的时候,销售人员要虚心地接受其意见:"喔,是这样的啊,也难怪,现在物价上涨,谁买东西都要计划一下的。"

如果你接着说"不过……"那么其效果就会大打折扣。遇到这种情形,经验丰富的推销员应该这么说:"考虑?这是当然的,一台空调几千元,再怎么样,也不能随随便便就决定买。国家相关部门曾经作过一项统计,统计结果表明,在咱们这里76%的家庭都有空调,这倒是相当惊人的。"

"76%"这个数字,无形之中会使客户产生"那我家就包括在剩余的24%里头了"的心理,从而引起客户购买的欲望。

总而言之,销售人员访问客户一切都要按实际情况而定,或是"坚持到底"或是"适时告辞"。当然,最"保险"的方法莫过于销售人员先将商品说明书交给客户,过2天再去拜访。

# 应对"再考虑考虑"的借口

在面对销售人员的推销时,即使是那些确实有需求的客户,也会常常说出"我要考虑考虑"、"让我想一想"诸如此类的话。要知道这些话只是一个借口,而不是真正的拒绝理由。销售人员只要找出真正的拒绝理由,并有创意地加以解决,就有推销成功的可能。

那么当客户说出:"嗯,这份计划看来相当不错,我考虑看看。"这时,销售人员如何应付呢?

**1.找出问题的关键所在**

俗话说"趁热打铁"。做推销也是一样的道理。假定客户说"我再考虑考虑"这样

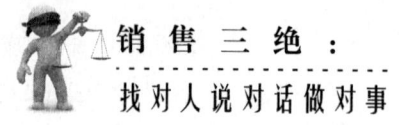

的话,销售人员应该在此反对意见刚萌生之际,立即想办法进行化解。这时你可以说:"实在对不起。请原谅我不大会讲话,一定是我的介绍使您有不明了的地方,不然您就不至于说'让我再考虑考虑了'。可不可以把您所考虑的事情跟我说一说,让我知道一下好吗?"这样,既显得认真、诚恳,又可以把话头接下去,使客户愿意继续谈下去。

销售人员也可以直接对客户说:"您先不要这么想,您先看看这个样品,看看再说吧。本产品的特别之处就是……"这也是在进一步激发客户的购买欲,一步一步引导客户购买。可能客户从你提供资料介绍中迅速抓住了一些关键疑点,正是这些疑点,使客户下不了决心。这时销售人员就应该站在客户的立场,从对方的利益出发,同客户一道来考虑解决问题的办法。

比如说,销售人员可以用暗示的方法跟客户讲:"这是一个很重要的问题,我们一道来研究好不好?"或者说:"的确,正如您所看到的,这就是最重要的地方,而这也恰恰是我要向您推荐的这个产品的独特之处。以前使用的减肥食品都需要配合节食,使人难以忍受,但这种营养素却能够让您在实行健美计划的同时随心所欲地享受美食,且不会产生任何副作用……"

此外,销售人员还可以说:"对不起,我知道您很忙,可是我没办法每天都来呀。我想您所担心的也许是交付问题吧!若不妨碍您的话,我们还是仔细谈一谈吧!"

**2.紧追不放**

在有些情况下,当客户要求你下次再来时,你又该怎么办呢?

这时销售人员就应该紧追不放,要直接对客户说:"先生,请您好好考虑吧。我将在这里等候您考虑后的决定。"并且提醒他,自己一定回答他所有问题,直到他作出决定。

"先生,您是否喜欢我为您设计的这份寿险计划?"等待对方表示肯定后,就可以继续说:"如果您说不喜欢这份计划,那我就马上回去,不再打扰您。如果您确实喜欢这份计划,我就必须留在此地等候您签约。"

**3.巧用问句促使客户购买**

销售人员要询问客户再考虑的缘由,由此进行针对性解决,促使客户购买。

一位销售人员试图将一台新型复印机推荐给客户。客户看起来也很有兴趣,但是他说要考虑一下。

"好极了!想考虑一下就表示您有兴趣,对不对呢?"

说完这句话后,一定要记得给客户留下时间作出反应,因为他们作出的反应通常都会为销售人员下一句话起很大的辅助作用。

客户通常都会说:"你说得对,我们确实有兴趣,我们会考虑一下的。"

接下来,销售人员应该确认客户真的会考虑:"先生,既然您真的有兴趣,那么我可以假设您会很认真地考虑我们的产品,对吗?"(注意:"考虑"两字一定要慢慢地说出来,并且要以强调的语气说出)。

然后销售人员可以举很多的例子,因为这样能让客户知道自己得到的好处。最后,销售人员问:"先生,有没有可能会是钱的问题呢?"

如果对方确定真的是钱的问题,销售人员已经打破了"我会考虑一下"定律。而此时如果销售人员能处理得很好,就能把生意做成。

## 应对"以前用过,并不好"的借口

如果客户说:"以前用过你们的东西,很糟糕;虽然你们说是已经改善了,但你们出品的产品质量我很清楚。"面对客户的这种借口,有很多销售人员往往会反驳说:"哪有那回事?"然后又把改善的部分啰啰唆唆地说了一大套。甚至还会跟客户发生争辩,搞得面红耳赤。

销售人员应该明白的是,客户之所以有反对意见,大半是基于某种误解,或是由于日积月累的偏见所致,销售人员务必寻找出原因,方能适当地做一个处理。此时销售人员可以采用以下几种方法征求客户意见:

(1)开放型。"这是怎么回事呢?"销售人员要概括地询问。

(2)半开放型。"您说的是关于产品还是售后服务呢?"

(3)肯定型。"关于哪几点非常好呢?"销售人员只谈优点。

(4)否定型。"关于哪几点是不理想的?"销售人员只谈缺点。

(5)选择型。"您说的是操作、设计、安装方面,还是售后服务方面?"销售人员让客户在几个问题中选择。

(6)强制型。"在故障方面您以为如何?"销售人员只集中强调某一点来讲。

这些探讨方式均可发生功效。

## 应对"我要向朋友买"的借口

当销售人员上门推销时,很可能会碰到这样的客户,他会先问一下产品的名称和制造厂商,然后说:"谢谢你,你很辛苦。不过很抱歉,前几天已经买过了。"或是

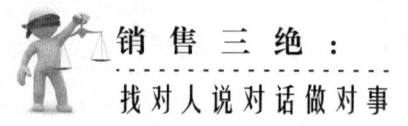

"很对不起,我不能跟你买,因为我有朋友在制造工厂,不向我的朋友买好像说不过去。"针对客户的这些借口,很多销售人员往往束手无策,最终也只能知难而退,放弃推销。

其实,这种失败显示了销售人员对于这种相反论调的处理方法缺乏研究。的确,碰到这种"立场坚定不移"的客户,会让人不知如何开口,尤其是对销售新手来说更是无所适从。

当遇到客户的这种借口时,销售人员千万不要知难而退,而应该试着去确定一下此话是否属实。"是吗?很好,能够向自己的朋友买再好不过了,你们是认识多年的好朋友吧!"(稍微停顿一下)

这时客户倘若善于应付销售人员的话,当然另当别论。但是,一般的客户都会说:"哦!大概是这样子的吧!好多年了!"或说:"叫我怎么说呢?"或说:"你管太多了!我的朋友与你有什么关系啊!"

在上述情形下,销售人员都可以安心了,因为你可以确定对方的相反意见,是拒绝的托词。此刻,你可以说:"这个请您做参考好吗?"一边拿出产品说明书、图样来给他看,或操作示范机器;一边劝导客户买下来。

但是万一这相反论调是事实,销售人员断定应付起来较为棘手,可以根据那句"我那里有熟识的朋友",判断出客户还有购买商品的可能,不妨向他说:"是这样啊?您跟××电器公司的王先生是朋友啊?××电器公司的产品在这一行是数一数二的,信誉卓著(即使是竞争的同行,也不可说它坏话,称赞人家就表示对自己公司的产品有信心)。不过我们公司出的产品也不落人后,请您看一看吧!我们这个连接器保证绝不输于××电器公司的连接器。我知道贵公司一向都是使用高级品的,我们的连接器是最合适不过了。为了求进步,您采用我们公司产品试试,也不会对不起朋友的公司呀!是吧?"

一旦客户说:"好吧!那就用一次试试看。"那很可能就大功告成了;但是如果商品完全相同,客户一点儿也没有改变心意的想法时,推销员必须想办法游说,或作个长期计划,先慢慢成为客户的朋友,再逐步进行推销事宜。

## 应对"那你就是要推销东西了"的借口

有时销售人员在给客户介绍完产品之后,客户会不屑地问:"那就是你要推销东西了?你是在为你的产品做广告吧?"当面对客户的这种质疑性的借口时,销售人员应该怎么应对呢？

**1. 表明实质**

销售人员可以说："首先我要申明，这不是广告，虽然具有广告的作用。但这是为了反映我国当前农业科技企业的发展经营状况，不光有书，还有网站，另外也将把征集的企业信息汇总到农产品信息中心数据库中，并为企业和用户之间搭起一座便利的信息桥梁。而普通广告公司绝对没有这种大规模的系统服务，所以怎么能说是做广告呢？"

**2. 为客户着想**

客户："我为什么要帮助你们来推广这种产品呢，是不是在给你们做广告啊？"

销售人员："先生，您并不是在为我们来推广新产品。当然有的厂家希望通过零售商为他们推广新产品，那就意味着他们对这种产品的销售潜力不了解，或者他们不愿为推广新产品花费更多的资金，将新产品卖给零售店就意味着他们的工作已经完成了。我的这种做法是在给您提供一次获得更大利润的机会。因为我们一直在进行各种形式的促销和提供强大的广告支持，消费者也会根据广告或促销活动将新品牌同您的商店联系在一起，他一定会因为对广告介绍的产品特点感兴趣而进行尝试的。"

**3. 表示产品质量可靠**

销售人员："我当然是很想销售我的东西啦！不过，我的产品得让您觉得值得买，才会卖给您。关于这一点，我们要不要一起讨论研究看看？我们的别墅为住户想得十分细致周到。这些您也能看出来，先说地理位置吧，在三环以内，非常便利……

而且我们的房层设计出自国际著名的设计师××，别具品位。不光外形叫人刮目相看，内部设施也一应俱全，并且有效地利用了空间，配备了酒吧、储藏间和娱乐室。我们的别墅离商场、俱乐部和其他商业服务区都很近，步行只要十几分钟就到了。还有就是环境优美、远离噪声和空气污染。

我们这套房子虽然标价是100万元，但您也可以先交30万元的首付款，其余款项可以通过银行进行为期20年的按揭贷款。"

可能上面的销售人员在给客户介绍房屋的质量与性价比时太过于详细，但这在实际的推销当中却是十分必要的，只有让客户详细了解了你的产品，他才有可能购买。

**4. 奇特制胜**

如果客户对推销颇反感，销售人员一定不能与之争吵，而应该想办法出奇制胜。

一位商店的老板是个顽固保守的老年人，非常反感推销员。一天，一位推销洗

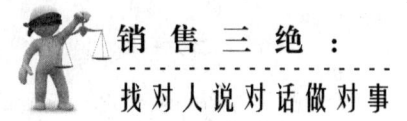

衣粉的业务员来到店前,还未开口,老板就大声喝道:"你来干什么?"

这位推销员并未被吓倒,而是满脸笑容地说:"老先生,您猜我今天来干什么?"

老板毫不客气地回敬他:"你不说我也知道,还不是向我推销你们那些破玩意儿!"

推销员听后哈哈大笑,说:"您老人家聪明一世,糊涂一时,我今天可不是向您推销的,而是求您老向我推销。"

老板愣住了:"你要我向你推销什么?"

推销员回答:"我听说您是这一地区最会做生意的,洗衣粉的销量最大,我今天是来讨教一下您老的推销方法。"

于是,老板便兴致勃勃地向推销员大谈其生意经。直到推销员起身告辞,老头子突然像想起什么来了,大声说:

"喂,请等一等,听说你们公司的洗衣粉很受欢迎,给我订30箱。"

如果这位推销员不是采取出其不意的战术,一开口便向老板兜售洗衣粉,恐怕早就被对方轰出门外了。

# 应对"我想到别家再看看"的借口

当销售人员刚刚将产品的每项优点向客户都解释清楚之后,客户却说:"我想到别家再看看。"这实在是很令人气馁的事。不过在面对这种情况时,优秀的销售人员会利用各种技巧,转变客户的看法,当场完成推销。

**1.强调产品的品质**

当客户说出"我想到别家再看看"这句话时,首先要分辨出他想到别家看的原因究竟是什么?是价格,是质量,还是服务,只有在弄清楚这一点后才能对症下药。

如果客户是出于价格的因素,销售人员就可以这样对他说:"先生,每个人都希望买到物美价廉的商品,您到别的公司去看,他们的价格可能真的比我们的价格低。但是我可以打包票地说,绝没有第二家能以这个优惠的价格来给您提供这么高质量的商品和优良的售后服务了。"

在说完这句话后,最好要给客户留下足够的反应时间。因为你所说的都是实话,客户几乎没有办法来反驳这个事实。那么接下来,你就可以这样对客户说:"先生,您不认为以这个价格来购买我们的产品和服务,是一种很划算的交易吗?"

因为你的产品的品质和服务确实符合这样的价格,所以你的客户如果不是故意刁难,应该不会作出否定的回答。然后,你可以继续问:"先生,购买商品时肯定要考虑价格,但它并不是首要的,有时多花些钱来获得真正想要的优质产品,绝对是值得的,您说是吗?就像有些公司的采购人员只是致力于从供应商那里尽量获得最低的价格,而并不考虑产品本身的质量和以后的服务。我们知道,有时低价位产品产生的问题往往比它能够解决的问题还要多。而那些资深的采购人员更愿意获得最高品质的产品,而不是那些低价位的产品。先生,我想您肯定不会为了贪图那一点便宜,而不顾产品质量的好坏和服务的优良与否吧?您肯定会为了您的长期利益着想,对吗?"

### 2.对客户的要求表示理解

某客户需要买一台笔记本电脑,以使生意上的沟通能够更方便、更快捷。他跟销售人员通了电话,听了介绍后,他说想再到别家问问。在这种情况下,销售人员就应该设法让客户说出他真正反对的理由。此时销售人员可以用下面的办法。

销售人员:"先生,很多客户跟您的想法一样,在购买我们的笔记本电脑之前,想再到别家比较比较。我肯定您也一样想以手头现有的钱买到最好的笔记本电脑和最好的售后服务,对吗?"

客户:"那当然是肯定的啦。"

销售人员:"您可不可以告诉我,您想看些什么或者比较些什么呢?"

客户:"……"(这时他说的第一句和第二句话,应该都是真正的反对理由——除非他只是想摆脱你)

销售人员:"在您跟别家公司做完这些方面(一个个说出来)的比较之后,发现我们的最好,我想您一定会回来跟我购买的,对吗,先生?"(好了,这会儿是让客户说出打算的时候了)

### 3.不妨摆出一种高姿态

客户:"不好意思,我只是想试一下,我想到别家再看看。"

销售人员:"既然您对这种商品的效用有点疑虑,那么我现在就给您比出效果来。您看,这是50元的,我们现在来跟这100元的比一下(做演示)。您看这效果是明显的不一样。如果您还是不相信的话,也可以再到别家问问,反正我的商品不怕试,也不怕比。即使您到别家去,也是还会再来的。"

在这里,销售人员就是向客户摆出一种高姿态:"我们公司的东西不论从质量,还是价钱方面都是最棒的,您随便到哪家问,哪家比,都是还会回来购买的。"在实际的推销中这种方法是比较有效的,客户一听销售人员这样说,很可能就不会再犹豫了。

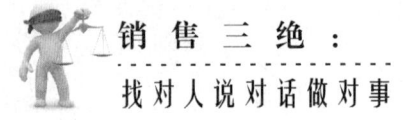

# 应对"我很满意目前的供应商"的借口

当客户说"我很满意目前的供应商"时,虽然这句话表明了客户对目前供应商提供的各项服务很满意,但这也并不代表他会一直满意下去。如果这时销售人员能让客户继续说下去的话,其实也很容易找到突破口。你可以给客户先派送样品或尝试性的订单,向客户展示能证明你的产品的价值的东西。

**1.具体问题具体分析**

销售人员需要了解客户的供应商为什么令客户那么满意,这对下一步应对策略很有帮助。常见的原因是供应商给客户的商品不仅在质量上让客户满意,并且服务周到,如供应商可以随时送货并且价格也比较合理。还有就是由于客户与供应商已经合作多年,有了特殊生意关系和更深的个人关系。

销售人员在了解了这些原因之后,就应该采取以下步骤:

(1)取得现任供应商的资料:"您最喜欢目前这家供应商的哪一点?""您最满意他们什么地方?""有没有您想改变的事情?""我们最近引进了新科技,远超过您现有的设备,如果您能给我个机会,我很乐意示范给您。"

(2)运用激将法:"我相信您会同意这一点的,先生,身为一名企业家,您应该要主动地去寻找能给公司带来最高回馈的方法。"

(3)作出专业的回答:"先生,当我们对供应商很满意的时候,我们还是需要另外一家供应商当做参考,以确保自己真正得到最好的价格、最好的商品与价值。"

(4)询问客户选择的过程:"您用什么标准来衡量您的供应商?"

销售人员提出跟标准有关的问题,可以让客户想想未来的表现,而不仅限于眼前。

如果销售人员有机会提供资料,一定得以一流手法借机表现一番,强调你与目前的客户都有长期的关系,并表明你希望能够取得和这个现任供应商相同的机会。销售人员可以建议先提供样品或者让客户试用你的服务,或是下一张少量的订单,让可靠的产品和优质的服务来证明自己。

**2.分析产品的优势所在**

销售人员:"张经理,您好,我是小周,星期三早上我到您公司拜访过,咱们说好今天把广告定下来,您打算做1/2版还是1/4版?"

客户:"我们一直都在报纸上刊登广告,我们还是比较满意目前的这家报纸,不瞒你说你们这个版面收费太高。"

销售人员："张经理，您是知道的，我们这个版面费是标准版费，同行业都是这个标准，而且我们报纸的发行量也是非常大的。您在其他小报上做几个广告，这些小报合起来的发行量还不如我们一家报社，费用却高多了，您说是吧？"

客户："嗯，这……"

销售人员："您就别犹豫了，您看是做1/2版，还是1/4版？"

(客户沉默了10秒后)

销售人员："张经理，您是知道的，目前有很多客户都想做这个头版，您要是再迟疑的话，就错过后天的版面了。今天是最后一天的小样定稿，您看我现在到您那里拿材料，还是……您要是忙的话就交给您的秘书小李，我过去取，晚上我就给您送小样过去。"

客户："那好吧，我先看看。"

### 3.强调产品能给对方带来的利益

客户都是以自己的利益最大化为前提的，如果销售人员能向客户详细展示自己的产品能够给他带来什么样的变化和收益，那么客户是肯定会心动的。

客户："我们有自己的工厂，会做这些产品，所以我们不需要进你的现成产品。"

销售人员："我们的这种产品是大规模工业化生产的，价格不高，使用方便，又能提高员工的工作效率，而且还可以节约成本。我相信，用了我们的产品定能更好地促进你们的生意，你们的生意一定会越来越红火。"

销售人员通过和老板的谈话知道他们是手工制作，在效率和质量上肯定不尽如人意，而且还要考虑价格方面的原因，于是销售人员就从这些方面入手，向客户展示自己的优势和所能够带来的效益。

# 应对"我得和我的上级商量商量"的借口

如果你的客户告诉你"我得和我的上级商量商量"之类的话，说明你对客户的求证工作做得不够。当这笔交易还需要其他人的认可时，除了事先对客户的求证之外，你一定要采取以下3个步骤。

### 1.取得客户的私人承诺

要得到客户的完全的认同，销售人员就要弄清楚几个问题：

(1)客户对商品满意吗？

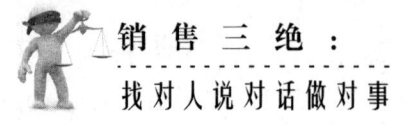

(2)客户对价钱满意吗?
(3)客户对服务满意吗?
(4)客户对公司满意吗?
(5)客户对自己满意吗?

例如:"先生,如果只是您一个人,不用和别人商量的话,您会不会购买?"客户差不多都会回答"会"。

## 2.加入客户的阵营

"我们"这一类的措辞可以让销售人员加入客户的阵营,让客户感觉到你是和他站在同一立场的,这样更容易将你的产品推销给客户。

如果使用下面的句子,客户更能接受:

(1)"您认为我们公司的合伙人对这个产品满意吗?"
(2)"我们要做些什么?"
(3)"我们什么时候可以把他们凑在一起?"
(4)"我们怎么让他们聚在一起?"
(5)"小组什么时候开会?我有没有出席是很重要的,因为我确定他们一定会问一些问题,而且我想他们一定也希望有人能够回答他们的问题。"
(6)"能为我介绍我们公司其他相关的人吗?"(把每个人的个性写下来,试着了解每一位决策者的个人特性)

## 3.主动安排时间与所有决策者见面

推销员小吴在向客户郑先生推销他的产品,在成功说服郑先生之后,郑先生说:"我得跟我的上级领导商量一下。"

小吴问道:"那下周我来见您和您的上级怎么样?我们可以一块坐下来谈谈产品的事情。"

郑先生说:"我想我们今晚就可以谈,我会向我的上级解释的。"

小吴说:"如果我今晚给您一份您满意的建议书,您会马上就签字吗?"

郑先生说:"哦,当然我得先跟上级说一声。"

小吴说:"我明白了。那他理应参加我们的会谈,所以我想见他。"

郑先生说:"但我自己可以向他解释。"

小吴说:"我花了几个月的时间才详细做了一份向您建议购买的策划书,并经过这么久才向您解释清楚,我想您要在一晚上彻底弄清楚并向别人解释不是件易事。"

郑先生说:"不是很简单吗?"

小吴说:"问题是,如果您的上级不满意其中的一些条款,您该怎么办?"

郑先生说:"那我猜他不会买的。"

小吴说:"但如果我在场,我会答复他的疑问,并告诉他可以按照他的想法修改,而且保证产品让他满意,我想应该坐下来跟他谈谈。"

小吴接着说:"我不想让您向您的上级推销产品,因为那是我的工作。您已经告诉我这种产品对您的公司提高效益很有益处,您想尽快购买,对吗?"

郑先生答道:"我想是的,我马上给他打电话。"

过了1周,小吴跟郑先生和他的上级见面了。他用了一两个小时回答了客户领导的问题,并且成功说服了对方购买自己的产品。

# 应对"先把资料放在这儿吧"的借口

一位推销员到了一家公司,开始向该公司的总经理推销他的笔记本电脑。这位总经理平日应付的推销员够多的了。所以他只是很随便地说了一句:"知道了,那你先把相关的介绍资料给我吧。"

很明显,该总经理根本就没有购买的意思,只是随口敷衍了一句。虽然表面上该总经理并没有说没有兴趣,但是他只是冷淡地让推销员把资料留下,就表明了他根本对此没有兴趣,留下资料后翻看的机会很小,那么面对这种情形推销员应该怎么应付呢?

可以看一下下面的几个解决方案:

方案一:"先生,我们的资料都是精心设计的纲要和草案,而且都是专业术语,必须配合销售人员的说明和解释,而且要对每一位客户分别按个人情况作修订,等于是量体裁衣。所以,如果您今天没有时间的话,那我星期四或星期五过来给您具体讲解。您看是上午还是下午比较好?"

方案二:"是的,先生,是这样的,正因为您的时间很宝贵,所以如果让我先跟您讲一下,再把资料留给您,这样您在看资料的时候可以有重点地阅读,节省更多的时间。您放心,我不会超过10分钟的,不知道您是星期一晚上还是星期二晚上方便呢?"

方案三:"是的,介绍人赵小姐特别告诉我,说您是这方面的行家。不过,我们所要谈的不是如何做这份工作,而是在经营一项事业,是非常特别的;很多人到我们公司来以前,想法都和您一样,但听过我们的说明以后,他们发现这是一个新生的事业,不知道您是星期一还是星期二晚上方便呢?"

## 第十五章 玩转电话：
打动另一端的陌生人

电话这个现代化通讯工具，就是为销售世界而存在的。作为销售新手的你，要好好利用电话这个四两拨千斤的黄金商业手段！好好学习，摸索其中的诀窍门道，让电话成为你打开销售大门的犀利武器。

# 电话销售的基本原则

在信息时代,电话已成为最快捷的销售工具之一。对电话销售基本原则的把握也是销售制胜的重要因素,时刻把握原则为你带来良好的销售形象和较高的客户信任度。

以下是几个电话销售原则。

**1.及时接听**

不要让你的电话响铃超过三声而使得打电话的人等待(或挂电话)。

**2.自报家门**

报上你的名和姓,让对方知道接听电话的人正是他要找的人。

**3.别耍花招**

自己的电话最好由你亲自接听。如果你必须由助手为你接别人打入的电话,应该指示那个人做得有策略些。例如,先问对方"请问你是谁?"然后回答说:"噢,是这样的,某先生(女士)不在。"这是一种拙劣的做法。相反,你的助手应该首先说某先生(女士)不在,然后再问是谁打来的电话。

**4.吐字清晰**

缓慢而清晰地讲话,并且带着微笑。微笑将会从你的声音中反映出来。

**5.通报姓名**

往外打电话时,应该先说明你是谁。如果你的电话被转接,则应该向提起分机的任何人重复一次你的姓名。

**6.是否合适**

在你开始没完没了地讲话之前,始终应该问一句客户:"这时候给你打电话是否合适?"

**7.不要让对方久等**

谁也不愿意无休止地去等待别人。如果你只能是这样做的话,应该把对方等待的时间限制在20秒以内。

**8.断线后应重新拨打**

假如你的通信因故中断,拨叫方有责任重新拨通对方的电话。

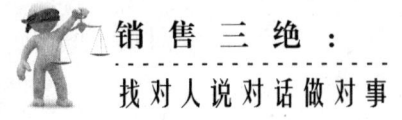

**9.迅速回复别人的电话**

假如你不能在24小时之内回别人的电话,应该让另一个人代你回复。

**10.说明自己不在办公室**

假如你打算离开办公室到外地去度长假,可以让你的语音信箱把有关信息告诉打入电话的人。

**11.你不能忽略你未来要打的每个电话**

以下是一些必须时常告诫自己的成功电话行销观念:

(1)你所接听或拨出的每个电话都是最重要的。

(2)对方都是你生命中的贵人或你将成为他生命中的贵人。

(3)你喜欢打电话的对方,也喜欢你打电话的声音。

(4)电话是全世界最快的通信工具。

(5)你打电话可以达成你想要的结果。

(6)你打的下一个电话会比上一个电话有进步。

(7)因你帮助他人成长,所以你打电话给他。

(8)你充满热忱,你会自己感动。一个感动自己的人,才能感动别人。你会成为电话行销的顶尖高手。

(9)没有人会拒绝你,所谓的拒绝只是他不够了解,你说话的角度也不是最好的。

(10)电话是你的终生朋友,你爱电话。

# 电话销售的基本流程

电话销售的流程,一般有以下几步。

**1.策划**

要分析客户、准备资料,然后准备电话脚本,始终保持精神饱满的状态。

**2.绕障碍**

在打电话之前,你一定会事先准备好许多资料,然而这些资料可能大多数都只有一个联系电话、一个姓名。那么怎么让接到你电话的人帮你把电话转给你要找的人呢?

在这一部分销售人员需要做——自我介绍、打电话缘由、初步探听对方是否是你所要找的人。

### 3.开场白

现在假设销售人员已经和客户联系上了,那么也就进入了电话的实质阶段,怎样让对方对销售人员将要介绍的产品感兴趣,关键在开场白。在这20秒中,销售人员的目的是要引起对方的注意,从而让他愿意继续听下去。

开场白的基本原则是:使客户产生极大的认同感,从而购买销售人员的产品。不要让产品成为销售人员和客户之间沟通的障碍,适当地运用竞争对手的信息。

### 4.需求确认

一是产品介绍。在成功打开话题之后,销售人员就会开始进行产品介绍,在介绍产品的时候销售人员一般都会介绍产品的特性、功效、优势。但是,关键是要介绍产品能给客户带来的利益,这才是客户真正关心的东西。二是倾听。在销售人员与客户沟通的过程中,切记注意倾听,听比说重要,销售人员需要通过倾听来了解客户的需求。有很多销售人员非常能说,但是说来说去就是不能打动客户,为什么呢?因为他说的东西不是客户真正需要的。所以,得多提问、多听,针对客户所说的进行介绍才是有效的。

另外,销售人员还要养成边听边记的好习惯。记录好客户情况、谈话内容,做好沟通技巧的总结,找出问题所在。每打一个电话,技巧都要有提高。放下电话后,不要急着打下一个电话,花一点时间,回顾电话过程,总结上一次电话的经验。

### 5.异议处理

在与客户进行沟通的时候,销售人员会遇到客户提出的各种问题。一个成功的销售人员应该把异议变成机会。除了要对产品有深切全面的认识外,对于异议的处理也要掌握一定的技巧。

客户会有各种各样的异议,但是销售人员在处理这些异议的时候要以客户为出发点,向其解释。

当销售人员向客户介绍产品之后,客户往往会提出一些疑问、质询或异议。在此阶段销售人员可能难以接受客户的问题和态度,往往陷入下面的误区:

(1)与客户争辩。当销售人员认为客户的观点不对时,试图以辩论、质问、说教等方式使客户认识到并承认自己是不对的。无论销售人员是否有理,同客户争辩都不会达到说服客户的目的,反而更加强了客户的抵触心理,使客户失去对销售人员的信任。因此,销售人员在任何情况下都不要与客户争辩。

(2)表示不屑。当认为客户的观点不对或态度不良时,有些销售人员表示出一种不屑与客户计较的轻蔑态度。如果客户察觉到销售人员的不屑态度,会感到感情受到伤害,从而产生对销售人员乃至产品和公司的不满情绪,自然也不会购买。

(3)不置可否。对于客户的观点和态度,销售人员不置可否,采取放任的态

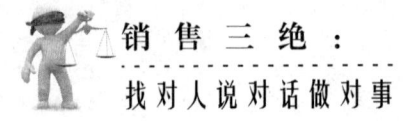

度。这样的结果,或是使客户感到失望和不满,或是加深了客户原来的不良印象和疑问。

(4)显示悲观。对于客户所提出的疑问或异议,特别是那些难以解答和处理的,总是显示出悲观的情绪。销售人员的悲观情绪使工作业绩、产品的形象都受到了很大的负面影响,可能会失去真正想买你产品的客户。

(5)哀求语气。对于客户所提的难以解答和处理的疑问和异议,销售人员不是抱以积极的态度,而是纠缠、企求客户购买。哀求语气不但很少能达到让客户购买的目的,而且会影响销售人员自身的形象。

### 6.约定面谈或进一步约定下次电话拜访

在澄清了异议并提出了解决方案后,销售人员要不失时机地提出约见或进一步约定。如果这时提出开放式的问题,让客户自己作出决定,那么多半客户会说:"我最近没空,过几天再说吧!"所以,在这里,销售一定要提封闭式的问题,用问题引导客户,让客户接受你的建议。

# 电话销售的注意事项

电话销售有以下几个注意事项。

### 1.应坚持有限目标的原则

一般而言,电话推销的目的应是找到有购买可能的推销对象,排除没有购买可能的推销对象,以提高登门拜访进行交易洽谈的成功率。换言之,电话推销旨在创造和有希望成交的推销对象的约会机会,它不能代替面对面的商谈,电话推销的目标应是以建立一个恰当的约会为止。

### 2.电话推销应和登门拜访或推销一样,要事先有一个推销计划

这个计划就是一套或几套引导对方对产品引起注意,对销售人员建立好感,积极进行约会的说辞。其中应包括打电话给谁、如何说开场白、介绍产品的哪些方面、了解对方哪些情况、什么时候约会等。有了这样的计划,在推销中就可以从容不迫,给对方以好感。

### 3.选好打电话的时间,避开电话高峰和对方忙碌的时间

一般上午10:00以后和下午都较为有利。如果你所找的人外出,可询问接电话者是否有其他人可以商谈,或问清对方什么时候回来,以便以后联系。

### 4.讲话应热情和彬彬有礼

热情的讲话易于感染对方,彬彬有礼的话语同样易于得到有礼貌的正面回答。像"您好"、"打扰您了"、"如您不介意的话"等礼貌用语,应成为销售人员的口头语。同样,开门见山也是较受欢迎的说话方式,拿腔拿调、故意卖关子、吞吞吐吐都易招致对方反感。

**5. 电话推销不能急于推销,应以介绍产品信息、了解对方状况为主**

降低推销意味,反而易于达成约会。比如,做过自我介绍之后,你可以说:"我想问您一下,咱们公司有没有这种设备?"如果对方回答"有",则进一步问清其购买的年限、牌子、生产厂家、使用情况怎么样等,然后再介绍自己的产品。如对方回答"没有",就可以直接介绍自己的产品,最后约定见面商谈的时间。

**6. 要留下对方姓名、电话、地址,并做好记录**

销售人员询问对方姓名可在推销开始的时候,也可在确定约会之后,但无论何时,都应先报出自己的姓名,这样对方才可能留下姓名和电话。

对电话中所谈内容,边谈边做简单的记录是很必要的,这些资料有助于下一步推销的筹划,也可借此建立顾客档案。

**7. 对于约会时间,要提供两个以上的方案或形式供对方选择,应考虑到对方的方便**

含糊其辞的约会易被对方推托。因此,较好的约会时间应是明确而有所选择的。比如:"请问今天下午或明天上午,您哪个时间合适?"并进一步确定:"时间是上午9:00,还是下午3:00?"

最后需要说明的一点是,在大家共用一个办公室或共用一部电话时,应取得大家的相互配合。无论是把电话打给对方,还是对方有电话打过来,办公室内保持必要的安静是恰当的,一个嘈杂的办公室或个别人的大声说笑都会砸了生意。

同时,在对方打来电话时,应主动热情去接,如找某人,应迅速转达。如所找的人不在,应询问对方能否代为效劳,也可让对方留下电话、姓名,并问清什么时间回电话较为合适。

总之,整体的配合,也是电话销售中提高业绩的重要因素之一。

# 电话销售的实战技巧

电话销售必须要有高质量的数据库,要有更多的关于客户的信息,而且必须不断更新,仅仅知道一个电话号码,是不足以支撑电话营销的;要获得良好的成效,一

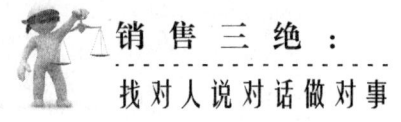

定要在事前做好完善的规划。

**1.了解客户信息**

了解客户信息有以下三件重要准备工作要做：

(1)了解客户购买动机。每一个客户购买的动机可能都不一样,但通常最后的动机都只有两大类:一是希望获得某种好处;二是害怕损失某种利益。每一个客户在购买前,一定会想"该产品对我有什么好处？"因此,客户要的是"好处"而不是产品本身的功能。另外,必须区别客户的"需求"及"期望","需求"是非要不可的动机,而"期望"是有最好,没有也没关系。销售人员向客户介绍商品时,主要是强调商品价格优势的必要性,非必要的功能、利益仅是用来加强销售的效果,销售人员千万不要本末倒置。

(2)整理一份完整的库存建议书。

(3)事先研究客户的基本资料。在打电话给客户之前,要研究一下手边所有的关于客户的相关资料。只有仔细研究过以上资料,销售人员才能确定这次拜访的重点,了解客户的喜好。

**2.设计电话脚本**

设计电话脚本对于刚开始做这项工作的销售人员来说尤为重要,如果这方面的工作准备不充分的话,那么你将会发现,你在拿起电话之后可能会语无伦次,可能就会没有机会把应该介绍给对方的产品内容说出来。对方很有可能会在第一时间就发现你是一个销售人员,而拒绝与你继续通话。所以,你必须在这之前设计一个电话脚本来配合你的工作。

(1)设计独特且有吸引力的开场白是电话销售不被拒绝,让客户继续听下去的重要部分。

(2)30秒原理。30秒内给客户一个愿意听你说话的理由。

(3)以问题吸引客户的注意力,这个问题应具有影响力且是客户关注的。

(4)塑造产品的价值,让客户产生强烈需求的理由。塑造产品的价值是电话营销过程中的重要环节,是客户为什么要听你讲的关键。塑造产品的价值包括两部分:一是产品的介绍,如产品的价格、作用、功能等细节;二是强调约访的重要性,并塑造约访的价值最大化。产品之所以卖不出去,是因为你没有一套好的产品说明方法,对产品的解释有问题,对产品价值的塑造方法有问题。所以,销售人员必须运用一套语言技巧来塑造产品的价值,这一点非常重要。运用不同凡响的语言所塑造产品的价值,其销售结果远远超过产品本身的价值。

在电话脚本设计上,需要着重注意的是问题的设计。在整个通话过程中,需要提出一系列的问题,这样一来能掌握电话的主动权,二来能避免给客户造成强烈的推销感。

**3.设计有效的电话约访脚本**

(1)电话接听要领。一般的接听,如:"你好,敝姓刘,很高兴为您服务……哦!是的,他在,请问您贵姓?王先生,请您稍等一下。"如果对方询问事项,可以说:"先生(小姐)请问您贵姓?哦!马先生(小姐),我帮您转给宋经理,请稍等。"或"先生(小姐)很抱歉,他不在位子上,可能下午4:00会回来。哦!马先生(小姐)您要不要留个电话,或者我可以协助您吗?好的,麻烦您再打电话过来,祝福您……"注意要详填来电者姓名、受电者姓名、重要留言及留言日期及时间。简单的话直接代为回答。

(2)与管理阶层通话脚本范例。

范例1:针对老板、主管。

主管:"您好,请接王总,麻烦您,谢谢!"

秘书:"请问有什么事吗?"

主管:"我有重要的事请教他,我姓郑,麻烦您了,谢谢!"

秘书:"请稍等。"

老板:"你好。"

主管:"您好,我这里是天天成功咨询公司,我姓郑,是这样的,我们是专业提升业绩和工作绩效的训练机构,希望和您约个时间,大约20分钟,分享其他客户使用我们的服务后的有效成果,您明天或后天,哪天比较有空?"

范例2:针对企业。

主管:"喂,请问您是周先生(小姐)吗?您好,我是金牌代理公司的,我姓白……我们公司提供绩效提升培训计划,不少大公司像A、B公司都在采用,使他们的业绩有大幅度的提升……您有兴趣了解这个使您业绩可能提高20%~30%的方法吗?……很好,我想,我们可以找个时间碰个面,当面研究研究,我大概要20分钟就够了。我想明天去拜访您,您觉得方便吗?……很好,那我将在明天上午10:00到贵公司拜访您,请问您的地址是在……很好,我们就约定好了,很高兴与您交谈,谢谢,再见。"

**4.电话销售的必备信念**

下面是一些非常有效的电话销售信念,拥有这些信念,你的电话行销一定会成功:

(1)"我一定要和任何跟我通电话、我确认要见面的、有趣的人会面。"

(2)"我所接听到的每一个电话都可能是一次宝贵的交易机会。"

(3)"我所拨出的每一个电话,都可能联系到一位客户。"

(4)"我的每一个电话不是要获得交流,而是为了获得与客户见面的机会。"

有机会你就默念它们,牢记它们,重复的次数越多,越能深入到你的潜意识中。

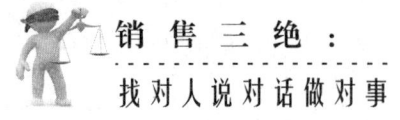

**5.其他准备事项**

在声音中融入笑容。声音可以反映出温暖或冷漠,有兴趣或漠不关心,关怀或挫折,耐心或急促,接受或抗拒,因此要让对方透过你的声音感受到你的关心及笑容。

在打电话前深呼吸几次,可以使自己的心平静下来,并使自己的声音变得沉稳有力。在桌上放一杯水,当说话太久时,喝一些水,可以松弛声带。

# 电话销售要有娴熟的语言技巧

推销员小林像很多新手一样,紧张地对着话筒机械地说:"陈先生吗?你好!我姓林,是某公司业务代表。你是成功人士,我想向你介绍……"

电话那头的陈先生直率地说:"对不起,林先生。你过誉了,我正忙,对此不感兴趣。"说着就挂断了电话。

小林放下电话,硬着头皮又打了半个小时,每次和客户刚讲上三两句,客户就挂断了电话。

小林的上司姜经理问他:"小林,你知道为什么客人不肯和你见面吗?"

姜经理见他没有回答,便解释起来。"首先,你应该说明目的,是为会面而打电话的。其次,奉承话讲得太夸张不行。你开口便给对方戴了个'成功人士'的大高帽,对方会立刻产生一种反感。和陌生人通话,太露骨的奉承令人感到你是刻意推销,也容易给人急功近利的感觉。最后一点也是最重要的,电话是方便我们约见客人。你要'介绍'产品,见面是最佳途径,隔着'电话线',有些事是说不透的。就算客人肯买,难道能电传支票给你吗?"姜经理说完亲自示范给小林看。

姜经理精神饱满地对着电话那头客户微笑着说:"陈先生,你好!我姓姜。我们没见过面,但可以和你谈1分钟吗?"他有意停一停,等待对方理解了说话内容并作出反应。

对方说:"我正在开会!"

姜经理马上说:"那么我半个小时后再给你打电话好吗?"

对方毫不犹豫地答应了。

姜经理对小林说,主动挂断与被动挂断电话的感受不一样。尽可能主动挂断,可以减少失败感。

半个小时后,姜经理再次接通电话说:"陈先生,你好!我姓姜。你叫我半个小时后来电话……"他营造出一种熟悉的回电话的气氛,缩短了双方的距离感。

"你是做什么生意的?"

"我是某公司的业务经理,是为客人设计一些财经投资计划……"

陈先生接口说:"教人赌博,专搞欺骗?"两人都笑了。

"当然不是!"姜经理说,"我们见见面,当然不会立刻做成生意。但看过资料印象深些,今后你们有什么需要服务的,一定会想到我啊!"

陈先生笑了笑,没说什么。

"这两天我在你附近工作。不知你明天还是后天有时间?"姜经理问。

"那就明天吧。"

"谢谢。陈先生,上午还是下午?"

"下午吧! 4:00。"陈先生回答。

"好! 明天下午4:00见!"姜先生说。

姜经理放下电话,小林禁不住拍手欢呼。

成功地给客户打电话需要掌握一定技巧。很多人对电话销售反感,不是对模式本身的反感,而是对拨打电话的人的反感。同一个公司的电话销售,不同的销售人员拨打可能有截然不同的效果,销售人员的能力起着举足轻重的作用。电话销售人员要掌握娴熟的技巧,才能让客户接受。

所以,对于电话销售人员来说,要想成功地通过电话和客户达成交易,需要掌握娴熟的电话销售技巧,具体说来有以下几点:

(1)电话销售人员必须明白每一个电话想要达到的效果或目的。

(2)所打的每个电话的对象,应是通过市场细分的目标客户群体(行业、领域),并准确无误地将资讯传达给客户。了解客户的真实需求,判断他是即刻需求型还是培养需求型。

(3)使用标准的专业文明用语。如:"您好!我是××公司的小张,有一个非常好的信息要传递给您,现在与您通话方便吗? 谢谢您能接听我的电话……"。

(4)面带微笑及训练有素的语音、语速和语调。这是通话过程中传达给客户的第一感觉——信任感。增加客户在电话交流时的愉悦感,乐意与你沟通下去。

(5)具有良好的语言沟通能力。沟通的能力要变成有效的能量,需要经过学习、组合,运用各方面的能力互相支援互补,其中最重要的能力是倾听能力。良好的倾听能够准确地了解客户的真实需求。

(6)电话缘由有许多,比如你还可以假设已和某某人联系过,是对方要求今天这个时候再联系的;或者以免费试用产品或服务的说辞来吸引对方等。需要注意的是:电话缘由不要花太长的时间。

(7)在开场白部分,销售人员要注重提问,而不是介绍。可以以健康的关注、促

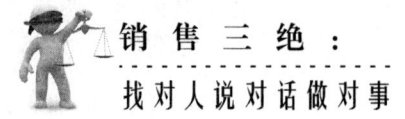

销和赠送、存在的问题作为切入点进行提问,这样会使对方觉得问题的重要性,然后他才会继续听下去。那么,此时你所扮演的角色已不再是个销售人员,而是以企业市场推广顾问的身份在与他交流。接下去你将提出一个解决企业问题的建议,而不是推销某一个产品。

（8）产品介绍环节关键是要介绍产品能给消费者带来的利益。另外,在介绍产品时要注意,如果对方对产品不是非常熟悉的时候一定要尽量使用通俗的语言,不要用太多的专业术语,这样会给双方沟通造成障碍。如果对方对产品比较熟悉的话,销售人员应该适当地运用一些专业术语,以显示专业的水准。

（9）正确解答疑问和处理异议,客户听完介绍往往不会立即决定购买,而要提出一些不同意见来确认一下他们所关心的问题或消除他们疑虑。因此,正确解答疑问和处理异议就成为销售的关键。客户提出疑问或分歧是正常现象,销售人员此时不必强词夺理,也不应该消极,而应自始至终都以积极的态度对待。销售人员应沉着应对消费者的抵触,临阵不乱,采用各种方式（如巧妙的提问）了解客户产生抵触的真正原因或疑惑的方面,找准突破口,对症下药。

（10）在提出进一步的约定时,应该提封闭式的问题,避免客户拒绝。

# 电话销售成功55%源于声音

电话是销售员的第一工具,销售员必须最大限度地利用电话。有一个公式是：电话销售成功=55%声音+45%内容,可见声音在电话销售中的重要。

**1.声音有无穷的魅力**

面对面的谈话,即使讲得不好也不会太糟糕,还可以用态度和表情来弥补,所以声音好坏无所谓。打电话则不同,对方只能感受声音,声音就是一切,一个好的声音真是所向无敌。人们都有这种体会,不经意在打电话或收听电台时,常常被某个声音所感动而沉醉其中。

销售人员丽华就亲身领教了一回声音的力量。她说："我本质上不是一个温柔的人,对于温柔声音的分量,并没有太多感性的认识,可是不久我就亲身领教了一回它的力量。"

"我在一家公司做售后回访,一般要问完五个问题才算做完一个访问。通常,我很客气地问候对方时,对方多能比较有礼貌地回应我。但也有态度很粗暴的客户,没等我话说完,就啪地挂了电话,或虽在听,但相当不友善。由于职业道德的约束,我决不能受影响,不能因为他的粗鲁我也变得狂躁,相反我继续有礼貌地温柔地与其对话,这时我惊奇地发现,往往态度不好的客户在听我讲第一句话时,语气冲得我都怕他从电话里伸出手来扇我一记耳光,可在我依然温柔不变的话语中,第二句、第三句对话时,对方已平静了很多,到最后一句话时简直就判若两人了,非常客气,甚至能主动向我致谢。"

"第一次我以为是碰巧了,可第二次、第三次,当我坚持以不变的温柔态度和声音对待不太友善的客户时,得到的都是同样的结果,我忽然记起朋友的那句话——'温柔的力量'。看来我在无意中运用了温柔的力量。在温柔面前,烦躁、粗鲁、不愉快都土崩瓦解了。原来,温柔声音的力量如此巨大。"

**2.让你的声音有杀伤力**

世间只有两种武器:一种是力量,另一种是温柔。温柔是一种力量,它会营造一个温馨的氛围,形成一个神秘的磁场,让人们潜移默化地就认同了某一种价值观,行为也随之发生了微妙的趋同性变化。这种武器你应该用在电话中。

用电话工作不要以为随便怎么说都可以,只要说清楚就行了。其实,你这样做恰恰是不对的。咬字准确、吐字清晰固然是声音具有魅力的基本前提,但这只是技术性的,而声调、音量的控制就不仅是一个技术性的问题了,这还具有艺术性。要知道,人体对声音是很敏感的。你有没有注意到你的声调是否过高?是唠唠叨叨还是冷冰冰?是尖厉刺耳还是唉声叹气?是盛气凌人还是支支吾吾?也许,在你还没有意识到的时候,你已因你那不能打动人的声音而推走了不少潜在的客户。

打电话要比平时面对面说话更讲究情感的倾注,因为相互间都不见面,声音是唯一的沟通媒介。可以说,要有好的声音,就要有好的性情和情感,要把听话的对方当做是自己的恋人,就像对自己的恋人说话一样,舒缓、温柔、低语、磁性,但不可是娇滴滴的。

让你的声音有杀伤力,可采取以下几种方式:

(1)心气下沉。销售新手都是年轻人,血气方刚,这样的心气跟温柔的要求差得太远。试着把头顶的气朝下压,压到脚底,你的心气就下降了。这样温柔就可以显现出来了。想想那些在外面叱咤风云的大女人,见到心爱的人就变成了小女人,就是她的心气在他面前就转换了,就温柔了。

(2)语速舒缓。在增强声音的感染力方面有一个很重要的因素就是讲话的语速。如果语速太快,语音是不可能温柔的,所传递的气息都是急促、不安、紊乱的,不可能有温馨的气场。而且对方可能还没有听明白你在说什么,你说的话却已经结束了。要练习说话温柔,就要从语速开始,注意,要沉住气,慢慢地说,你就能感受到有一丝温柔在里面了。

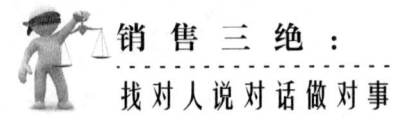

(3)耳语低调。温馨的气氛都是卿卿我我,耳语低调的,声音太大就没有温和的情感,所以练习把自己的声音压低。耳语低调会让电话的对方感到你整个身心都沉浸在与他的通话中。不要大声大气地与对方讲话。

(4)运用停顿。停顿也能带来好的气场。例如,在你讲了1分钟时,你就应稍微停顿一下,不要一直不停地说下去。要有停顿有安静,适当的停顿一下可以更有效地吸引客户的注意力。客户示意你继续说,就能反映出他是在认真地听你说话。停顿还有另一个好处,就是客户可能有问题要问你,你停顿下来,他才能向你提出问题。在一问一答中自然气氛就会很好。

(5)身体语言。不要认为这时的身体语言是没有作用的,在电话交流时客户虽然看不见你,但是你的微笑和动作却能有效地影响你的声音,能透过声音传递给对方,客户是可以感受到的。要微笑着打电话,身体语言要与想表达的事情结合起来。

(6)自我调节。有时电话打多了感觉很疲倦,精神状态也会相应地越来越差。这就需要自我调节一下。在你精神状态不佳时打电话,一定要注意自己是在笑还是板着脸讲话。你的精神状态客户虽然看不见但是可以感受到,如果你自己没有注意到,就很有可能因此而失去一次机会。让自己处在好的状态再沟通。

好好练习自己的声音,用自己富有杀伤力的声音,给客户打电话,一边作工作、沟通了解,一边向对方问好。如果能坚持这样做的话,事业命运必有大改观。

# 巧妙地绕过接线人

在电话销售的沟通过程中,销售人员往往不会那么顺利地与潜在客户见面,因为在最终的客户前面往往还有接线人、秘书之类的障碍横在面前。

因此,要想顺利进行沟通,你就必须先绕过那些障碍。

进行电话沟通,只有找到决策人才算是沟通的开始,因为非决策者无法对你所提供的产品和服务作出购买的决定,所以商务电话沟通最重要的一点是如何找到真正的购买者。能作决策的购买者往往是公司或企业的高层或负责人。在找到他们之前,电话往往被对方的秘书或接线员挡住。所以,学会如何在短时间内突破这些接线人与秘书的挡驾也将是一个重要的环节。

那么,究竟该如何去顺利突破这些障碍呢?请熟练掌握以下法则。

**1.恳求帮助法**

每个人内心深处都有帮助他人的意愿,所以突破秘书关的第一个方法就是帮助法则。

"小姐,您好!我有急事需要马上跟赵总商讨一下,您可不可以帮我把电话直接转给赵总?"提出这个愿望,同时你说的话又讲得非常贴切有礼貌,对方就很难拒绝。

商务电话沟通最大的特点是通话的双方在电话线的两端,看不到对方的反应,所以你的声音和语气将决定对方对你的印象。如果想让别人听下去,就要给对方一个良好的印象,进而为自己塑造一个良好的电话性格。

在与秘书进行沟通时,要很尊重他们。而尊重的语气,首先表现在礼貌的寒暄、言语的适当停顿和聆听秘书的反应上。如果你没有招呼,语言唐突,术语太多,不顾接线人反应,令对方不得要领。这样不仅导致秘书对你的第一印象欠佳,还会给人一种受电话骚扰的感觉。

有时你也可以这样说:"您好,我是A公司的(这种简称的自我介绍,听上去要亲切得多),有个样品介绍单,我们想给总经理发个电子邮件,您知道总经理的电话吧,我想记一下。"这个介绍单的真假无关紧要,关键是,这是一个很好的试探,给双方都留有谈话的余地,礼貌地回避了那些引人反感的话。

因为清楚明了,顺情合理,你就很容易得到接线人的认可。

**2. 妙用私事法**

"我找李总。"

"请问你找李总有什么事情?"

"我跟李总之间有些个人私事,我想你一定不太方便替总裁处理他的私事吧?"

"好吧,我帮你转进去。"

一般的秘书在私事问题上害怕涉及总裁的隐私,万一处理不好就要被炒鱿鱼,因此就会马上给你转进去。不过,你讲话的语言、声音要让她感觉到你跟总裁之间确有私事、私交。

**3. 巧妙地回电话**

"刚才我的手机接到了一个电话,可能是你们总经理打给我的,能帮我转一下吗?"也许你的手机从来没有接到过电话,但你说了这句话,秘书就会认为是自己老总打出的,所以就给你转进去了。这个方法特别巧妙,用这种方法打给许多企业的总裁秘书,她们一般都防不胜防,因为她们的确无法判断你讲的这句话是虚假的,还是真实的。

**4. "我是先生的朋友"**

"我找××先生。"秘书就会认为,可能××先生是你的好朋友,直接叫他的名字,她就把电话给转了。而你与他可能并不相识,但你让秘书感觉到你跟××先生是老朋

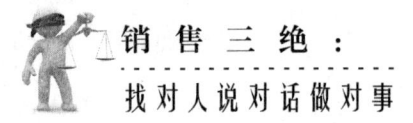

友、老同事、老关系、老业务、老团队的成员,而让秘书觉得无法拒绝你,因为你太亲切,太熟悉了。假如今天你想与客户建立一种良好关系的话,有时不妨说:"喂,我跟你们老王是老朋友了……只是没有见过面而已。"那就是"神交已久",精神的交往已久,只是没见过面罢了。

### 5.有时应直截了当

直截了当法则有个技巧,就是你必须有非常强烈的自信心。打电话时提高声音说:"喂,找一下老王。""喂,找一下李总。"你给对方的感觉是你高高在上的。有一位经常跟各部委做项目商务的人,在拿起电话打给别人时往往直言说:"我是商务部,我找王先生。"本来是王总,他不称呼对方王总,他称呼王先生。一听是商务部的,秘书还敢挡驾吗?不敢!"您找王总,那我就转给他好了。"

在适当时候,在运用电话为公司开拓业务的时候,如果能培养出打电话的自信心,打电话时有非常贴切的尺度和有效的空间,就能给客户带来良好的印象。

### 6.善用诱导法

在绕障碍时,有些人不懂得诱导秘书。比如:"请问采购部的电话您知不知道?"或者问:"我可不可以找一下你们的经理?"能不能用这样的语气问呢?不能。因为没有引导性。

你要养成一个习惯,不要用这种问法。应该说:"您知道供应科的电话吧,我记一下。"引导他默认"是",然后告诉你。

"麻烦您,请您叫一声经理好吗?谢谢您。"引导他默认"好",然后告诉你。

再对比下面的两句话:"这个星期再吸收5个会员行不行?"与"这个星期再吸收5个会员有没有信心?"很明显,后一种问法更能诱导出肯定的回答。

所以在选择语气时,要学会把秘书向你所希望的方向引导。也就是说,只有给秘书一个很便利的回答方式,你才能得到你想要的肯定的回答。

不要去诱导秘书说"不行"、"不可以"、"没有时间"、"不可能"。如果你拿起电话对秘书说:"供应科的电话您可能不知道吧?"他肯定会说:"嗯,不知道。"那你还怎么绕障碍?

# 把握好电话接通后的20秒

一般来说,接通电话后的20秒钟是至关重要的。你能把握住这20秒,你就有可能用1分钟的时间来进行你的有效开篇,这其中包括:介绍你和你的公司,说明打电话的原因,了解客户的需求,说明为什么对方应当和你谈或至少愿意听你说下去。

**1.引起电话另一端客户的注意**

销售人员主动打出电话,最重要的事莫过于唤起客户的注意力与兴趣。对于素不相识的人来说,一般人都不会准备继续谈话,随时会搁下话筒。你需要准备好周密的脚本,通过你的语言、声音的魅力引起对方的注意。

(1)能激起兴趣的通用说明。如:"我了解到你的部门的手机话费每月上万元。我致电的目的是想让您知道我们的资费计划能使您的通话费用减少一半……"

(2)用问题来吸引对方的注意力。如:"从您提供的信息上看,你的汽车保险额为5 000元人民币。目前事故的平均修理、理赔费用为9 300元,你的保额不够时您是如何打算的呢?"

(3)由衷地赞扬。如:"如同贵公司在打印机领域的领先地位,我们公司所提供的集团客户旅行去年占全行业的38%,远较第二名15%要高……"

(4)提出问题的严重性。如:"张先生,我市房屋拥有者中,每10个中有8人一旦遇到火灾等自然灾害导致房屋被毁便完全无法重建。如果你是8人中的一位,我建议您能了解一下我们推出的……"

(5)用类比方式。如:"胡太太,东安小区有56%的住家安装了防盗报警装置。小区的犯罪得逞率比咱这下降了10个百分点。我相信您对社区安全也是同样关注……"

(6)提及客户熟知的同行已采用。如:"您好!李总。我是王红燕,是信达公司的培训顾问。我们是国内唯一一家专做银行业务代表培训的专业公司。我们最近为银行做了全体业务人员参加的为期三周的电话技巧培训。"

(7)如果以上都不适用,你则在介绍自己名字与公司名字之后问一句:"您听说过我们公司吗?"为下一步的简述作铺垫。

**2.说明致电目的的方式**

(1)第三方引介。如:"我给您致电是因为我们都熟悉的黄志军先生,是他介绍说您正在寻找降低波峰用电量的方法。"

(2)直接跟进。如:"我来电是想了解一下我们按您的要求寄出的公司介绍是否就是您感兴趣的内容……"

(3)提及对方最近的活动。如:"贵公司最近组织中层以上的经理参加的中欧工商管理学院的客户关系管理课程……"

(4)将产品与著名专家的论点联系起来。如:"营销界的泰斗程院士认为目前的营销自动化软件需要解决数据格式本地化的问题。我们新推出的升级版完全解决了……"

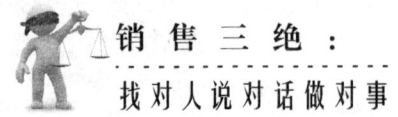

### 3.站在给客户提供价值的角度设计对话

即使你的头衔是销售代表,你也应该用客户更容易感觉价值的称呼。比如,如果你卖保险,称呼自己为财务顾问;如果你卖家具,称呼自己为室内设计顾问。

在介绍公司和产品时也是一样。如果你是一家彩色打印机制造商,强调"我们帮助企业在更短的时间以更低的成本印制高质量彩色目录",而非简单地说"我们生产品牌彩色打印机"。

如果你的产品或服务能解决一个业界存在的难题,或带来业务上的突破,一定要强调。如:"我们新一代的手机已经彻底解决了长时间通话手机会发热的现象,而且通话质量丝毫不受影响……"

在开场白快结束时,如果你能帮助客户更多地了解产品给他带来的利益,通常对话能顺利进行下去。如:"如果我向您展示贵公司如何将客户来电等待时间立即降低到业界平均水平以下,您会有兴趣和我讨论吗?"

总结电话开场白的过程:在彬彬有礼地问候后介绍你与你的公司,然后集中于客户的高度注意力与兴趣。

做好了这些,这时你已经突破了障碍,向成功迈进了一步。此时,当务之急是立即通过解释致电目的并提及给客户的价值,将客户带入沟通的下一阶段。

# 掌握好与客户通话的时间

要想与客户顺利进行电话沟通,首先要了解与他们通话的最佳时间。表22-1是与不同客户通话的最佳时间。

表22-1 不同客户通话的最佳时间

| 客户类型 | 最佳通话时间 |
| --- | --- |
| 行政人员 | 上午10:00到中午,或下午5:00~5:30 |
| 建筑施工人员 | 上午9:00前或下午5:00后 |
| 医药商 | 下午4:00~5:00 |
| 银行经理 | 上午10:00前或下午3:00后 |
| 内科医师 | 上午9:00~11:00或下午4:00后 |
| 教授或老师 | 上午8:00前或下午4:00后 |
| 会计师 | 1~4月以外的任何时间 |

续表

| 出版商或印刷商 | 下午3:00之后 |
|---|---|
| 零售商 | 上午8:00~10:00 |
| 股票经纪人 | 上午10:00前或下午3:00后 |
| 承包商 | 上午9:00前或下午5:00后 |
| 牙医 | 上午9:30以前 |
| 食品商 | 下午1:00~3:00 |
| 主妇 | 上午10:00到中午之前 |
| 律师 | 上午11:00到下午2:00 |
| 药剂师 | 下午1:00~3:00 |

另外，还需注意通话时的时间分配问题。电话销售沟通中的几个时间管理原则如下。

**1.重要的电话应约定时间**

曾经有个著名的网站邀请培训师给他们公司做一场培训，因为培训师的时间很紧，便由助理帮他约好时间。该网站的培训部要求他们公司的几个经理全部在线上，在电话里聆听他们将要讨论的细节，这样他们通过电话解决了问题。重要的电话，他们一定要和客户约定时间，准时进行联系。

**2.节省客户的时间**

问候性电话不超过1分钟，约访电话最多不能超过3分钟，解说电话不要超过8分钟。客户要求处理问题的电话最长时间通常不要超过15分钟，超过15分钟顾客就感觉到你不如跟他面谈。但是，到底多长时间是最合适的时间？建议是：最快达成你想要的结果，就是最合适的时间。

**3.把时间用来做最有效率的事情**

打电话给那些客户公司中的普通业务代表，还是打电话给公司的负责人、董事长、总经理，要有选择。如果你的电话都是打给没有决定权的人，你最后根本不会产生业绩。因为一个人的时间分配是有限的，你一天24小时可以做某项工作，也可以做另一项的工作，但业绩不会完全相同。所以，电话营销过程中，真正有实效的事情是主动打电话给有决定权的人。

**4.电话销售中的20/80法则**

20/80法则是一个普遍性的法则，在电话销售中也有这样一个法则。沟通和说服的关键在于怎么让客户多说、多讲、多谈、多行动。电话销售的20/80法则是：在电

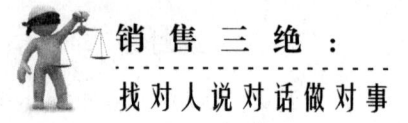

话沟通时,80%为倾听,20%为解说;在解说中,80%是提各种合适的问题,20%是解说客户感兴趣的事或客户关心的事。

总而言之,销售人员一定要好好规划电话沟通的时间管理,以免为随后的进一步沟通带来障碍。

# 第十六章 充满魅力：
## 感染力决定影响力

　　成功销售人员的话语都显得精力充沛、富有吸引力，能给客户带来愉快的情绪。以一位女销售人员为例，如果她的声音清脆圆润，那不管她到什么地方，只要一开口说话，所有的人都会仔细倾听，因为他们无法抗拒如此富于魅力的声音。她高雅的素养和迷人的个性无疑会给人们带来最美好的享受。

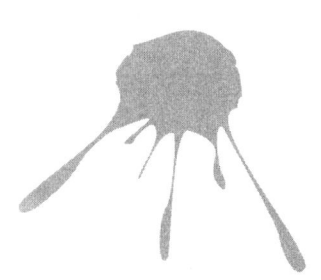

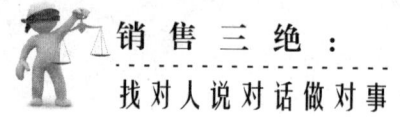

# 声音要具有感染力

作为销售人员,声音是否具有较强的感染力,会直接对自己在客户心目中的形象产生影响。不同的人,音质各不相同,那么销售人员在声音上要注意哪些问题呢?

**1.吐字要清晰**

清晰的表达能够让客户听清楚你说的是什么,这对销售人员来说是一项最基本的要求。作为销售人员,发音一定要标准,吐字一定要清晰。语言表达是否清晰,普通话的流利和标准与否,都会直接影响销售人员声音的感染力。

销售人员向客户介绍自己产品的时候要注意克服方言的影响。比如北方人说普通话的特点就是儿化音现象很严重,尤其是当说话的语速很快的时候,别人或许根本就听不懂;而南方人在说话时往往平舌音与翘舌音不分,前后鼻音不分,很容易让人产生误解。

一位推销员去一家公司推销他们的产品,该公司经理刚好姓史,于是推销员进去先向经理问好:"史(死)经理,您好!我是(四)……"

经理刚准备开始自己一天的工作,一句"死经理"让他惊异地抬起头,一大清早就被人说了一句"死经理",他心里感觉极不舒服,所以很不开心地看着这位推销员,但是对方似乎没有觉察到他的不快,依然在不停地"史(死)"经理长、"史(死)"经理短的,让史经理哭笑不得。

没办法,史经理只得告诉他:"别再喊经理了,你有什么话就说吧!"

推销员于是连忙说:"哦,应该叫您先生,好的,'史(死)'先生……"史经理听到这句话感觉更加不舒服,于是他对推销员说:"您有什么事情,就照直说吧,大清早的,不要乱喊……"

推销员于是告诉他,他是一家保险公司的推销员,是来向史先生推销人寿保险的。一听是推销保险的,史经理怒气冲冲地对他说:"对不起,请你出去,我还有事情要做。"推销员无奈只得退了出去,他始终也想不通为什么经理会突然对他发脾气。

**2.语言要流畅**

除了吐字清晰以外,销售人员的讲话还要注意语言的流畅性。语言是思维的外在表现,一个说话很流畅的人,通常被人认为是个思维敏捷的人,或者可以反过来,正因为他的思维敏捷所以他才能如此流畅。而且,语言流畅也可以很好地增加自己的信心,同时也能获得别人的好感与信任,让人相信你的能力。

### 3.声音要洪亮

销售人员说话尽量语音洪亮,语音洪亮就可以让客户充分被你感染,增加对你个人的信任,并能对你的产品产生一种强烈的兴趣,也能产生一种想听下去的愿望。

客户会从你洪亮的声音里感受到你的热情,以及你对自己工作的激情和你对自己产品的那份热忱。也许有人会说声音的洪亮与否跟个人的客观条件有关,有的人声带厚而宽,自然他的声音显得很洪亮而浑厚;而有的人声带则相反,所以他的声音自然就小而尖。固然,声音与自己的生理条件是密切相关的,但是声音还与自己的发声方式有关。在近代,中国就有身为男性唱女声而成名的"四大名旦",也有唱男声闻名的越剧女伶;在现代,使用美声唱法的歌唱家通常能唱出与他平时说话截然不同的声音。因此,声音是可以改变的。销售人员可以适当改变一下自己的发音方法,让自己的声音变得洪亮、浑厚,让对方产生一种听觉美感。

### 4.语速要适中

讲话的语速也会影响声音的感染力。如果销售人员说话的语速太快,客户可能还没有听明白,你就已经说完了;反之,如果你说得太慢,而对方又是急性子,那客户也会受不了。因此,最恰当的做法应该是根据客户具体情况,来调节自己的语言节奏,以做到恰到好处地停顿,从而取得良好的谈话效果。

# 熟练控制说话的语调

语调往往最能反映出一个人说话时的内心世界,也能表现出个人的情感和态度,它的细微差别能够向人们传达很多信息。

通常来说,高昂的语调催人振奋,低沉的语调则会让人情绪低迷。作为销售人员,在与客户接触的过程中,要学会控制语调,尽量做到不说则已,说就要说得活灵活现。

人们在听新闻广播时,发现播音员往往都不带主观意识,不带感情,只是在进行平实客观的述说,这是出于其职业的需要。但销售人员就不同了,一般来说,饱含感情的说话是至关重要的。在讲话时,如果没有抑扬顿挫或不带感情时,听起来就会让人感到无聊乏味。充满感情地去和客户交流,才能收到良好的效果。因为从你

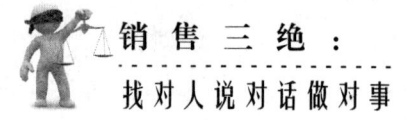

的语调中,客户可以看出你是一个充满激情、令人信服、可亲近的人,还是一个呆板保守、具有挑衅性、阿谀奉承的人。此外,你的语调同样也能反映出你对人是否坦率,心里是否能够尊重他人。

无论你谈论什么样的话题,都应保持说话的语调与所谈论内容相互配合。恰当的语调能够及时、准确地向客户传递你所掌握的信息,并能够委婉地劝说客户接受你的某种观点或者倡导客户实施某一行动,并能恰当地表明你对某一话题的态度。

声音的抑扬顿挫,是一流销售人员应该具备的条件。如果你对自己的工作有浓厚的兴趣和情感,当你在做这件工作时就会把热情投注其中,自然你说话的声音就能产生出极富说服力的抑扬顿挫的声调来。

一般来说,在进行推销实践中,销售人员的语调不能太高。同时,讲话时要注意语调的抑扬顿挫,还要注意根据客户的语调变化来不断地对自己的语调进行适当的调整。说话的语调不应是一味平铺直叙的,而要富有节奏。同时,口头表达的多样化能够提高客户的兴趣和参与意识。在说"您好"的时候,声音上扬可以表现出你的激情活力,与降调的"您好"效果就大不一样。在表示有疑问的时候,可以稍微提高句尾的声音。同时,在重要的词句上,还要加上重音。

# 恰当地运用停顿

说话中的停顿与连接是为表达语句的意义和层次、思想和情感服务的,并不完全受标点符号的制约。没有标点符号的地方,有时需要停顿;有标点符号的地方,有时则要连接。销售人员应该牢记这一点,但也不能生搬硬套。

停顿与连接在说话中起着重要的表情达意的作用,主要意义在于以下几点:

(1)保证语意清晰明确,不使听者产生误会。

(2)强调重点,加深印象。

(3)并列分合,使内容完整。

(4)造成转折呼应。

(5)体现思考判断,给听众的领悟提供依据和时间。

(6)造成意境,令人回味想象。

销售人员在推销中的适时停顿,则可以用来整理自己的思路、观察对方的反应,并能够起到引起对方的好奇、促使对方回答、强迫对方迅速下决心等作用。适当的停顿不仅能吸引客户的注意力,还可以让客户有机会思考并主动参与到沟通中来,同时使你与客户的沟通更有趣味。

为了更好地发挥停顿的作用,销售人员需要做好以下几点。

**1. 准确判断客户的反应**

说话时运用停顿是一种需要好好掌握的技巧。销售人员说话时有意识的停顿,不仅使讲话层次分明,还能突出重点,吸引听者的注意力。而且适当的停顿能使听者明白你所讲的内容分为几个部分,前后是否照应。只有条理清楚的讲话,才具有说服力。

在推销中,令很多销售人员都十分头疼的一个问题就是如何判断客户是否在听他们讲话。其实,判断客户是否在认真听的最好办法就是运用停顿。

在销售人员对客户讲解了1分钟后,就应稍微停顿一下,停顿的时候,根据客户的反应就可以判断他们有没有在听,如果客户示意你继续说,就能反映出他是在认真地听你说话。

停顿还有另一个好处,就是客户可能有问题要问你,你停顿下来,他才能借机会向你提出问题。

**2. 恰当地运用停顿**

运用停顿在交谈中是非常重要的,但是在具体运用停顿的过程中,应该注意既不能太长,也不能太短,这就需要销售人员根据具体的情况去进行具体的分析,去揣摩应该在什么时候停顿。

当销售人员在转换语言、承上启下,或提示重点、总结中心主题的时候,往往都需要适当的停顿,以引起客户的注意。

停顿有时并不仅仅局限于声音,还可以配合一些手势动作来进行。例如:低头沉思;双手握拳,做激动状;说到关键处,双目凝视;深深地叹息;紧皱眉头,做痛苦状;抬头仰望天等。在运用这些动作时,要注意做得自然、逼真,以免别人认为你很做作,只是为了吸引他们的注意力。

下面可以看一下这位推销员是如何巧妙地利用停顿来丰富自己的谈话内容,进而达到推销目的的。

"张总,我相信贵公司的员工到贵公司工作的一部分原因是因为(这时推销员的声音逐渐提高)他们仰慕您的为人。"(说到这里,推销员的音调更高了,达到让全办公室的人都可听到谈话的目的。)

"既然您的全体员工都对您怀有仰慕之情,那么对于您来说,最重要的就莫过于自己的健康问题了。您只有保持身体的健康,才能领导员工去冲锋陷阵。"(推销员慷慨激昂,忠言直谏。)

接着,推销员降低声音:"如果您的身体垮下去的话,怎么能够对得起那些爱戴

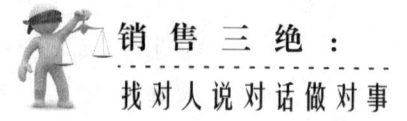

您的员工呢?您喜欢或讨厌药物,您要不要吃药,那又是次要问题。"

说到这里,推销员又提高了声音:"现在最重要的是,您的健康是否确实毫无问题,您曾经去检查过吗?"推销员一口气说到这里,想到运用"停顿"的妙方,于是突然打住。这时整个办公室鸦雀无声,都在等待对方的回答。

对方显得有点手足无措,隔了一会儿才说:"我还没有去医院检查过。"

"那么您就应该抓紧了,就让我为您服务吧!我将带着仪器专程来贵公司给您做身体检查。"

对方沉默了一会儿,推销员也在一旁不吭声。

最后,总经理说:"好吧!那就麻烦你了!"

# 谈话时的语气很重要

在与人谈话的过程中,同一句话用不同的语气说出来,其效果也会有很大的反差,下面举例来说明这一问题。

例:下面句中加粗部分表示强调,请体会其所表达的意思有什么不同。

**班长**说这个电话是你接的。

**班长说**这个电话是你接的。

班长说**这个**电话是你接的。

班长说这个**电话**是你接的。

班长说**这个电话**是你接的。

班长说这个电话**是**你接的。

班长说这个电话**是你接的**。

从上面的例子可以看出,只是语气上的不同,就可以使同样的话变成各种不同的意思。可见,说话时语气很重要性。

由此可知,在销售人员与客户进行沟通时,说话时的语气非常关键。销售人员要注意讲话的语气,要成为一个会说话的人,充分把握交谈的主动权,促使销售洽谈得以顺利进行。

**1.不卑不亢**

销售人员的说话语气要做到不卑不亢,不要让客户感觉到你是在哀求他,那种唯唯诺诺的语气只会传达一种消极的信息给客户,同时也不利于建立自身的专业形象。另外,也不要让客户感觉到你有股盛气凌人的架势,这样说话会给客户留下极为不好的印象,即将做成的交易也很可能因此而泡汤。

**2.言语要委婉**

不同的措辞会给人以不同的信息,即使销售人员想表达同一种意思,积极的言辞与消极的言辞所传递的效果也是不同的。

"我想了解一下你们公司今年打印机的使用情况。"这句话中,哪一个词用得不太好?是"了解"。"了解"是谁在获益?当然是询问方了。而如果销售人员将这个词换成"咨询"或者"请教"的话,那么给客户的感觉就会好得多。

如果在销售人员的推销用语中,讲究言语的委婉,善于运用"我"来代替"你",尤其是在提出请求和表示反对的时候,那么就会在很大程度上有助你推销工作的顺利进行。例如:

直接说法:"您的名字叫什么?"

委婉说法:"请问,我可以知道您的名字吗?"

直接说法:"您必须……"

委婉说法:"我们要为您那样做,这是我们需要的。"

直接说法:"您错了,不是那样的!"

委婉说法:"对不起,我没说清楚,但我想它运转的方式有些不同。"

直接说法:"如果您需要我的帮助,您必须……"

委婉说法:"我愿意帮助您,但首先我需要……"

直接说法:"您做得不正确……"

委婉说法:"我得到了不同的结果。让我们一起来看看到底是怎么回事。"

直接说法:"听着,那没有坏,所有系统都是那样工作的。"

委婉说法:"那表明系统是正常工作的。让我们一起来看看到底哪儿存在问题。"

直接说法:"注意,您必须今天做完!"

委婉说法:"如果您今天能完成,我会非常感激。"

直接说法:"当然您会收到,但您必须把名字和地址给我。"

委婉说法:"当然我会立即发送给您一个,我能知道您的名字和地址吗?"

直接说法:"您没有弄明白,这次听好了。"

委婉说法:"也许我说得不够清楚,请允许我再解释一遍。"

总之,在与客户沟通的过程中,销售人员要时刻注意自己的语气。最好不要用那种推销色彩太浓的语气与客户交谈,而应该以一种朋友的语气和态度与客户进行沟通。

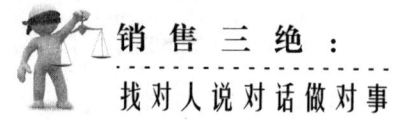
销售三绝：
找对人说对话做对事

# 使用疑问句时的语气

疑问句是用来问一般性问题的,它是用来表达自己的疑惑的,当说话者对某种事物或者某件事情不明白时,或者是想通过询问自己的说话对象来得知某种答案时,都应该使用疑问句。

作为销售人员,如果自己对产品的某些专业知识不够了解的话,甚至在不如客户熟悉情况的条件下,就可以带着自己的疑问去虚心地询问客户,不要感到不好意思,这样做会使得客户有被信任、被重视的感觉,能让客户感到你的真诚。尤其是当客户说出了他的不同看法的时候,你可以采取一种十分宽容的态度,倾听客户的异议,运用疑问句式来了解客户的要求,然后再尽可能去满足客户、去说服他们。

丁先生在某家超市里选购物品时,他发现自己要选购的腊肉颜色和他在老家吃到的腊肉颜色不同,于是他就怀疑起了这里腊肉的质量。

丁先生(质问促销小姐):"你们这里的腊肉怎么这种颜色?感觉不对劲啊。"

促销小姐(微笑地问):"先生,您见到的腊肉不是这种颜色吗?和我们这里的有什么不同吗?"

丁先生(看到她说话很和气,气也消了):"是啊,我在老家吃到的可是正宗的腊肉,颜色是褐红色的,可你们这里的颜色却是焦黄的。"

促销小姐:"哦,是这样的,您说的那种'正宗'的腊肉颜色可能只是腊肉中的一个品种,不同地方的腊肉所采用的做法不同,所以才造成了颜色的差异。我们这里的腊肉是用精选的谷壳熏制的,所以颜色是焦黄的,这您尽管放心,我们是大型超市,采购时在质量上的要求是很严格的,食品的质量是没有任何问题的。"

丁先生(放心):"哦,是这样啊。"

通过疑问的语气来了解客户的想法,或者用来得知客户对自己产品的疑惑,这样能够有助于尽快想出应对方案,来回应客户的疑问。

# 使用双重否定句时的语气

双重否定就是否定两次,即表示肯定的意思。例如,"他不是不买"意思是他要买的。包括有双重否定的句子就是双重否定句。双重否定句是相对于单纯否定句而言的,它用否定加否定的形式,表达肯定的语意。一般的语法书普遍认为,双重否定句的作用是用来加强语气的。

双重否定句的肯定意味比反问句更强,并且听上去还会让人觉得很委婉,不像反问句那样咄咄逼人,而且如果运用失当,反问句很容易导致销售人员和客户之间的冲突与口角。

比如,当销售人员在质疑客户的观点时,采用反问句的时候常常会说:

"难道您的观点就是真理、就是标准?"

"难道别人的说法都是错误的?"

"难道你会比我更了解行情?"

可想而知,类似的咄咄逼人的反问,只会火上加油,很容易激怒客户。

但是如果销售人员能够稍微变通一下,采取另一种句式,所带来的结果则完全可能是另外一番景象:

"我不觉得您的话没有道理,但是我也不觉得我不比您更懂行情,因为我毕竟是做这一行的。"

使用这种双重否定句,能够使说话者的语气更加平和肯定,显得十分中肯坦诚。这样的句式能使自己的语气更加委婉,这样客户也能很容易地接受你的观点;否则,如果客户听到的只是你生硬的反问的话,那么他所重点关注的就仅仅只是你讲话的形式而非内容了。这样的话,双方之间就很难进行有效的沟通。

另外,当遭到客户拒绝的时候,销售人员也可以采用这样的双重否定句来将谈话进行下去。因为双重否定句这种句式,不仅语气委婉、肯定而自信,同时,也由于其句式复杂而更能体现说话者的思维清晰,使得说话者的语言能够体现出一种理性思考的精神、一种良好的内在逻辑性。当客户听到这样的话的时候,很可能会对销售人员的话进行再次考虑。

比如,当遭到客户拒绝的时候,销售人员如果采取这样的双重否定的句式:

"我不认为您不需要对您先前的选择进行重新的审视。"

"我并不认为您的决定不需要因为更好的选择的出现而改变。"

"我不觉得我的产品不值得您认真考虑。"

"我不得不认为您的拒绝是一种没有经过深思熟虑的行为。"

这样的句式也许不一定能让客户改变他们的主意,但是至少可以为你赢得在客户身边多停留一分钟的机会。你应该知道,在这关键的一分钟里,是什么情况都可能发生的,可能客户觉得你的那句关键的话提醒了他,他才决定听你对你的产品进行进一步的介绍,突然发现你的产品更符合他的需求,所以在最后才下了购买的决心。

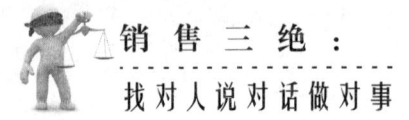

语气的作用有时候是非常神奇的,只要运用得当,它甚至能在看起来已成败局的情况下,让你力挽狂澜,使形势发生彻底的逆转。

# 使用设问句时的语气

设问句是一种自问自答的句式。它是为了引起别人注意,故意先提出问题,自己提问自己回答,能够起到一种引起对方的注意和思考,引出下文,承上启下的作用。

当客户对你所推销的产品的信息和知识了解甚少的时候,他们可能会对你推销的产品有实际上需求,但是由于他们的专业知识有限,所以无法提出一些较为专业的问题,而且他们很可能又不好意思或者说不愿意让人知道自己对产品的一无所知,所以更多地会选择闭口不言,以免言多有失。

这时候,销售人员就可以将那些客户常见的疑问以及产品的基础知识及使用方法,做一个大致的总结,在面对上述那种客户时,就可以在他们面前自问自答,当你的设问刚好符合客户内心需要的时候,他们就会很认真倾听你讲话,并希望从你这里得到更多的相关信息,并以此来印证他们心里的某种观点,或打消某种疑虑。通过这样的沟通方式,客户自然而然就会对你产生依赖感和信任感。

例如,当客户对电脑硬件知识不是很了解的时候,销售人员就可以采用一些设问句式来向客户解释。比如以硬盘为例,销售人员可以这样对客户进行讲解:"您知道什么是硬盘吗?其实硬盘就像一个小盒子,你可以把你需要的文件存储在那里面,当然硬盘也有自己的容量,就像蓄水池,不过它的单位不是毫升或者立方米,而是有自己专门的单位,有80G、160G、240G的,数字越大,容量越大。您想要多大容量的硬盘?"相信这样的一番话,轻而易举就能使客户明白什么叫硬盘。此外还有一些电脑配件如CPU、显卡、电源等比较专业性的部件,销售人员都可以采取类似的语言形式向客户进行介绍,包括产品的功能等,这样,当你的推销语言清晰、明了的时候,客户对你的信任感与好感也就油然而生了,当客户对你有了好感,又何愁交易不能达成呢?

对于其他的一些专业性的数码产品中的问题,也可以采用设问的语气为客户进行答疑。比如对数码相机,当客户不了解什么是像素或者什么是变焦时;比如MP3的功能与用途;比如传真机的使用与原理;比如打印机和复印机的功能等。

# 第十七章　魔鬼说服：
## 变"我要卖"为"我要买"

　　销售的关键在于找到客户的需求点，找到客户的弱点与软肋进行重点突破，并及时满足客户。把销售的理由变成客户需要购买的理由，由销售人员"我要卖"转变为客户"我要买"。以客户为中心，以需求为导向，找到客户的软肋——这，是销售说服的重点所在。

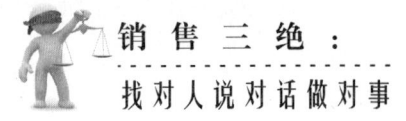

# 营造有助于说服的情境

苏联科学家巴甫洛夫做过一个很有趣的条件反射的实验。

他把关在笼子里的几条狗饿了好多天之后,把一块烤肉放在笼子的旁边,这些狗能看到、闻到就是吃不到肉,它们就会产生一种生理反应——流口水。在这些狗流口水的时候,巴甫洛夫就摇一个铃铛,每次流口水就摇铃铛。经过几次同样的情景,他把这些狗全部喂饱。当这些狗吃饱后,巴甫洛夫突然摇铃铛,那些狗莫名其妙地开始流口水,虽然它们已经吃饱了。

为什么会这样?因为巴甫洛夫让这些狗形成了神经联结,把铃铛声和流口水连在了一起,无论以后狗是否吃饱,只要听到铃铛声就会流口水。

这是一种潜意识的心理反应,每个人都有过这样的体验。例如,当人们看到五星红旗升起来的时候,就会有一种民族自豪感;当人们听到一首非常熟悉的歌曲时,就会有一种特定的感觉;当人们处在花前月下的情境中时,就会找到初恋的感觉。

人只要在特定的情绪状态下,不断接受一个特定的刺激,就会在潜意识当中把当时的情绪和看到或听到的刺激因素相连接,只要刺激物一出现,就会产生那种情绪状态。这个刺激物,也许是看到的,听到的或是感觉到的。

在说服过程中,销售人员可以有意创造一种愉快的交谈气氛,或讲一些幽默的小故事。当客户开怀一笑时,你可以把他的目光引向面前的产品。

客户再次大笑时,你可以再次指着产品对他说:"你摸一摸手感多好,舒服得很呢!"如此重复几次,当客户拿起产品的时候,就会说:"我怎么一看到这款产品,就喜欢得不得了。"这个时候你的说服就成功了。

说服要想获得成功,一定要把客户引领到一个令客户愉悦及放松的情境当中,让他们看到你的商品就感到快乐。这时候,客户就渐渐进入了一种"恍惚"的状态,你销售的成功率就会大大上升。

如果在你的销售中没有制造一种和谐的快乐的气氛,客户的感情冷淡,没有兴奋起来时,你最好不要谈买卖,因为那样常常是事倍功半。

你可以先问客户一些问题,因为问题会改变客户的注意力,并引导客户进入一个正面的情绪状态。例如,销售人员可以问客户:"你生命中感到最快乐的一件事是什么?""现在有哪些事情让你感到高兴?""你对什么事情感到兴奋?"等。一旦客户进入状态时,他们就会有很好的感觉,然后你再谈产品。你先让客户感到高兴再谈你的产品,这样客户就会把正面美好的感觉和你的产品联系在一起了,于是自然愿意和你成交。

## 说服要循序渐进

销售人员不要妄想一次就说服客户,让客户马上就相信自己,解除客户戒心的武装要像不断奔流的泉水一样,虽然不像大海的波涛那样气势磅礴,但却永远充满着不竭的活力,永远给饥渴的旅人以温柔的润泽,而不像茫茫大海般的苦涩,让人难以接受;解除客户戒心的武装也要像温暖的春阳融化大地冰雪一样,无声、缓慢、彻底。这种无声无息就将凶险化于无形的说服销售人员称为融化式说服。

融化式说服首重销售人员人品,就是说你给客户留下的印象要好,尤其是第一印象。如果是电话联系的客户,若给对方的第一印象不好,你将连和客户见面的机会也不会有。

那么,销售人员如何做好循序渐进的说服呢?

(1)充满自信。销售人员要对自己的说服能力充满信心,对自己的公司产品或者服务充满信心。

(2)态度诚恳。销售人员在和客户进行洽谈时,要真诚地回答客户的问题,设身处地地为客户着想,本着为客户服务,服务好的思维。

(3)头脑灵活。在和客户交涉时,要能敏锐地捕捉客户内心的真正意图,并能迅速切入,对症下药。

(4)说话有分寸。销售人员在和客户洽谈比较敏感或者迫切的问题时,一定要记得说话要有大的回旋余地,以便于以后能够多次联络、合作。

(5)言而有信。如果销售人员和客户约定了什么事,就要保证做到,千万不要给客户不能兑现的空头承诺。

(6)切忌背书一样的业务宣讲。这样给客户留下的印象会是销售人员对业务不精,是在敷衍他。记得将你的解说词组织得犹如你和客户拉家常一样的随意、流畅、灵动。

与对你存有戒心的客户,尤其是初次打交道的客户,往往双方取得信任的基础

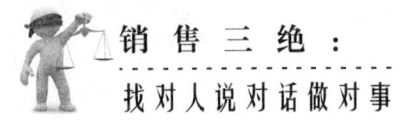

在于洽谈的愉快与否,也就是作为一个机敏的销售人员,要迅速找到和客户交流的共同话题,如果能产生共鸣,那么你就至少成功了一半。

当然,某些时候也是基于利益的原因,会使得销售人员和客户的谈话在简短的寒暄之后就直接进入重点了,这个关口谈判的顺利与否,即能不能友好地继续商谈下去,完全取决在于你的口才技巧了。

# 对客户进行巧妙的语言诱导

在说服过程中,销售人员运用一定的语言诱导是很重要的,但是,在运用语言诱导时,必须强调话语的合适性,确保使用的语言能够达到一定的说服效果。如果语言运用不当,有可能会加重被说服者的反感,或带来负面影响。

在说服的过程中,销售人员应该正确地使用引导语,以使说服取得理想的效果。同时,语言诱导不可滥用,一定要恰到好处。

### 1.要有目的性地进行语言诱导

销售人员在进行语言诱导时,必须有一个明确的目的,必须让说服过程中所有的语言指向这个目的。例如,你要说服客户购买你的产品进行减肥,在设计以减肥为目的的诱导语言时,必须围绕着减肥进行。你可以暗示客户说:"想象一下,使用了这个产品后,你的身材越来越好了,再也不用担心那些热量很高的食物了,你会达到自己想要的体重……"

要想实现诱导的特有效果,必须让设计的说服语言指向一个明确的目的,不可没有目的或是目的不够单一地去进行说服活动。

### 2.语气一定要带有诱惑性

同样的语言,在一流的销售人员口中会带给人强大的暗示和指引作用,而让普通人说出来却显得毫无价值。销售人员的目的在于引导客户进入说服中,并且可以毫无防备地接受销售人员所施加给他的各种语言暗示,因此如何让这些有价值的引导语言完全进入人的意识中,就需要一定的专业经验的积累。

如果在说服中,销售人员依然使用和平常一样的腔调,甚至依然采用命令性的语气,可能会丧失客户的信任和好感。此时销售人员的语气要轻柔且让人感觉到像是一种来自遥远的引导指令,让人们自然而然地接受这些指令。

### 3.诱导用词要具有适当性

在诱导进入说服的过程中,销售人员要注意运用合适的时间词,要让这些代表时间的词或短语可以引起客户的注意力。如："在决定拥有这件产品之前,你真的想感受一下它的功效吗?"这句话让客户将注意力引导到是否要感受产品功效,而且还假设他会试用这件产品。"在你完成这项计划前,我想和你讨论点东西。"这句话假设了客户将会完成这项计划。销售人员恰当地运用带有假设含义的语言,如："你打算多快作这个决定?"暗示了客户一定会作出决定;"你准备什么时候开始更进一步合作?"暗示了客户已经处在合作状态,同时客户还要继续合作下去。

对于一些带有否定色彩的词语,销售人员在运用的时候也要根据实际情况酌情使用。如："在你没有做好充分准备前,不要轻易购买",其实暗示了客户一定会购买。这种恰如其分的暗示,会让客户对你更信任。

说服语言的运用不是简单地把话说出来就完事了,需要有一定的技巧。也许,在销售人员试图说服客户的时候,说了一大堆的好话都没起作用,而一句一针见血、抓住要害的简单话语则可能收获难以预想的效果,这就在于合适的话语可以带给客户不一般的体验,引起其心灵上的共鸣。

总之,利用语言诱导对客户进行暗示和说服,必须在实践中融会贯通,灵活运用。销售人员只有把握住分寸和尺度,才能达到自己想要的效果。

# 对客户进行反复的心理暗示

相信很多人都听说过心理暗示方面的话题,那么怎样把它具体应用到销售中呢?利用心理暗示进行说服究竟又有什么样的魔力呢?在解释这一切之前,不妨先做一个小实验。

下面是一组句子,无论其内容是否真实,请把它读完。

(1)脑白金是最棒的礼品。

(2)脑白金真的很棒。

(3)大家都说脑白金很棒。

(4)巷子口的小摊贩都说脑白金很棒。

(5)昨天有位小姐跟我说脑白金很棒。

(6)听说报纸今天又报道脑白金很棒。

(7)昨天电视新闻好像讲到脑白金很棒。

(8)你听过脑白金是一种很棒的产品吗?

怎么样,现在你相信脑白金是很棒的产品了吗?如果还不相信也没关系,生产

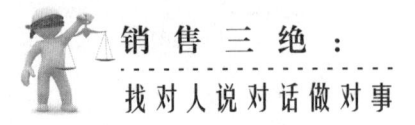

厂家可以继续用800种方法来告诉你"脑白金最棒了"。如果你还不相信,他们可以重复800次,直到你相信为止。"今年过节不收礼,收礼还收脑白金"电视上、报纸上铺天盖地的广告就是一个明证。这种方式,实际上就是隐秘说服在销售中的一种应用。通过不断地说明、宣传,用尽各种表达方式与不同的角度,只为让消费者真正相信这件事情。

谎言重复千遍就是真理,不断重复是最直接的一种说服技巧。历史上曾参杀人的故事,就很能说明这个问题。

曾参是古代一位君子,学问好,人品也好,以孝顺闻名天下。

有一天,曾参出门办事,他的母亲正在家织布,忽然有个人跑来对她说:"曾参杀人了!"曾参的母亲很相信儿子,于是摇头笑道:"不可能的,曾参不会杀人的。"

过了一会儿,又有一个人跑来对曾母说:"不好了,曾参杀人了!"

曾母心里一惊,不过嘴上还是说:"不可能的,曾参是不会杀人的。"

话虽如此,可连续两个人这样说,让她已经开始有些怀疑。虽然她还是相信曾参,但是她已经没有心思织布,开始等待曾参回家。

不一会儿,又有人进来了,这次是曾参的邻居。她很急地对曾母说:"曾参真的杀人了!已经被官府抓起来,据说现在正在审理,你快点想办法看该怎么办吧。"

曾母这才真的相信曾参杀人了,由于怕受连累,正准备逃走。这时候曾参却突然回家了,把曾母吓了一跳,非常惊讶地问:"孩子,你不是因为杀人被抓起来了?怎么现在又回来了呢?难道你杀的是坏人所以不用偿命吗?"

曾参听了,哈哈大笑说:"我怎么会杀人呢?只是那个凶手刚好和我同名同姓罢了。"

你看,错误的信息被说三次就会被认为是事实,更何况把"送礼就送脑白金"重复800次,是不是可以成为真理,这也就是所谓的"众口铄金,积毁销骨"。

在具体的销售过程中,销售人员也可以利用心理暗示,提高客户从众心理的表达度,从而说服他们作出最终的购买决定。

# 引导客户说"是"

销售人员在对客户进行说服时,最怕对方一开口就说"不",这是最不容易克服的障碍。

每个人都有自己的观点和立场,人们从潜意识里就不愿意被别人说服。当一个

## 第十七章 魔鬼说服

人发现有人试图说服他时,他第一个反应就是表示反对,好像只有对别人说"不",才能显示自己的存在,才能突出自己的地位和重要。

当一个人说出"不"字后,为了自己的面子和尊严,他就不得不坚持到底。事后,他或许觉得自己说出这个"不"字是错误的,可是,他必须考虑到自己的面子和尊严。

销售人员要想成功地说服客户,在刚开始的时候,就要想办法得到很多"是"的反应,唯有如此,才能将客户引向你希望的方向。

希腊大哲学家苏格拉底是个风趣的"老顽童",他一向光脚不穿鞋。40岁时,他已经秃顶了,却跟一个19岁的女子结了婚。直到今天,苏格拉底还被尊为有史以来最能影响世界的劝导者之一。

"苏格拉底辩论法",就是让对方不停地说"是、是"。苏格拉底提出的问题,都是他的反对者所愿意接受并且同意的。他连续不断地获得对方的同意、承认,直至最后使反对者在不知不觉中接受了在数分钟前自己还坚决否认的结论。

在大多数时候,人们喜欢通过争辩来说服一个人。但是,争辩的结果是,任凭你争得面红耳赤,往往只会激怒对方,却不能说服他。事实上,争辩不是个好办法。要说服对方,首先就是要避免争辩。林肯无疑是深谙此道,他往往能很轻易地说服对手。他的办法是:"在我们开始辩论的时候,首先要找出一个对方赞成的共同立场,这就是获得胜利最好的方法。"

这里还有一个推销员爱力逊自述的故事。

在我负责的推销区域内,住着一位有钱的大企业家。我们公司极想卖给他一批货物,过去那位推销员几乎花了10年的时间,却始终没有谈成一笔交易。我接管这一地区后,花了3年时间去说服他,可是,也没有什么结果。

经过不断地访问和会谈后,对方只买了几台发动机,可是我希望以后他会买我几百台发动机。

发动机会不会发生故障?我知道这些发动机是不会有任何故障的。过了些时候,我去拜访他。我原来心里很高兴,可是我似乎是高兴得太早了点,那位负责的工程师见到我就说:"爱力逊,我们不能再买你的发动机了。"

我心头一震,就问:"什么原因?难道我们的发动机有什么问题吗?"

那位工程师说:"你卖给我们的发动机太热,热得我的手都不能放在上面。"

很显然,他是在找借口,还是不想买我们的发动机。只要有一点常识的人都知道:要将手放在正在运行的发动机上,根本就是不可能的。

我知道如果跟他争辩,不会有任何好处的,过去就有这样的情形,现在,我想运用让他说出"是"字的办法。

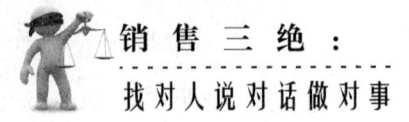

**销售三绝：**
**找对人说对话做对事**

我向那位工程师说："史密斯先生,你所说的我完全同意,如果发动机发热过高,我希望你就别买了。你所需要的发动机,当然不希望它的热度超出电工协会所定的标准,是不是？"他完全同意,我获得他第一个"是"字。

我又说："电工协会规定,一架标准的发动机,可以较室内温度高出60℃,是不是？"

他说："是的,可是你的发动机却比这温度高。"

我没和他争辩,我只问："工厂温度是多少？"

他想了想,说："嗯！大约30℃。"

我说："这就是了。工厂温度30℃,再加上60℃,一共是90℃。如果你把手放在90℃的物体上,是不是会把手烫伤？"

他还是说："是"。

我向他提出一个建议："史密斯先生,你别用手碰那架发动机,不就行了！"

他接受了这个建议,说："我想你说得对。"

我们谈了一阵后,他把秘书叫来,为下个月订了差不多3万元的货物。

爱力逊说自己费了多年的时间,最后才知道与客户争辩并不是一个聪明的办法,而应该充分了解对方的想法,设法让对方回答"是",那才是一套成功的办法。

## 说服犹豫不决的客户

当客户对是否购买你的产品犹豫不决时,你可以给客户考虑的时间,但要加个期限。你要巧妙地提醒客户,促使他无法由着自己的性子无限期拖延交易的日期,也无法真正静下心来计算购买你的产品或服务划不划算。

如今的市场竞争激烈,同类产品或服务太多了,你的产品质量好,可能还有比你更好的,你的产品价格低,说不定还有比你更低的。所以,不要让客户挑花了眼,要始终让他认为购买你的产品或服务是最划算的！

绝大多数的客户认为划算是从产品的价格、质量或者产品本身所带来的附加值(多指售后服务)而言的。他们之所以看上了你的产品或服务,也正是基于产品或服务的某一突出特征的吸引,如价格、质量、运费、售后服务、增值空间等的其中某项,而不是全部。当两个产品或者服务的差别不大时,交易往往来自于客户和销售人员的交情。

所以,当销售人员在进行说服的时候,就要针对客户所看重方面入手,进行重点说服。面面俱到只能增添说服的难度,也会让客户觉得虚假。

也许,你所在的公司是中小型企业,规模不是很大,研发新产品的能力也不是很强,生产出来的产品或者提供的服务存在不尽如人意之处;也许你所在公司生产的是高科技产品,但是市场普及有难度,那怎么进行说服呢?这个时候,就要以产品或服务的无可比拟的优势或者销售人员自身的人格魅力来说服客户那颗尚在观望、犹豫的心!

事实上,无论企业的规模大小,总是会存在自己优势和劣势,比如微软公司的强势在于系统的研发,而IBM公司在于手提电脑的质量和技术方面,苹果公司则在于图像效果的技术方面,戴尔公司却是专注于客户服务方面,而谷歌公司则是在搜索技术方面。

此时,销售人员进行有效说服的技巧就是将产品或服务的某一优势适度放大,将信息明确地传达给客户。但是要注意尺度,有的销售人员将自身的优势无限放大,说得天花乱坠,结果客户并不买账,或者等客户买了以后发现名不副实,从此也断绝了与你再做生意的念头!

# 切中客户的要害进行说服

现代营销学认为:销售就是服务,创造客户价值。但很多销售人员关注自己,自己的品牌、服务等太多,而对客户的需求偏好、期望值、价值观等却关注太少。

以推销牛奶为例,常常出现这种场景:

推销员:"您好,我们又推出了一款新牛奶,有……特点,您看您需要吗?"

客户:"不需要。"

推销员:"但是我们的牛奶确实很棒……"

客户:"这跟我有什么关系呢?我从来不喝牛奶,可我活得很好!"

推销员:"……"

在这里,推销员根本没有考虑客户的需求,完全是无的放矢。所以,客户几句话就把他打发了,这是很失败的说服。

如果使用下面方法,就能容易被客户接受:

推销员观察客户一段时间,发现客户腿脚不利索,就此判断是因缺钙造成的。于是,推销员找准合适的地点,比如上楼时,对客户说,"您当心点,看您很累,我来搀您上去。"

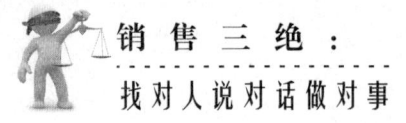

客户:"谢谢你了,老了,腿脚不好了。"

推销员:"怎么能这么说呢,您还要再享几十年福呢,上点年纪的人钙流失得快,要注意补钙,这样腿脚才利索。"

客户:"可不是吗?不过吃钙片补充效果不是很好。"

推销员:"喝奶效果不错,因为人绝大多数营养都是从饮食中获得的。阿姨,您看这样,我们刚好有低脂高钙的鲜奶,您喝喝试试。"

客户:"听起来确实很好,那我就试试看。"

这位推销员之所以能成功说服客户,就在于他发现了"客户缺钙"这个要害,从而以此为切入点,找到了客户的潜在需求。

所以说,销售人员要使说服获得成功,就要找到客户的需求点,找到客户的弱点与软肋进行重点突破,并及时满足客户。把销售的理由变成客户需要购买的理由,由销售人员"我要卖"转变为客户"我要买"。以客户为中心,以需求为导向,找到客户的要害,才是说服的关键所在。

再看下面这个小故事。

一对老夫妇来看一所房子,当销售人员把他们领进房间后,看到房间里的地板已经很破旧并变得凹凸不平,但当他们走到阳台上看到院子里有一棵茂盛的樱桃树时,两位老人立刻变得很愉快。

老妇人对销售人员说:"你这房子太破旧了,你看地板都坏了。"

销售人员看到了他们对樱桃树的喜爱,就说:"这些我们都可以给你们换成新的,最重要的是院里的这棵樱桃树,一定会使你们的生活更加安详舒适。"说着销售人员把老人的目光引向屋外的樱桃树,老人一看到樱桃树马上变得高兴起来。

当他们走进厨房时,看到厨房的设备很多已经生锈。还没等客户抱怨,销售人员说:"这也没有关系,我们会全部换成新的,同时,最重要的是院里的这棵樱桃树,会让你们喜欢这里。"当销售人员提到樱桃树时,客户的眼睛立刻闪出愉悦的光芒。"樱桃树"就是客户买下这所房子的"关键点"。

在上面这个小故事中,销售人员通过观察客户的表情变化,敏锐地发现客户的潜意识中对樱桃树的喜爱。他能够迅速抓住这一点,因势利导,对客户进行种种暗示,给了客户一个购买的理由,从而及时发现、唤起甚至创造客户内心对于产品和服务的需要,恰到好处地对其进行说服,结果取得了成功。

# 为客户描绘一个美妙的意境

销售人员对客户的说服必须要为客户营造出一种适当的气氛和意境,通过全方位的感受来影响客户作出购买的决定。

销售人员怎样才能够激发客户的想象,让他们得到拥有这种产品之后的美妙感受呢?有两种方式:第一种是上面说的让客户亲自体验一下;第二种是通过语言,描绘出客户拥有了这种产品后的情景,让其产生拥有这种产品之后的美好感觉。

当然,在说这些话的时候,要尽可能地压低声音,减慢语速。另外,销售人员说服对方时还要有充分的信心,让他们感到你在这个方面是最权威的。这样,他们就会相信你所讲的每一句话。

例如,你要是销售跑步机的话,你可以这样说:"当您早上起床,穿上运动鞋和休闲装,打开窗户,深呼吸一口清新的空气,明媚的阳光照在身上,然后您踏上跑步机,轻松舒畅地开始跑步,您的速度由慢到快,当您轻微有些出汗时它会提醒您时间到了,然后您开始洗浴,梳洗整齐,穿上刚刚熨烫过的职业装,信心百倍、神清气爽地走出家门,开始一天的工作。"

这种方法也可以用来介绍产品的功能。例如,你是打印机销售人员,你可以目光温和地直视着你的客户,缓缓地说:"如果家里有这样一台多功能打印机,会给你带来无穷的乐趣和便利。客户打电话过来需要发传真,不必去找传真机,你只需轻轻按下接收传真的按键;如果你需要把一些重要的图片放在电脑里,不用去找扫描仪,只需把图片放好,按一下扫描的按键,资料就会输入你的电脑;如果你需要的资料很多,也不必到外面去复印,自己就可以做;另外,你还可以利用它制作自己喜欢的各种照片,形象逼真,会让你爱不释手。"

相信客户在听了你生动形象的描述后,肯定会动心的。这种绘声绘色的描述其实比干巴巴的介绍要管用许多倍。因为这样可以让客户感觉到拥有这个东西之后的幸福和快乐。做到了这一点,你就成功了一半。

# 第十八章 需要注意：你面对的是活生生的人

在销售行业，有的销售人员在工作时，总是长篇大论地介绍产品，讲到某个段落时，有人提醒他应在此时问客户一些问题。销售人员尽义务似的问了这些问题，却生硬极了，像在念一篇演讲稿。甚至客户回答问题时，销售人员也不时将视线投向别处，根本没注意客户说些什么。

许多销售人员往往忙着——执行工作进度表上所列的应办事项，而忘了他们面对的是一个个活生生的人。

## 第十八章 需要注意

# 能说还要会说

很多不成功的销售人员并不一定不能说,他们的劣势往往在"不会说"上。

麦当劳公司是美国最大的经营汉堡包的跨国公司之一,其老板克鲁克靠汉堡包发了大财,成为当今世界上最大的富豪之一。

克鲁克的成功在于他推销有方。他让自己的销售人员掌握了一套诱导顾客购买的本领。

1985年圣诞节前夕,有一个幼儿园教师带着她的孩子上街,无意中走进麦当劳的一家快餐店,本来她并不打算买汉堡包,可当她走到一个柜台前时,一位非常和蔼可亲的女售货员来到跟前,礼貌地对女教师说:"你是给圣诞节小天使买礼物的吧,这儿有很多圣诞汉堡包是按动物和人形来设计的,一定适合做小天使的礼物。小姐,请您这边来看,您一定会满意的。"女售货员很快端来一个盘子,里面有羊头、牛头等各种形象的汉堡包,栩栩如生,讨人喜欢,而且香气诱人。女教师的小孩这时说:"妈妈,买一个吧,买一个吧!"于是女教师不但给自己的孩子买了几个,最后还给她幼儿园的孩子们订购了300份"小天使"礼物。

女售货员的诱导式推销,使这一笔生意就这样巧妙地做成了。好的产品必须让更多的人来分享,在客户还不了解的情况下,销售人员通常应该使用这种保险的方法。

通常,人们评价一个人"能说",意思只是:这个人可以说,话比较多。而人们评价一个人"会说",意思是:这个人能把话说到点子上,他说的话能让别人信服,让人听了舒服。所以,作为销售人员不要只是停留在"能说"的层面,要追求"会说"的境界。

# 适时改变推销方式

一个年轻人在一家百货公司做业务员,第一天工作刚结束,总经理就开始检查新员工的业绩。每个人都完成了20~30单生意,而这位年轻人只完成了一单生意。总经理不满意地问他:"你卖了多少钱?"

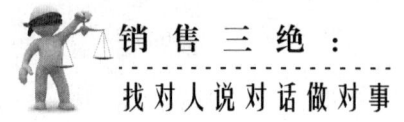

"30万元。"年轻人回答说。

"你是怎么卖到那么多钱的？"总经理吃惊地望着他。

"是这样的，"年轻人说，"一位先生进来买东西，我给他一个小号的渔钩，然后是中号的渔钩，最后是大号的渔钩。我问他上哪钓鱼，他说在海边，我建议他买条船，所以我带他到卖船的专柜，卖给他一艘帆船，然后他说他的汽车可能拖不动这么大的船，于是我带他到汽车消费区，卖给他一辆丰田新款豪华型'巡洋舰'。"

总经理听得目瞪口呆，几乎难以置信地问道："一个顾客仅仅来买个鱼钩你就能卖给他这么多东西？"

"不是的，"年轻人说，"他是来给他妻子买卫生巾的，我就告诉他'你的周末算是毁了，干吗不去钓鱼呢？'"

优秀的销售人员不仅能满足客户的需求，而且能够把握客户的心理，刺激客户的购买欲望，调动客户的情绪，引导客户消费更多的产品。而一般客户只是按客户的要求去做，却不能主动地影响客户。

销售人员在推销时绝不能千篇一律，缺乏个性就难以取得成功。对别人的经验只能学习而不能模仿。优秀销售人员头脑中绝不会塞满"应该怎么样"之类的结论，而是要根据自己的条件和客观情况采取最有效的推销方式。

平庸的销售人员无论对哪种客户，总是用同一种方法推销产品。他们的推销方法每天都一成不变，说的是同样的话，做的是同样的事，一点创意都没有。销售是一种富有创造性的职业，对适合它的人来说是一种挑战并能不断促进个人发展；那些让自己陷入单调无聊的访问，过着单调无聊日子的销售人员，不仅会失去买卖，最后甚至会断送自己的职业生涯。

# 学会自抬身价

那些业绩平平的销售人员往往不会表现自己，更不会在适当的时候故意抬高自己的身价。

在一般情况下，说"自抬身价"有贬义的成分，一些人为了达到某种目的而故意自夸自大，因而让人反感。但在竞争如此激烈、人人都想出人头地的现代社会，"自抬身价"是人们可以借鉴的一种生存手段。因为其他人也许没有时间来评价你、掂量你，在这种情况下，你只好自我推销，甚至有时适度抬高一下自己。

在生活中，很多吃不开的销售人员不习惯自抬身价，甚至对此多生反感，认为

## 第十八章 需要注意

那是自吹自擂,是虚伪不诚实的表现,非正人君子所为。

吃不开的销售人员为什么总是以一种消极和被动的态度来认识和对待自抬身价这个问题呢?这与其根深蒂固的传统道德观念不无关系。毫无疑问,有些销售人员是传统观念最忠实的维护者,因为传统观念往往代表了一种道德标准,展现自我往往被视为是出风头,可能会被别人怀疑为别有用心。

很多销售人员总把自己看作是本分人,不愿突破常规,不愿被人视为异类,在这种传统文化的压力和心理惯性的作用下,从众、谦逊、收敛自我,就成了一种自然而然的行为方式。显然,他们只是从道德伦理这个角度而不是从利害得失这个角度来考虑表现自我这一问题的。

其实,在现实生活中,自抬身价的行为随处可见。例如,有些影星提高片酬,主持人提高主持费,演讲者提高出场费,乃至于公司的同事要求老板加薪等,这些都是自抬身价的行为。当然,其中有些人确实名副其实,与他们所称的身价相当,但有些人则夸大其词,根本没有那么高的价值。可是,只要他们敢自抬身价,多半能够如己所愿。

事实上,能不能够立刻如其所愿这并不重要,重要的是,经过为自己抬高身价,你可以为自己定下一个基准,好比为商品标价一般,有昭示众人的作用,以便下回"客户"上门时,能按新的价格"成交"!

在现代职业生涯中,人也成为了一种商品,每个人的身价都不同,有的人年薪5万元,有的人可能年薪数十万元甚至上百万元。在一定条件下,商人们也会根据市场情况适当调整商品的价格。有些客户就是那么奇怪,商品低价时他们偏偏不买,等价格提高了,非得抢着买,并且称赞质量好,其实东西完全一样。

销售人员也是如此,身价太低,客户和身边的人看不起你;把身价提高了,反而觉得你真了不起,是个大人才!所以在有些情况下,你可以适当自抬一下身价。

自抬身价有两种情形:第一种情形是自己本身确有价值,而别人评价不足。在这种情形下,你更应该自抬身价,不能固守所谓"谦虚为上"的美德,否则别人会认为你根本没有那份才能。当然,你不一定非得把自己抬得很高,但至少要和你的才能等值。第二种情形是,你本来只有六分的才能,却抬出了八分的身价。

不管你处于什么职位,也不管你做什么销售工作,不必过于谦虚客气,适度地自抬身价吧,就算被人笑,也比自贬身价要好。而且只要"抬"成功了,你就会从中受益。

对于大多数的销售人员来说,自抬身价还有另外一个好处——肯定自己,并成为敦促自己不断进步的动力。因为身价抬上去了,你就应该使自己各方面都跟上去,否则你的身价就保不住了。

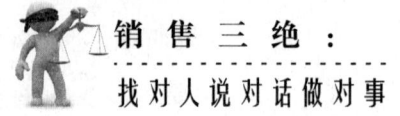

# 记得为下一次留条后路

销售人员该如何看待每次推销的结束？上门推销，客户终于接受了你的劝说，订购了产品，这是一种结束；让你吃闭门羹，也是一种结束；找出100种借口拒绝你也是一种结束；侧耳倾听，点头微笑，仔细询问，最后不买，也是一种结束……

其实，销售人员失败的原因之一，就是没有为下次上门推销留下后路。他们不明白仅通过一次拜访就能谈成业务的几率是很小的。因此只要有一线希望，就要再次上门推销。

机灵的销售人员会巧妙地为下次登门造访做好铺垫。例如，碰见优柔寡断型的客户就主动出击，具体定出下次拜访的日期；遇到性格积极具有领导欲的客户，就顺着他们来，用谦恭的语言告知对方将会再来拜访；有客户说："我们目前还不需要。"销售人员就会说："我经常听到您这样的答复。下次我带实物来请您看。当然，您不买也没有关系……"平庸的销售人员认为一而再、再而三地推销只会浪费自己宝贵的时间，不仅徒劳无益，还有损自己的尊严。他们主张"一局定乾坤"，"打得赢就打，打不赢就走"。这个战术不能说是一个失败的战术，但是这个"灵活"的战术只适用于推销业不发达、市场需要旺盛、产品又非常走俏的地区。但是，现在看来，这样的地区已经是少之又少了。现实情况是：推销队伍日渐庞大，产品竞争日益激烈，用户越来越审慎、挑剔。蛋糕越来越小，你占领了，别人就失去了；你失去了，别人就占领了。

# 不要因话不得体而失去客户

一些销售人员在说话时，不注意自己的声音，要么声音太小让人听着费劲，要么声音太大好像在跟人吵架，或是口齿不清，说话含含糊糊让客户认为销售人员没有信心，进而对其所销售的产品产生怀疑。更有一些销售人员，由于平时习惯用一些让人生厌的口头禅，如："也就是说，当我到府上拜访时，也就是说，您太太会不在家，也就是说，您太太回娘家了……"或"总而言之，这件事的整个过程我已向主管说明了，总而言之，这件事情只有这样做了……总而言之，事情就是这个样子。"这些口头禅会过多地分散客户的注意力。因此，作为一名销售人员，应尽量避免那些没有意义的口头禅。

有些销售人员在打电话约访客户时斜躺在椅子上,他们觉得反正电话那头也看不见。信不信,在你打电话时,对方可以凭语调语气,判断出你身体的姿态?因为你的姿态影响着你的情绪和发音。你东倒西歪时,心气颠倒,舌头表达出的语气也不会端正。如果你含胸驼背地坐着,眼望桌前的材料说话,你的语调听上去干巴巴的没有活力。挺胸抬头试试,对方的反应就不一样,这里面有一种很微妙的心理作用。

## 不该说的话千万不要说

经常看到在销售中,往往因一句话而毁了一笔业务的现象,如果能避免失言,销售人员的业绩肯定会百尺竿头,更进一步。也许有人认为不说实话是虚伪,但有时候实话不实说并不是虚伪。话是说给他人听的,销售人员的话可以使客户心情舒畅,也可以使客户情绪一落千丈,使客户心情舒畅,于己于人都有好处,销售人员何乐而不为呢?

小娟是一名服装售货员。一天,一位穿着一件旧外套的顾客走进了店门。看着他身上的破旧外套,小娟就想卖给他一件新外套。小娟心里在想:"这人怎么还穿这种破衣服?这还是好几年以前流行的款式,他居然穿了这么多年,这衣服早该当抹布用了。"当然,小娟心里可以这样想,但嘴上却不能这样说,如果实话实说,那肯定会离销售成功越来越远。

有一名汽车销售人员,当客户问,他那辆旧车可以折合多少钱时,销售人员心里想的也许是:"这辆破车还能值几个钱?"这可能是大实话,那辆车也许确确实实就是一辆不值钱的破车,它的轮胎也许已经磨损得不像样了,它的发动机工作时的杂音也很大,车里的气味也许很难闻,总而言之,它就是一辆破车。但这种大实话销售人员绝对不能说。因为这是客户的车,客户可能很喜爱这辆汽车,毕竟开了这么多年,多少总会有点感情。即便不喜欢这辆车,但也只有客户自己有资格来批评这辆车。如果销售人员先开口说这辆汽车如何如何的糟糕,这无疑是在侮辱汽车的主人,不知不觉中伤害了客户的自尊心。这样,还能向客户销售吗?想想这些,销售人员还敢批评客户用过的东西吗?

所以,在通常情况下,销售人员在与客户沟通时,不能说以下几种话。

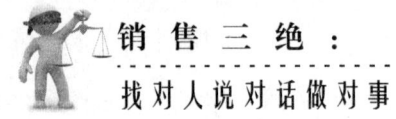

**销售三绝：**
**找对人说对话做对事**

**1.直接批评客户**

这是许多销售人员的通病,尤其是刚从事销售这一行的,有时讲话不经过大脑,脱口而出伤了客户,自己还不觉得。虽然销售人员是无心去批评指责,但客户听起来,感觉就不太舒服了。人人都喜欢听好话,人人都希望得到别人的肯定,否则又怎么会有"赞美与鼓励让白痴变天才,批评与抱怨让天才变白痴"这句话呢。在这个世界上,没有谁愿意受人批评。销售人员每天都要与人打交道,赞美的话语应多说,但也要注意适量;否则会让人有种虚伪造作、缺乏真诚之感。

**2.攻击性语言**

人们可以经常看到这样的场面,同行业里的销售人员用带有攻击色彩的话语攻击竞争对手,甚至有的销售人员把对手说得一钱不值,致使整个行业形象在人们心目中受到损害。多数的销售人员在说出这些攻击性语言时,缺乏理性思考,殊不知,无论是对人、对事的攻击词句,都会造成客户的反感。因此,作为销售人员应尽量杜绝攻击性语言,最好是做到闭口不谈,对销售会有好处的。

**3.个人隐私**

与客户打交道,关键是要把握客户的需求,而不是一张口就大谈特谈隐私问题,这也是销售人员常犯的一个错误。有些销售人员可能会说,"我说我自己的隐私问题,这样总可以吧。"就算只谈自己的隐私问题,不去谈论客户,试问销售人员推心置腹地向客户把自己的婚姻、性生活、财务等情况和盘托出,能对销售产生实质性的帮助吗?

**4.不雅之言**

每个人都希望与有涵养、有层次的人在一起;相反,不愿与那些满嘴粗语的人交往。同样,在销售中,不雅之言,必将对产品销售带来负面影响。例如,在销售寿险时,最好回避"死亡"、"没命了"此类的话语。不雅之言,对于个人形象会大打折扣,它也是销售过程中必须避免的话语。

实话不实说并不是要销售人员不讲实话、以次充好去欺骗客户,对于产品的优缺点销售人员必须实话实说。

# 不要不拘"小节"

"大人物做事都不拘小节,我们这些小小的销售人员又有什么必要在小节上费尽心思呢?"这是一些销售人员的观念。他们不知道行为举止对自己有多重要。有

## 第十八章 需要注意

句话说得很好:"要推销商品之前先推销自己。"销售人员推销自己的重要方法就是在业务活动中对客户以礼相待,讲究礼仪;否则,就会因失礼于人而推销无望。客户是挑剔的,他们只向值得信赖、有礼有节的销售人员购买产品。

有些销售人员总是认为推销就应以销售商品为中心,所以只要把商品的特点、性能以及使用商品会给客户带来的益处宣传好,自然会达到推销目的,至于礼节上的规矩都是无用的东西,不必劳神费心。有这种想法的销售人员自然不会在和客户的交往中注重礼仪,他们的心中只想着如何能把产品销售出去。事实上,你越想销售出产品,就越应该重视礼仪。因为有着良好的礼仪习惯的人会让客户觉得更可信,也就能帮助销售人员更好地售出产品。

有些销售人员在与客户初次交往时还处处注意礼仪,但多次交往后与对方熟悉了,便认为礼仪太多会与客户之间显得太生分,所以开始不讲礼仪了。比如谈话随便,进出客户家或公司旁若无人,打电话不分时间……殊不知,"熟"不讲礼往往隐藏着很大的危机,一件失礼的事情随时都可能断送与顾客形成的友好关系。

销售人员如果讲究礼仪但缺乏灵活性,一样会让人不舒服。例如,一位销售人员总是西装革履、衣着讲究地去拜访客户,在与他的一个客户——某国一大型企业业务经理接触时,博得了对方的好感。但他在与另一客户——农民出身的一家乡镇企业经理接触时,就让这位经理感到有压力和不舒服,两人之间缺少了那种亲密无间的气氛。

## 学会掩饰自己的情绪

很多销售人员的失败,都是源自于不懂得掩饰自己的情绪。如果客户表现出对你的商品没有兴趣,他们的脸上就会浮现出失望或不耐烦的表情。在与同事和朋友的交往中,往往也不管时间场合,对象是否适当,更不理会讲话的后果,心里有啥就说啥,想怎么做就怎么做。这种直率会让销售人员丧失很多本来有潜力的客户,也容易得罪人,结果自己也最易招人记恨,陷入孤立的状态。

一个服装销售人员就经常做这样的事。一次,一个身材矮小的顾客到店里来买衣服,他为顾客推荐了一款长裤,这位顾客试了一下觉得不太满意,并且自己看中了一条七分裤,要求这位销售人员拿下来让她试穿。这位销售人员直率地说:"小姐,您的腿比较短,穿那条肯定会显得更矮。"这位顾客听了他的话很不舒服,放下衣服转头就离开了。

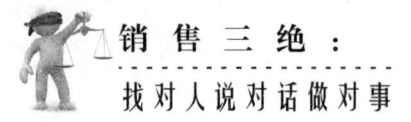

销售三绝：
找对人说对话做对事

其实，直率是明智的交际准则，直率的人往往给人以一种心胸坦荡、胸无城府的感觉，他们比那些深藏不露、遮遮掩掩的人更令人放心，更容易博得对方的信任和好感。但过分的直率却会起到适得其反的作用，很多人也正是在这一问题上不知不觉吃了大亏。况且销售是一个交际性很强的工作，这个工作需要你时刻笑脸相迎。一个带着不耐烦或愤怒情绪的销售人员是会四处碰壁的。

为什么这样说呢？且不论每个人都是有自尊心的，几乎每个客户都希望自己被当作上帝对待，他们喜欢享受买东西时所受到的友好和尊敬，自己花了钱，难道还买不到一份尊重吗？这时，你的直言快语很容易就变成了挑衅和侮辱，而有些销售人员往往不顾及这一点，也不掂量话的轻重，结果无意中就伤了人。

## 切勿急于求成

有一个商人，到外地去买了一车沉香，运回故乡来贩卖。结果因为沉香较昂贵，所以只有很少人购买。而旁边刚好有一个卖木炭的小摊，因为木炭便宜，一下子就卖光了。

这位商人眼见隔壁摊位的木炭一下子就销售一空，而自己的沉香却卖不出去，心中甚是着急，左思右想，他终于想出了一个办法。

于是他用火将整车的沉香烧成木炭，果真一下子就被大家抢购一空，他也高兴地回家了。

营销的目的并不仅仅是将产品卖出去，而是以合适的价格卖给需要的人，虽然卖出去的目的达到了，但是失去的可能更多。

有一些销售人员的性子太急，做事总是匆匆忙忙的，尤其是在推销的成交阶段。

有一对姓马的夫妇，因为丈夫工作需要，全家搬到一个新的地方居住。刚刚搬到新地方，他们的孩子自然觉得新鲜得不得了，总是喜欢跑出去玩。

有一天，这对夫妇出门了，回来的时候却发现自己的小儿子不见了，这可把他们吓坏了，于是开始分头去寻找。他们还报了警。而且，因为这对夫妇所住的地方不是很大，所以不一会就有很多人都帮着找。

但是，就在这么一个节骨眼上，一个不知深浅的推销员却凑到马先生跟前向他推销保险，当时马先生很生气，没好气地说："拜托，等我把儿子找到再说好吗？"

谁知这位推销员看马先生没有反对便更是喋喋不休，大谈保险的种种好处，还

## 第十八章　需要注意

想让他停下来听他讲,这下可把马先生气坏了,马先生忍无可忍地对推销员大吼:"你如果肯帮忙把我儿子找回来,那么保险业务的事情咱们日后找个时间再谈。但是,我警告你,你现在要是再跟我提什么见鬼的保险业务,就请你先滚出去!"

推销员被马先生说得面红耳赤,夹着公文包灰溜溜地走了。马先生这才注意到,这个推销员名义上是来帮助自己找儿子,实际上却早就计划好要来乘机做推销,这可把马先生的肺都气炸了。他等推销员走出去,就狠狠地把门摔了一下。最后,在大家的帮助下,马先生找回了自己的儿子。但是从此以后,马先生很痛恨这个推销员,而且经常给别人讲述这件事情并描绘他的长相,这下推销员的业务就可想而知了。但他怪不得别人,难道还有比他更不谙人情世故、不识时务的吗?

细心是销售人员必须具备的重要品质。如果销售人员急功近利或行事冲动,极易导致推销失败。尤其是在促成阶段,客户在作出买不买、买多少、何时买等购买决策时,都不是一时冲动,他们需要权衡各种客观因素,如产品特征、购买能力等,同时还要受到主观因素的影响,如心情好坏等。因此,购买决策过程是一个极其复杂的过程,并不是一蹴而就的。在这种时候,销售人员应该给客户合理的考虑时间,并耐心等待客户作出决定。

# 做对事

## ——销售成功是根本

销售是什么？销售就是把企业的产品或服务推销给顾客或客户。销售人员要带给客户的信息有两个方面：一是产品和服务信息；二是通过沟通的信息和客户建立良好的关系。一个优秀的销售人员，要做对事情，全面专业地向客户提供这些信息，最终赢得订单，达成交易。

# 第十九章 认清销售：
## 销售是世上最好的职业

销售是世界上最好的职业，它让无数人成就了奇迹般的人生。但现在许多人视销售为畏途，认为做销售就意味着辛苦受累、挫折与压力。其实只要走对路，销售绝无一般人心中的艰难，而且还能成为热血梦想青年手中的一把开辟成功道路的利剑。可以说刚入行的95%以上的新手，吃的99%的苦头，都可轻易避免。

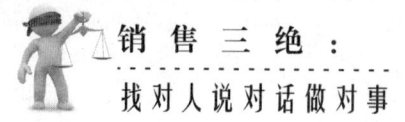

# 职位的N个好让你爱

定眼细看,销售到底有哪些让其他职业望尘莫及的优势,又有哪些让你爱的地方呢?说真的,这些地方真的是太多了。

**1. 池塘超大**

销售首先是一个大池塘,这个职位能容纳世界上最多的人员。翻开任何一份人才招聘报纸,到任何一个人才交流市场,上任何一个人才招聘网站,你看到最多的就是对销售人员的招聘,各行各业的各种各样的业务代表、销售代表、推广代表、公关代表,各行各业的各种各样的销售经理、渠道经理、大区经理、代理总监。优秀的营销人才始终为企业所关注和吸纳,对营销人才的需求也始终在人才市场的排行榜上名列前茅。

许多职位,技术发展了人员就下岗,产品多了员工就放马南山,只有销售,越是买方市场,越是供大于求,这个职位就越成为企业的关注点,每个企业都必须确保拥有足够的能为企业增加收入的人才。无论是传统行业还是快速发展的新兴行业,无论是在技术领域还是非技术领域里,销售职位一直是市场需求最旺盛的职位之一。

销售其实没什么类型而言,一门通,各门通。进入了这一行,你永远不用担心什么时候,销售人员不被企业需要了。你永远不用担心被这家辞了,很久找不到下家。

如果你看好它的需求,那就去做销售吧!

**2. 门槛超低**

好职位,资历要求高。许多职位需要少且专业性极强,比如期货,局限在一个很小的圈子内,对没有什么经验的人来说难以进入。对于高薪水职位,机构对人员的需要也集中在高端,比如保险公司需要的人员除业务员外就是两大块:一是管理人员,没有经验、没有名校甚至海归背景的人是没有机会的,二是技术支持部门,假如你在保险精算、建模分析方面颇有造诣的话,才能有机会。

好职位,关系户跟你抢。那些薪水好的清闲职位,能力可大可小,文凭可高可低,但这时关系户可就比你占先了。

当然,要是做销售人员就另当别论了。一个初中生经过短期培训就能做销售。

在中国,现在最缺乏的不是技术人才而是销售人才!而且就算像IBM这样的世界一流的电脑公司,对什么都没有的吴士宏也是敞开着大门的。如果你想进入一个好行业一个好单位,谋求心中的发展梦想,又没有绝对强的竞争优势,那么从销售这个缺口进入是再可行不过了。

在供大于求的就业市场上,中低端求职者通常是处于"被挑选"的弱势地位,要应对激烈的竞争。很多人读了十几年书结果走出校园才发现自己什么也不会。在求职市场屡屡遭遇挫折,本来有明确的目标和方向,因为遇到挫折,感到难以实现,就迷失了方向。乱投简历,什么都去尝试,结果误打误撞,投到销售门下,只能去当销售员。

北京××公司的张华刚的话可能代表了许多人的心声:在我个人的心目中,也许是性格所致,总是很向往高级研发工程师或营销精英,而搞技术上的研发,自己完全是一个门外汉,没有什么功底。没有办法,为了生存,为了离开校园后不要在自己身上出现所谓"毕业等于失业"的现象,为了不让含辛茹苦的父母看着自己伤心,为了不被邻居们笑话,为了年轻人应该有的梦想而奋斗着,就义无反顾地或者说是走投无路中加入了市场营销的行列。"

这也是理想与现实之间的差距。说起来可能让人感到悲哀,但走到销售这行绝对不应该是悲哀的事情。它是上帝对我们的恩惠,是销售对我们的仁慈,对我们的拯救。如果你有梦想,这就是最好的起点。

如果你走投无路,或如果你胸怀巨大梦想,那就去做销售吧!

### 3. 最公平

销售的公平首先体现在靠业绩说话。像吴士宏那样,她从销售员做起,历经销售经理、销售渠道总经理,一直到中国微软总经理,她的业绩让她彻底打败了那些来自社会高层、高学历、有背景、有关系、有资源、有长相、什么都有的人。两个人在一起,谁好谁差,谁上谁下,业绩最有说服力。商场就是战场,企业营销就好比战场上打仗,残酷的战场上是容不得懦弱的长官和士兵的,谁能打胜仗谁上,打不了胜仗就下。在攸关公司前途利益、生死发展的事情面前,在销售这个岗位上,没有老板会糊涂到看重员工的人情关系而忽视工作业绩。销售人员业绩不好,再拉关系、走后门都没用。

销售的公平还体现在有付出一定会有回报,付出的多回报的多。就如一位销售人员说的:选择这个行业也许是我人生的一个转折点吧!因为以前的我只知道自己没有比别人太好的条件,没有什么出头的日子!可是,接触到销售这个行业的时候我就明白了,一切的一切都是在自己手里掌握着!付出一定会有回报的!"

你有什么储蓄吗?你有什么投资吗?你有什么创新吗?你有什么好的资本吗?

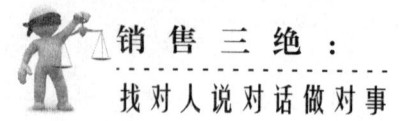

没有!没有!没有!你现在什么也没有!除了自己以外,还有越来越渺茫的梦想!没什么,这已经够了!就业已经够了!朝前走已经够了!

如果你想凭自己的能力站起来,那就去做销售吧!

### 4. 收入最诱人

销售与其他职业的一个最大的不同就是收入前景的差别。许多职业,可能在你刚从事之时,人生的财务曲线就大势已定,未来享有什么样的生活、匹配什么样的收入,你现在就可以掐指算出来。纵然天生我才,也避免不了这样的前景和结局,如若迈进不如意的职业,生活还可能更差。比如技术人员的工资,一般以基本工资为主按月发放,把月薪乘以12就可以得到你一年的收入了,外企在年中和年终有奖金,灵活一点的企业会按照项目资金的百分比发奖金,但大多数公司是按照你的工资和职位确定奖金的多少。

你要是做销售,就不会是这样的收入局限,也不会担心这样的人生前景和结局降到你的头上。销售人员的薪水都是和业绩直接挂钩的,都是提成制,做得好,收入的前景不可限量。产品在市场销得好,你的收入就能飞速提升到爆棚。在每一个发展正常的公司,销售人员开的车都比老总的好。

销售人员的平均月工资大约在3万元以下,国内提成很高的公司,销售人员月收入大约在1万元左右,销售本领欠佳的人,每月收入还不如初级技术人员,但那些交际和销售能力超强的销售人员能得到10万元(国内企业)甚至100万元(外企居多)的月收入。销售人员的业绩不仅和个人能力有关,还会和经济的起伏有关。经济飞速发展的时候,再差的销售人员半年也可以买部私车。

做销售个人能力做出来了,走出去也不怕什么风险。销售看的就是业绩,有能力的人走到哪里都能够找到适合自己的岗位,永远不怕没有饭碗,不怕没有随之而来的高收入。

如果你想未来钞票多多,那就去做销售吧!

# 职业的巨大附加值让你爱

销售一向被认为是最具潜力的职业,这种潜力还表现在,它能极大地成就个人成长和个人未来的发展,能提供巨大的附加值。

### 1. 成长最诱人

销售是一份极具挑战性的工作,没有比干这一行更锻炼人的了,销售就是刻骨

第十九章 认清销售

铭心的磨砺。把你的人生搁置在销售这艘快速前行的巨舰上,你也会快速成长的。

做销售就是要打开门路,它需要良好的心理素质、良好的口才交际能力、懂得人情世故、有推销谈判技巧、随机应变能力等,这种素质,有的是先天具有的,但更多的是要靠后天的努力磨砺培养才能拥有。销售的现实需要和压力会逼着你不断地学习完善自己,鉴于此,甚至有人放言:人人都需要学习销售,销售是一段刻骨铭心的经历。没有做过销售的人生是不完整的。

上海××公司的总经理吴挺岸,4年前还是个非常自卑、内向又不善言谈的人,连见到女孩子都会脸红,从来不与陌生人说话。他怎么改变的呢,做销售!吴挺岸在刚做销售工作时,因为性格和能力均不强,销售做得很不好,以至经济方面非常穷困,生活都很困难。吴挺岸下定决心要改变自己。他有空就多看书,有空就与人谈话,通过各种方式拓展自己的知识面,训练自己的口才。他还抽空参加一些讲座、聚会等,就像一个准备过冬口粮的老鼠,筹备实力,希望自己有朝一日能实现心中的梦想。他的性格、思维、口才、与人交往的能力已经改变了,做销售后他连性格也渐渐变得外向了。这些改变已经改变了他的命运,跟过去相比已经是天壤之别。

有一位叫张华刚的销售人员说:"当我走出校门,由一个对销售一无所知,面对客户紧张得语无伦次,踩着三轮车、自行车在烈日风雨中沿街铺货,由于技能不成熟被客户拒绝甚至赶出来,不知人生归何处的'菜鸟',逐步被磨炼成一个自信的和客户能良好沟通,指导培训下属,面对面的和对手竞争,具有很多优秀的意识和素质技能,一步步地实现着自己的人生规划目标的销售人,这之间太多值得回味。让我庆幸自己的选择是正确的,我想,这一生,就算是做销售没有达成自己的人生目标,也不遗憾,它已是我人生中值得记忆的一段经历,为我积累了谁也拿不走的'人生资产'。"

做销售是很辛苦、很累、很无奈、很无助、很心烦。但没有那些磨砺,你怎么可能成长起来呢!当这些都自己一个人默默地承受克服时。慢慢地一个不谙世事的"刘阿斗"成了顶天立地的男子汉。如果你想让自己快速成长,那就去做销售吧!

**2.提拔最快最诱人**

世界级的管理大师汤姆·彼得士说过这样一句话:领导等于销售。任何成功,都是销售的成功,无论是政治、文化、教育、科技、著作、财富、艺术、发明,这个世界上各行各业所有有成就的人,他们的成就都来自销售的基本功。换句话说,销售是各行各业成功人士的基本功。

这个时代,对于企业来说,销售就是主业,销售就是收入,有销售就是有市场和有发展;对于销售人员,能出色完成任务就会得到赏识和奖励,认可和提升。任何企业的领导对业绩突出的销售人员都自然会给予更多的关注。许多销售冠军或优秀

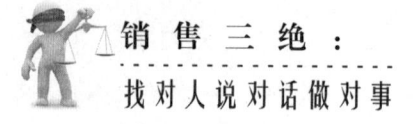
销售三绝：
找对人说对话做对事

销售人员能够迅速被提拔为领导，即使他们在领导管理方面并不具备优势，公司还是能给他们机会和空间。因为他们的销售业绩证明了他们的能力，他们的销售业绩给他们的领导呈现了美好的一面，他们的业绩掩盖他们在别的方面的不足。在销售界针对销售冠军被提拔为销售经理或公司经理的故事，流行着这样的一句话：少了一个优秀的销售人员，多了一个蹩脚的经理人物。无论怎么讲，都在验证着一个道理：做销售是最容易被赏识和提拔的。

李嘉诚在16岁的时候，从推销员做起；18岁的时候，被老板提拔为业务经理；20岁的时候，老板提拔他当总经理。20岁就当上公司总经理，当时李嘉诚不是自己创业当总经理，而是别人提拔他当公司的总经理。可见他的销售技能已经帮公司创造了庞大的业绩和利润，公司才会对他有这么大的信任和重用。在这家公司做了2年的管理后，他正式创办长江实业公司。在22岁创业之后，奋斗了几十年，他便成了世界华人首富。有人问他致富的秘诀是什么，李嘉诚说是因为他十几岁的时候学会了销售技巧。

有非常多的企业家在创业的初期都是亲自做销售。当他们的销售技巧练到一定高度的时候，实际上他们的公司就已经有了一个很大的生存空间或者说成长环境，对于这一点很多著名的企业家、总裁都是很清楚的。正因为他们当初是从销售做起的，所以他们在提拔人才的时候特别会观察哪一个员工对于销售特别有贡献，特别擅长销售，而这个擅长销售者通常会取代上一任领导人的位子。因此很多企业家在子女学成归国之后，未必直接让子女做管理，通常都让子女从市场做起，当他们了解市场之后，再让其管理企业，这样才能使企业健康发展。毕竟一个企业的销售部门，是带来现金收入、带来血液循环的最重要部门。

做销售，进可以升为销售经理或公司领导，退一步就算纯粹做销售，只要有能力，就算转行到哪里都好！经验丰富，人气又多，这些都可以在日后发挥作用。

**3.创业发展最诱人**

如果你想闯世界的话，那么就去最发达的国家和城市；如果你想创事业的话，那么就去做销售吧。不管有多难，销售是最有前途的职业。销售能使你掌握人生的艺术。在销售工作中，你能够学会如何让别人接受自己的思想，如何与人相处，如何灵活处理问题，如何战胜别人的冷漠和拒绝……事实上，一个人如果能把东西卖出去，他就已经具备了所有成功人物必备的素质了。

《富爸爸穷爸爸》的作者罗伯特·清崎，他一生当中有两个爸爸：一个是他的亲生父亲——穷爸爸，是一个政府公务员；另一个是他最好的同学的父亲，是夏威夷当地的一名富翁。他把那位富翁称为他的富爸爸，因为他从小跟他最好的同学在一起的时候，常常跟他同学的父亲请教如何做生意、创业赚钱的知识。他的富爸爸从

## 第十九章 认清销售

小教他,教到大学毕业的时候,他的富爸爸说假如你真的想要成为一名创业成功的富翁的话,你必须先去从军。他问为什么你要我去当军人呢?富爸爸说因为一个创业成功的企业家,必须擅长领导力,假如你能在军队里面磨炼几年回来,你会学会真正的领导力。他听从了富爸爸的建议。

去当了几年的兵之后,他回到夏威夷问他的富爸爸,富爸爸说你必须先去一个大企业,当一名推销员。他说我要当老板的,你为什么又要叫我去当推销员?富爸爸说如果你愿意从一名推销员做起,在市场第一线跟客户交谈,赚取丰厚的回报,成为公司的销售冠军,你就有资格当老板。于是他跑去施乐公司面试,参加销售工作。施乐公司是销售室务机器也就是复印机之类的企业。刚开始的时候,他曾经在一整年当中备受打击,但他记住富爸爸给他的教诲:没有成为销售冠军,当一个老板是不够资格的。于是他在三四年之后,终于成为施乐公司的销售冠军。在成为施乐公司的销售冠军之后,他就立刻辞职了。

他又去问富爸爸:"当初你叫我从军,我去从军,当初你叫我当销售员,我现在成为销售冠军了,我可以开始创业了吗?"

"没问题,你可以开始创业了。"

在创业过程中,他发现,正是领导能力跟销售技巧撑起了他的事业梦想。

很多人创业都是从销售起步的。通过销售从而创业成功的例子太多了。日本的经营之神松下幸之助也是从推销员做起的,台湾的王永庆也是从销售做起的,蔡万林也从销售做起。比尔·盖茨在大学二年级时就休学,创办微软公司之后,也是从销售做起来,推销他的软件,跟客户签合同。

70%的总经理都是从销售出身的。高科技企业50%以上的总经理都是先有个理工科专业背景,毕业后从技术转向销售,再转向销售管理,最终走向总经理职位的。甚至IBM的创始人以前就是一个很好的销售人员。

做好销售,一方面能积累资本,为创业做好物质准备;另一方面能锻炼自己做生意的能力。不管是替人打工还是自己开公司,销售都是一个最重要的技能之一。在现在的时代里不缺产品,而是要生产市场需要的产品,并把其销售出去。学会了做销售就学会了做生意。此外,销售做得好,一定能拿到大单、有潜力的单,而且与客户也结下了深厚的感情,彼此很信任,将来创业靠的就是这些销售时建立的千丝万缕的人际关系网。

李华刚现在是一家公司的总经理,自己创业已经5年了,他说,公司从3个人发展到现在40人,发展很快,得益于当初自己把自己培养成了一名成功的销售人员。回首走过的路,他感慨地说:积累成功经验最重要,这样会增强自己的自信心。所以在开始销售的时候,千万不要和单位计较待遇奖金等。时间证明,对于个人未来的

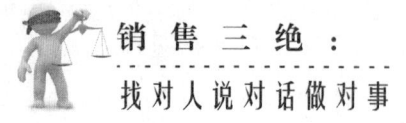

发展,积累销售经验和得到成功感比积累销售奖金和待遇重要一千倍!

销售能力是一个人创业的基础。老板可以说都是公司职位最高的销售人员。销售是美好的,它是人生的主题。如果你想将来事业辉煌,那就去做销售吧!

想想,还有比销售更让人爱的职业吗?你选择了这样的职业,就是在人生的长河中占有了一个绝佳的位置,未来机会无穷,前景光明。

# 销售也让你恨

"吃得苦中苦,方为人上人。""要吃热栗子,就不要怕烫手。"销售是一种谋生方式,只是它以一种自由的、不稳定的状态存在。"销售"看似门槛低,内在的学问实却深奥无边,不懂的人注定要吃尽无数苦头。"不论我们做对或者做错任何事!你都要懂得跟自己说:一定要挺起胸膛活着!就算遇到再不如意的事也要懂得跟自己说,我忍得了;不管有多大的挫折也好,一定要跟自己说,我撑得住;就算再怎么伤心绝望,也要懂得跟自己说,我看得开!相信自己的能力,会战胜一切困难,迎来更灿烂的太阳!这就是做销售的基础。"这些从销售人员嘴里说出的话,想一想就让人觉得心酸。

**1.压力迷茫**

在当今买方市场的环境下,企业所面临的交易条件与环境十分苛刻,有时甚至十分恶劣,如何在不利的环境下做成交易,对于一个高手来说都很难,更别说刚入行的新手。而且许多企业甚至包括一些较大的公司,对新员工都没有完整有效的培训,吝于投资也害怕训练出来又流失,首先是招有经验的,对新手大多采取自生自灭自然淘汰的方法。

很多刚毕业的学生,或转行刚进入销售行业的人,身上或多或少都存在着"不勤奋、好玩、城府一般、办事拖拉、性情懒惰"等缺点。由于一开始选择的销售类型、销售行业和公司产品的失误,或所在的企业缺乏相关的职业知识的指导与培训,或一些上级没有"传帮带"意识,在刚刚从事销售工作时,往往不知道该从哪里入手,为并不精通的"营销业"奉献着,便造成了这些营销新手迷茫、孤苦无助的心境。被迷茫或困惑包围,为那遥不可及的"前途"担忧。

有一位叫周明的销售人员,刚干销售这行时也很是迷茫,从学校出来快半年了,带着自己的梦想走进了销售行业,在成都做上色谱仪器以及消耗品的销售工作。他感觉销售工作比自己想象的困难多了,其实在做销售之前他就有了充分的心理准备，但是现实还是让他迷惑，常常打好几百个电话也卖不出一分钱的东西，跑好多路见好多人，一张订单也没有拿到，还受到了许多冷嘲热讽。这段时间里不止一次的想放弃，但一次次的又被自己的梦想所征服。曾几何时他问自己：我真的适合做销售吗？还是因为儿时童真的梦想。他想将来能拥有一份属于自己的事业。他感觉自己现在处于一种迷茫的状态，想想现实是多么残酷无情，竞争是何等激烈，他在惆怅下一步自己该怎么走啊！看着身边的朋友，大学同学都有了一份稳定的工作，随着时间的推移他们会变得更加优秀，而再看看自己承受的压力真的很大，甚至有时会让他感到窒息。

在这段时间里他一直寻找有什么方式可以在心情不好的时候释放自己，想到了抽烟，想到了喝酒，想到了蹦迪，但这些方式都是他从骨头里所不喜欢的。所以他一直打球打到全身疲惫，一觉醒来，好像自己重生一次。

挫折是有负面效应的。当你的付出换来的是满世界的拒绝和冷眼时，往往会感到缺乏安全感，使人难以安下心来，工作和生活都会受到影响。

### 2.辛苦

要做销售的话，就需要忍受压力巨大的任务指标，这就决定了吃苦是在所难免的了。有人说，劳累就不说了，心累的滋味还不如跑1万米好受。

一般做其他行业都觉得自己的工作很清高，但业务是不会有这种感觉的。做销售的一般脸皮都比较厚，即使被客人拒绝于门外、或是被客人骂还是需要一张笑脸相迎。有时被客户骂的时候，也只能默默地听着，也不能多说什么。偶尔也只能在通话之后把心情不爽的话说出来。

在公司被老板出气、出去被客户出气、在车上被售票员出气。

特别是做女销售人员真的很不容易，在大家眼里，一般女销售人员都比较厉害。在外人看来都是女强人，可是往往这种女强人最怕的就是受伤。虽然表面上她们都有那种成熟稳重的心态，可是内心是在流血的。做业务这个行业是很不容易的！谁会愿意天天在外面风吹日晒呢。在有些人看来，一个女销售人员都是靠漂亮脸蛋、身材来做的，这其实是误解。

### 3.收入不稳

销售人员都是提成制的，和业绩直接挂钩，很多单位销售人员的底薪极低，有的甚至没有底薪。要做销售，你如果又选择这样的单位的话，对这个残酷的现实问题就要有心理准备。你是一个新手，对销售还没入门，现在所处的又是买方市场，各种产品服务多得饱和，产品服务之间的竞争异常激烈，交易条件与环境均十分苛刻，甚至十分恶劣，高手做销售都要想方设法，千方百计才能有所收获。

小凡的男友是学法律的，一直找不到合适的工作，就去保险公司做销售。那份

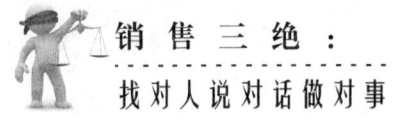

工作艰辛自不必说,很多人根本看不起保险销售员。小凡最怕别人问她男朋友是做什么工作的。男友很穷,几乎没有送过小凡一件礼物,他们也不敢奢望未来。

小胡做了2年的软件销售,现在的月平均工资能达到4 000元,虽然已经积累了很多经验,但在工作中还是觉得销售就是在撞大运,撞上了就能有业绩,撞不上就倒霉。对这种忽高忽低、心中无底的收入状况,感觉十分不舒服。

销售这些让人恨的地方,也是成全销售人员的通道,不然,岂不是十亿人都成了你的竞争对手。

# 入行起步,选择比努力更重要

销售是不分行业的,销售的全过程就是找到客户的需求点并针对性地给予解决。但销售因其销售方式、行业、公司和产品的千差万别,其难易程度、出单的快慢和收入的差距、对人的销售能力的要求也是有很大不同的。对于刚出道的学生来说,为了顺利地在这一行站稳和快速脱颖而出,同时避开众多的挫折、伤害、迷茫和弯路,让销售成为你的腾飞之路,入行的选择非常关键。可以说刚入行的95%以上的新手,吃的99%以上的销售苦头,都是因选择不对造成的。

**1.选对行业和销售方式**

销售人员的关键是业绩,没有业绩什么都谈不上,你没有饭吃不说,公司也不会白养你。所以对于新手的你,首先应该找那些比较容易出业绩的行业来入门。

(1)没有稳定客户的行业、直销类的销售不要做。如保险、电话销售、广告行业、软件销售等服务性行业,需要销售人员直接面对终端客户,这些行业的客户根本就没有购买的准备,或者很少有购买的意向,这样的行业门槛是低,但几乎所有的公司都是无底薪或底薪很低的,而对销售的能力要求却很高,工作压力也会非常大,这样的业务是最难做的。对于刚出道的学生来说是非常艰难的。

(2)有着稳定客户的行业、渠道类的销售可选择。比如日用品、建材、图书音像等,你代表公司去和连锁商家、超市、卖场、经销商洽谈,这样就保险得多,而且工资等比较有保障。

(3)有着稳定客户、行业内部的销售、对销售技巧要求不高、又容易出业绩而且回款周期短的行业,是首选。比如快速消费品,销售也较简单,不太需要你有多强的销售技巧,主要看产品和公司的支持力度。这种比较稳定,不会几个月做不出业绩让你走人,也不用担心销售周期太长拿不到提成,挣钱也能很快达到中游。

## 第十九章 认清销售

选择比努力更重要,"先做正确的事,再正确地做事"。本书关于销售的大部分章节和内容,也是假定你已经作出了正确的选择,即选择了适合新手的渠道类销售工作。本书后面也是侧重于渠道类的销售来讲,但鉴于直销对销售能力、销售技能要求较高,以直销的标准来要求和训练新手也是有好处的,因此本书也有不少相应内容。

**2. 选对公司和产品**

如果有条件,你可以将自己的目标选定在一些比较大的公司,作为起步比较好,那里会对你进行很系统的业务培训。大公司都强调一种整体的、规范的、由企业自己控制的服务,经过这样的培训锻炼后整个人会提升不少。这个对一个新入行的人来说很重要,它可能关系到你能不能在这个领域少走弯路,并尽快作出成绩。方法不对是对一个人最大的耽误。

找那些品质好、性价比高的产品销售,这样会大大降低你的工作难度,很多人一听说产品的牌子就可以让你少吃一半的闭门羹。有幸销售这样的产品,能很容易迈进客户的第一道大门,起码不至于被人家在电话里这样讲:"××公司?对不起,我没有听说过。我们这里暂时不需要你们的产品,谢谢。"对于很多初入销售行当的新手,对听到这种话简直是深恶痛绝,因为人家根本不给你和他接触的机会,当然也不可能施展身手。

做销售行业肯定有前途!对于想做销售的你,有选择权当然是最好不过了。但话又说回来,门外汉的你,能应聘哪个行业与公司呢?对于新手先找份销售的工作,你现在是学习本领,需要一个磨炼的过程。只要有人带你、培训你,什么行业都可以做。如果你不急于获得金钱上的回报的话,可以先选择去保险公司锻炼一下,保险公司的培训是最全面的,特别在对于和人交流和沟通的能力上可以得到很大的提升。

等你在销售行业成长到能独揽一面的时候,再选择具体行业,具体公司(有潜力的大公司)。因为同样是销售,公司实力大小,未来的市场发展空间也是很受影响的!

你喜欢的行业是什么?你想要的未来是如何的?要拿几个行业和工作来给自己垫背?这些问题你要综合考虑,自己要分析,要选择。这样你才能更快地接近成功,更快地积累经验。不论你选择哪个,其实都不一定是最后确定的,因为人随时都在修正自己。

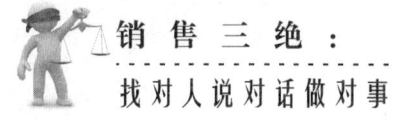

销售三绝：
找对人说对话做对事

# 认清谬见误区好上路

许多在销售上的谬见误区，不事先撇清，会压迫新手，特别是那些性格内向的，不善于与人交流，又缺乏社会经验的新手，不仅不能轻松地上路，更容易因谬见轻易否定自己在销售上的前途。下面列示出一些销售谬见误区，希望能起到一些启示作用。

**谬见误区一：只有能说会道会忽悠才能做好销售**

以前有些经理要求我们背说话术，照着他们给的说辞去背，可我总感觉像是给我的嘴巴上了个夹子，说出来的话都不像是我自己的了，学到最后，我都不敢开口讲话了，两个字'难受'。后来才明白，自然是最高境界，从自己内心说出来的语言才是最打动人的，技巧也需要，但需要转化成自己的东西才行。而且能说会道会忽悠并非就是做好销售的唯一因素。

头脑灵活、能说会道是做销售的强项。但会忽悠的销售人员，普遍容易犯过分利用小聪明、只顾自己利益不顾客户利益的错误，在进行销售工作时由于表达能力强，吹得天花乱坠，华丽词藻源源不断，轰得客户头昏脑胀，不得不认可其说法，一时冲动便达成了交易。但客户回去仔细一想，却感觉吃了亏，结果可想而知，必然为日后的合作留下阴影。

那些表面上看起来老实巴交，不怎么会讲话的销售人员，一样可以做得很好。因为有不少老板喜欢这样的人，觉得和他们做生意放心。另外，这样的人大部分都是实干型的，做事认真，韧性强，这样的品质也比较适合做销售。毕竟80%的成交都是来自4次以上的跟踪，而不是来自忽悠的技巧。

有一位阿里巴巴的销售精英，他讲话结巴，说个笑话别人得配合着笑，可就是这样没有销售天赋的人销售业绩却从来没有掉下过前三名。因为他太勤奋了，他一天可以跑三个地市，当别人都回家的时候，他也许刚刚踏上返程的车。一段时间下来，他积累的客户资料是最多的。

**谬见误区二：会建私人关系才能做好销售**

一些销售人员能说会道，会讨客户欢心，很善于发展与客户的私人关系，他们常常一起吃饭一起喝酒甚至一起卡拉OK，他们也常常吹嘘"客户与我关系多好啊！"。但这类销售人员一开始销售业绩会好，但是时间久了往往容易出问题。他们频频使客户花钱，其实客户请吃饭喝酒并不是与他们的关系好，而是有所求或

## 第十九章 认清销售

有所想,吃完了客户是要算账的。拿人家的手短,吃人家的嘴软,由于关系过于密切,一旦遇到催款以及实施公司相关政策时就无法理直气壮地进行,且客户虽然表面上打哈哈,与其称兄道弟,其实在心里是非常鄙视这类人的。

而不会建私人关系的销售人员有一个特征,就是做得多说得少。虽然不喜欢应酬,也很少在客户处吃饭、喝酒,但工作做得多,也能为客户真正解决不少实际问题,虽然看起来没有那种头脑灵活的销售人员与客户的关系融洽,但客户心里是非常尊重这种销售人员的。因为对于客户来说,关键是你能否使他赚钱,而不是能说多少漂亮话。只有诚心帮助客户才是长久的。

销售人员应遵循一切为客户着想的原则,应通过自己的工作态度与行动,让客户赢得利润,让客户感觉到与其所在的公司合作放心、省心、简单,让客户从内心里对你越来越尊重,那你与客户之间还有什么鸿沟不能逾越呢?

**谬见误区三:大牌公司销售一定比小企业好做**

大企业的销售有小企业不必面对的另类困难,而且绝大多数销售所面临的困难,企业不分大小都是一样的。

大企业销售所面临的独有困难如下:

(1)你销售的永远是最高价的产品。既然其产品是市场上最好的,当然价格就最高;如果最好的产品价格还比人家低,人家还有一点活路么?即使你销售的产品降价,市场上所有的竞争对手也会跟着降,用其价格优势来弥补质量劣势,大家各自保持一块目标市场,维持一个平衡。所以,做大公司销售都是高价中标。可以想象,在竞争中如果你无所作为,得不到足够有用信息的用户几乎肯定会选择低价的产品。结果是你的每一个订单都是靠艰辛的介绍得来。

(2)有时你几乎不能不胜。例如,你有一种产品的市场份额大概80%,别人肯定觉得好风光吧。事实上做这个产品项目的压力很大,因为拿下是应该的,而丢了就是很没面子。但竞争对手明知希望很小,却一方面用很大的价差来拼死一搏,另一方面又不断跟进技术。所以赢下的每一个项目都是如履薄冰,如临深渊。

(3)小企业销售面临的问题,大企业同样会遇到,只是形式不一样。客户可能会说:"啊,你们公司很有名,东西也很好,就是太贵了,我们这里用不起。"其实他们不是用不起,只是不了解多出那些钱有什么必要。本质就是不给你接触的机会。

所以,在任何公司中、任何情况下都不需要悲观。不要老想着自己和公司的劣势,而应该多发掘自己和公司的优势,看看有什么能为客户带来价值的。也许你的竞争对手也有这些优势,但只要他们没有你的销售能力强,没有你发掘得充分,这种优势就是你独有的,就是你成功的基石!

**谬见误区四:只有找到高层,才能做成生意**

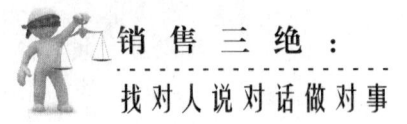

## 销售三绝：
### 找对人说对话做对事

做销售都提倡找决策人，找关键人，但并不一定所有的关键人都是老总。特别是一些大企业，部门经理就有一定的决定权。而且大公司老总工作都非常繁忙，一般很难见面。即便你费尽千辛万苦找到了该公司决策层，他们也会把事情推到分管部门，而且一旦决策层拒绝了你，你的机会就变得非常渺茫了。所以向大公司销售可以先从下面做起。

有个销售新人就职于一家刚成立的小公司，一天去一家大公司拜访销售。他还不太懂关键人的重要性，一开始找到了该公司的一位文员，新人就给她很卖力的做演示。并通过这位文员了解了一些该公司的组织结构及背景等。

后来这个文员把他推荐给了另一位业务经理。这位业务经理其实也只是一个普通的销售代表。这位新人还是很卖力地去和这位业务经理沟通，推荐他们的产品。

业务经理对这款产品比较认同了，就帮他推荐到了一位副总那里。后来又通过副总向总部汇报，总部通过后，这笔单子给了新人。

可能有人会觉得这样做周期太长，但实际的情况是这笔单子新人去拜访的次数并不多，只不过这件事的发展需要一个过程，这个过程是正常的。

小公司也有这种情况，中国的家族式企业多，老板的爱人及亲戚朋友都有可能左右单子的结果。所以，有时候单子进展不顺利，可以考虑从关键人周边对其有影响的人入手，间接达到目的。

# 第二十章　推销自己：
## 卖产品就是卖自己

销售是与人打交道的工作，销售人员的职业形象就显得十分重要。据美国纽约销售联谊会统计：客户之所以从你那里购买产品，是因为他们喜欢你、信任你、尊重你。在客户未接受你之前，你与他们谈论产品、推销，他们本能的反应就是推诿、拒绝，让你及早离开。推销产品，首先要推销你自己！可以说卖产品就是卖自己。想要成为第一流的销售人员，首先要树立自己的形象。

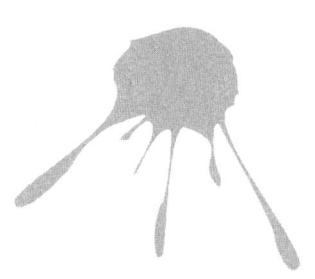

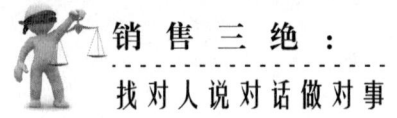

# 卖你的外在——形象和礼仪

一个人的外在形象至关重要。正如勃依斯公司总裁海罗德所说："只有留给人们良好的印象,你才能开始第二步。"永远不要忽视你的外表,这对你十分重要。得体的衣着、挺拔的身姿、整齐的发型、健康的状态会使你成为一个令人喜欢的人。80%的人是以貌取人的,莱德纳·戈德曼也说:顺应以貌取人的潮流,会掌握事半功倍的机遇。让我们听他的吧。

**1.着装战术**

据调查,人的外在表现力90%由服饰来显示,由此看来,良好的"第一印象"首先应该从着装修饰开始。曾经就有位衣冠不整的销售人员到一家商场推销糕点,经理与他谈了一会儿,就将他支走了。该销售人员走后,经理对同事说,"我看他的样子就讨厌。"以后,这位销售人员多次试图向这家商场推销产品,但经理再也没有见他,尽管他改变了自己的衣着。

销售人员着装并不是一件特别复杂的事情,只要把握住三个原则就可以了。

(1)服装一定要干净、合体。这样的服装会给人一种很清爽的感觉,同时给人留下一个很好的印象。你并不需要穿名牌,但是一定要干净、合体,这是最重要的。

(2)要适合当时的环境。不了解销售行业特点的人总是把"雪白的衬衣,配上笔挺的裤子,外加一条系得整整齐齐的领带"这样一身体面的装扮,看作是所有销售人员的着装策略。事实上,这种想法已经过时了,销售人员应该根据商品的特点、推销的场合、客户的特点、自身的条件等因素随时变换自己的着装。

即"到什么山头,唱什么歌"。例如,你到车间去销售,就没必要穿得像出席宴会一样,只需要穿着一身工作服,效果就会很好了。基尔达夫说:入乡随俗的人,比离群者——固执己见的人,更有可能在事业上获得进展。

从事汽车零件批发的恒华公司,在其推销对象中,有许多修理厂,还有街道工厂、小企业、小修理厂,这些单位的老板,他们也是第一线的指挥者,穿的几乎都是工作服,从来不穿西服。

于是恒华公司做出了这样一个决定:我公司所推销的对象中,99%都是小企业、街道工厂的经理,他们往往身穿蓝色工作服在第一线指挥生产。因此,今后公司销售人员的标准服装应为蓝色服装。

事实证明,恒华公司的做法是非常明智的。蓝色服装大大增进了销售人员与买主之间的认同感和亲切感,公司的业绩也因此得到了显著提高。

(3)穿着符合客户心理的服装。如果穿着与客户的期望反差很大,对方很难认可你的形象,又怎么能够信任你,进而购买你的产品呢?

一个女销售人员有一次去一家公司谈业务,由于是第一次登门,所以穿着很高档的套装前往。客户经理是一位中年女士,不但对她精心搭配的服装视而不见,而且态度也很冷淡,可是在自己的员工面前却有说有笑,非常和蔼可亲。困惑的她通过私下了解,才得知这位经理是从很艰苦的条件下创业成功的,一直都很朴素,对于穿得很时髦的人有一种本能的反感。当这位女销售人员恍然大悟的时候,业务早让别的公司拉走了。

销售人员见客户最好不要佩戴高级的手表或者首饰,打扮得珠光宝气有时会起到相反的效果,客户会觉得你的产品利润很大,会赚自己很多的钱。

**2. 注意个人卫生**

销售人员的外形不一定要美丽迷人或英俊潇洒,但一定要大方、得体。具体说来,除服装必须整洁外,还应该注意自身的清洁。从头发、眼睛、耳朵、鼻子、嘴巴到身上的衣服、鞋袜以及所携带的文件夹、笔记用具等,都要干净、整洁。

头发一定要整齐,不要披头散发或满头油光地与人交谈。肩头上布满头皮屑也叫人不敢恭维。此外,奇形怪状的发式也令人反感。指甲应经常修剪,指甲缝要注意清理。手帕看似不算什么,但也影响到他人对你的印象,应当每天换洗。

**3. 注意礼仪**

礼仪是一种在公众场合表现出来的体面而又恰当的行为,是身份及社会地位的体现。礼仪是高贵的言、行、举、止,它能够帮助你赢得别人的尊重,使人对你留下深刻而又美好的印象。礼仪是销售工作中非常重要的一环。如果不懂礼节,往往会在无形中破坏自己的形象。销售人员应注意的基本礼仪包括以下几个方面:

(1)握手:迎上客户的同时伸出自己的手,身体略向前倾,双眼看着客户的眼睛。握手需要握实,摇动的幅度不要太大,时间以客户松手的感觉为准。与客户握手时应注意以下几个方面:

其一,和女性、长辈握手时,应等对方先伸出手,不可贸然采取主动。如果对方不愿握手,就不要勉强。握手时态度要热情一些,但不可过火。

其二,不握手可用点头来表示敬意。这时要微微含笑,但不要嬉皮笑脸,让人误解。态度应当庄重温和,彬彬有礼。

其三,互致敬意时,不要把双手插在口袋里或双手叉腰,双手应该置于身体两

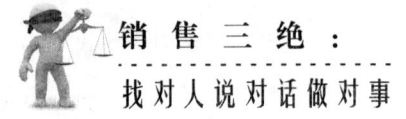

侧或交叉腹前。

(2)商谈的距离:通常与较熟客户保持的适宜距离是70~80厘米,与不熟悉客户适宜的谈话距离是100~120厘米。站着商谈时,一般的适宜距离为两个手臂长。一站一坐,则距离可以稍微拉近,约一个半手臂长。坐着时约为一个手臂长,同时避免自己的口气吹到对方脸上。

(3)递交名片:一般名片都放在衬衫的左侧口袋或西服的内侧口袋,也可以放在随行包的外侧,避免放在裤子口袋里。第一次访问客户,一定要交换名片。即使在预约的电话中已经通过话,彼此也已通名报姓了,还是应当交换名片。递交名片应注意以下几个方面:

其一,递出名片的方法。名片不能放在桌子上或者放在桌上推出去,这样是很不礼貌的。名片应该自下而上递出,递出时名片的正面要正对着对方。递出的同时,自报一下姓名。

其二,接受名片的方法。对方向你递出名片时,尽可能用双手去接,不要随随便便用两根手指一挟了事,态度应该谦恭、有礼、诚恳。拿到名片时轻轻念出对方的名字。如果对方的名字中有不认识的字,不妨直率地询问对方读法,不必觉得不好意思。拿到名片后,仔细记下并放到名片夹的上端夹内。

其三,名片可做话题。在互相交换的名片中往往隐藏着一些可以用来交谈的材料,双方可以就此展开交谈。

(4)入座:会客室的入座一般没有一定的常规可循,因此,当客户进来时站立起来,遵循客户的指示入座。乘坐出租车时客户的位置一般为驾驶座后面的后座,坐火车一般以客户坐顺行方向的靠窗座位为标准。入座时应礼貌地点点头,表示谢意,然后平稳地坐好。坐姿应该注意:不要弯背屈腰,像个大虾米;也不要跷起二郎腿,或两腿叉开太大。虽不必像古人云"坐如钟"那样严格,但也要讲究点分寸,不要过于放松自己。

(5)手的指示方法:当需要用手指引样品、模型或接引客人指示方向时,食指向下靠拢,拇指向内侧轻轻弯曲指示方向。

(6)陌生拜访:推销时,温文尔雅、彬彬有礼是非常重要的。

如果在对方的接待室推销,要坐在靠门的地方等候。在对方到达之前,不要吸烟、喝茶。对方到达以后,如果对方不抽烟,即使有烟灰缸也不要抽烟。对接待人员要表示谢意,但不要马上端过茶来喝,等对方请你用茶时,再喝也不迟。接待人员给你送来毛巾,只能拿毛巾轻轻擦拭额头和手,用过以后轻轻折好放下。

在对方家中时,对其家人要有礼貌,不要东张西望。如在公司外的某个场所约会,要注意不要把推销搞成宴会。席间也不要喝太多的酒,更不能强迫对方也一同喝酒。

刚与客户见面时,要说几句客套话。这数分钟的寒暄,有助于气氛的融洽,有助于推销正题气氛的营造。见到对方应问候"您好!""您早!""打扰您了!"但也不可过于客气,使人浑身不自在。陌生拜访时应注意以下方面:

其一,不能太过于豪放,不拘小节。初次见面,人生地疏,如果偏偏表现得像老友重逢,实在让人受不了。亲疏之别是不能忽视的。李某是一名推销人员,初到某地,见到客户,热情异常,称兄道弟,还大拍对方的肩膀,并要与客户下馆子,结果让客户很讨厌,最后溜之大吉。

其二,见面后要简洁地自我介绍,如"我是公司的,是和您昨天约好的。"不要废话太多不给对方说话的机会。女销售员在拜访客户时也要庄重大方,不要忸怩作态,让人难受。

其三,第一次拜访如果碰巧未遇上对方,应该立刻要求对方秘书给个回话,约好下一次拜访的时间和地点,或请对方适时给你打电话预约下次的时间,不要"空手而回"。

相信你的每一句话、每一个细节、每一个举动,都会在无形中体现你的教养和礼仪。像重视自己的生命一样,重视自己的尊严,并通过最基本的礼仪表现出来,你就会赢得更多的尊重,赢得更多的客户!

**4.注意肢体语言**

肢体语言是一种特殊的无声语言,由表情语、手势语、体姿语组成。肢体语言的重要性并不亚于口头语言。销售人员在会见客户时,你的态度全部反映在你的举手投足之间,你要表现得坦坦荡荡,在举手投足之间流露出你的涵养、风度、气质、学识和品位。

(1)表情语。人面部的眼、眉、口、鼻构成了一个面部表情的三角区,面部各器官与面部肌肉构成的千变万化的面部表情,是非常重要的无声语言。最重要和最常见的表情语有目光语和微笑语。

其一,目光语。见客户时,目光应和善友好、清澈坦荡,要从目光中表现出你的坚定和执著。与客户交谈的时候,要注视对方的眼睛,以示尊重和礼貌,同时使他深信你是个可以信赖的人。"注视"的部位应在对方的双眼和口鼻处交替进行。如果与对方的目光相遇太少,会显得缺乏自信。你的视线接触对方面部的时间,应占全部谈话时间的60%以上。与客户交谈的时候不要眼神四处游荡,这样会给人一种心不在焉的感觉。

其二,微笑语。微笑如同直通人心的世界语,能深深地打动一颗冷漠的心。世界上最伟大的销售人员乔·吉拉德曾说:"当你笑时,整个世界都在笑。一脸苦相当然

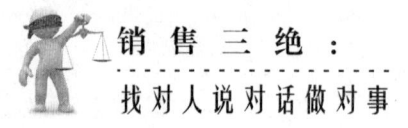

没人理睬你。"微笑是一座能缩短人们的心理距离，促成友谊合作的桥梁。初次相见，未开口先送上一个微笑，随后的交谈就会顺利、融洽得多。同时，微笑也是减少摩擦，缓解矛盾的润滑剂。难怪英国一位政治家说："一个微笑，价值百万美元。"

(2)手势语。手势语是通过手来传递信息的，是表现力极强的一种体态语，手势语能弥补口头语言和表情语言表达的不足，手势语的适当运用能帮助表达特殊的情感。运用手势语要优美大方，使用手势语的幅度、姿态、频率要与口头语言、表情语言相互配合。销售人员不要下意识地滥打手势，这样会使客户曲解你的意思，甚至会认为你缺乏教养而对你产生反感。

(3)体姿语。俗话说："站有站相，坐有坐相。"就是对一个人应有的基本体姿的要求。体姿语包括立姿、坐姿和行姿。体姿对一个人整体形象的塑造有着很重要的作用，它显示出一个人的气质和风度。具体说来，销售员体姿的要求有：

其一，商业化的站立姿势要将双手插在口袋里，两腿略微分开。

其二，接触到别人的视线时要友好地扬一下眉，眼睛亮一下。

其三，要尽量不做小动作，这样看起来沉着而有分寸。

**5.注意大家都疏忽的礼节**

销售人员平时对客户文质彬彬，礼貌有加，一般都能做到。在此特别要提醒销售人员注意的是，一些比较容易疏忽的，却也是最要命的地方，就是当生意没做成，销售人员深感失望地离开客户时，能够保持君子风度。

有很多商界人士，提起令人不愉快的交往，很少是关于商谈前的，而对商谈后的不满比比皆是。生意没谈成功，大家的意见相差太远，一直热情有加的销售人员马上换了一副冷冰冰的面孔，让人感到反差太大，让人有被遗弃的感觉，同时也让人产生"这个人一辈子也不要再打交道"的感觉，这对于销售人员的形象是一个致命的打击。客户会觉得："原来你的所谓礼节是冲着那笔可能的生意去的，而不是我这个人，生意不成，居然礼节也就不要了，朋友也不处了，这是多么令人伤感的事情啊！"

既然生意没有谈成，销售人员有必要再对人家礼遇有加吗？古人云：生意不成仁义在。这是一个销售人员的基本修养，事实上也存在着下一次商机。如果销售人员失去一次做成一笔生意的机会，那么，这次访问的投入，亦可以收获好的感情交流。这一次的不成功，自然是可以成为下一次成功的伏笔，把一个良好的印象深深地刻在客户的脑海里，它甚至比做成一笔生意重要得多，因为生意永远是做不完的。

在销售活动中，能把礼节做到前面的，可能是100%，而自始至终保持一致的，可能不到30%。关于礼节，一定要把工作做在大家都疏忽的地方，方显英雄本色。

销售礼仪的核心是创造美好的客户感受!但要注意,在与客户交往时,僵硬、刻板和过分正式的礼仪行为,只能给客户带来拘谨、封闭和疏远的内心感受,对创造好的客户印象和最终的成交并无益处。相反,以基本的礼仪要求为原则,灵活放松地运用,有时为了创造轻松的氛围,甚至在做法上与正规的礼仪要求打些"擦边球",反而更能使客户感到轻松、愉快,并乐于展开话题。

# 卖你的内在——性情、心态和学识

一个客户要买你的产品,首先他要相信你这个人,只有他被你的个人魅力所感动,你才能够获得长久的成功。这魅力包括你的性情、心态和学识等方面。

### 1. 热情

销售工作是需要极大的热情才可能做好的。有一位销售员,刚刚接受完培训,没什么经验,却急于做生意,可是他很少有机会出门。他的产品知识几乎是零,他的经验也是零。然而他却做成了一笔又一笔买卖。原因在于,他用热情感染了客户。

过了一段时间,这位新人成为一名老手,经验越来越丰富,对产品了解得一清二楚,而且精通业务。可是这时,他接受挑战的欲望开始减退,对事情不再感到惊奇,热情的火苗渐渐减弱。最后,他变成了碌碌无为、没有棱角的销售人员。于是,平庸之辈中又多了一员。

这是一个人人熟悉的故事,也是很多销售人员自身的真实写照。

热情是世界上最大的财富。热情能摧毁偏见和敌意,摒弃懒惰,扫除障碍。热情在销售工作中所占的分量为95%,而产品知识只占5%。你必须真诚地热爱销售工作,你必须真诚地热爱你在销售的产品或服务,如果连自己都不喜欢,凭什么让客户喜欢?

你必须真诚地热爱你的客户,在销售岗位上,客户永远是第一位的,客户永远是对的,只有去热爱你的客户,处处为他们着想,让客户成为你的朋友、你的亲人、你的上帝,这时候你的销售才可能成功且持久。

燃烧你对工作、对生活的热情吧!用你的热情来销售,用你的热情感染每一位客户、每一位朋友,你会发现自己的整个生命都会发出绚丽的光彩!

### 2. 积极的人生态度

销售人员比谁都更应具有积极的人生态度,坦然、成熟地面对和处理挫折与失败、鼓励与成功。

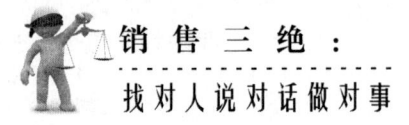

你绝对不能把不好的情绪带到工作中来,特别是不能带到客户那里去。在约见客户之前,一定要有意识地调整好自己。容光焕发、朝气蓬勃将帮助你赢得客户的好感与尊重。个人状态越好,就越能造成一种成功的气氛。因挫折而消沉的人,很难获得成功。

销售人员必须保持良好的心境,要有充分的心理准备。战斗的胜负往往只是在最初的5分钟之内就能决定,而一天的情绪则受早上起床时心情的影响。因此,销售人员在一天刚刚开始的早上,就要努力调整自己的心情。你也许正好遇到刮风下雨的坏天气,但凡事都要往好的一面想,如:"下雨算不了什么,重要的是我今天一定要去拜访他!"

### 3.正直自律

优秀的销售人员还必须是一个正直的人,如果总是心存邪念,就会给自己留下被人钻空子的隐患,因为销售人员在研究客户的时候,客户也在研究销售人员。俗话讲,苍蝇不叮无缝的鸡蛋。如果销售人员自己心存邪念,并表现到工作中去,客户也会因之而心存邪念,一系列的隐患与麻烦就会随之而来。

优秀的销售人员还要懂得自律。在每位客户的背后,都大约站着250个人,这是与他关系比较亲近的人:同事、邻居、亲戚、朋友。如果一个销售人员在年初的一个星期里见到50个人,其中只要有2个客户对他的态度感到不愉快,到了年底,由于连锁影响就可能有5 000个人不愿意和这个销售人员打交道。他们知道一件事:不要跟这位销售人员做生意。这就是乔·吉拉德的250定律。由此,乔·吉拉德得出结论:在任何情况下,都不要得罪哪怕是一个客户。

在乔·吉拉德的推销生涯中,抱定生意至上的态度,很懂得自律,注意控制自己的情绪,不因客户的刁难,或是不喜欢对方,或是自己心绪不佳等原因而怠慢客户。

销售人员还要有抵抗各种诱惑的自律力。一般而言,销售人员都是常年在外的游牧一族,经常远离家人和朋友(孤独感)、远离公司总部(无助感)、每天都进行着利益交换(虚伪感)、面对产品和市场的各种要求(压力)、每天重复着相同的工作(单调)等,在这些消极因素的影响下,销售人员的工作情绪和状态会出现各种起伏,最容易因缺乏自律而陷入各种诱惑中,从而导致市场工作的相应起伏和变化。如果销售人员能做到自律,能抵制各种诱惑并调节好自身的心理状态,必将无往而不利。

### 4.对人友善

成功的销售人员都有一个性格特征,那就是对人友善。对人友善,必获回报。成功的销售人员有开阔的心胸,能给予别人亲切的关怀,能推心置腹地探求出客户需求,并加以恰当应对,给予相应解决。

## 第二十章 推销自己

在钢铁大王查尔斯·施瓦布的工厂里，一次，几位工人违章在车间里吸烟。施瓦布看到后，并没有急着责骂他们，将其轰出去，也没有就地宣读工厂制度或宣讲有关吸烟会引起的危害，因为他知道劳累的工人只是心存侥幸想满足一时的烟瘾，舒缓一下情绪。所以他走到吸烟工人的面前，掏出自己的名贵雪茄，发给每人一支，然后说："如果大家能和我一起到车间外空地去抽支烟，我会非常高兴！"几位工人恍然大悟自己是在做一件多么愚蠢而危险的事情。

顾客要卖二手车，问销售人员他的旧车可以折合多少钱，有的销售人员会粗鲁地说："这种破车。"汽车推销大王乔·吉拉德绝不会这样，他会告诉顾客，一辆车能开上12万公里，他的驾驶技术的确高人一等。这些话使顾客开心，也赢得了顾客的好感。

优秀的销售人员，会不断探询客户的需要，将心比心，以细腻的感受力和同情心，判断客户的真实需求并加以满足，最终成交。

### 5.学识

说服客户，不是靠强硬的语气，也不是靠威逼利诱，而是靠丰富的知识让客户心悦诚服——知识就是力量。

作为销售人员，希望客户能把自己当成是值得信赖、为他们解决实际问题的专家顾问，而不仅仅是推销者。要达到这个目的，销售人员就要下工夫充实自己的知识，提升内在的魅力。

销售人员要精通业务，准备充分。有些人却做不好这点，连自己的产品都不熟悉，设备型号数量、加工能力都不知道，事情谈不到点上，浪费时间。一来就把资料扔过去要客户看，客户问几个简单问题还要回去了解了才能告诉客户，这怎么能让客户信赖呢？

培训公司的李总，雇佣了不少年轻人担任培训推广员。有时，这些培训推广员面对客户的提问要犹豫半天，最后不得不把电话转给李总。通常是他的电话打完后，一份订单就百分之百敲定了。究其原因，是客户提出的每一个关于营销的问题，李总都可以分析得头头是道。对方认为请这样的培训师去讲课，是物有所值。可以说，客户是被知识说服的，知识越丰富，说服力越强。

知识魅力可以分为专业知识和业外知识两个范畴。专业知识是指销售人员所从事行业的专业知识、所销售产品的专业知识。它是每个销售人员都需要掌握的基本知识。业外知识是在销售人员熟练掌握了专业知识后，锦上添花的其他知识。就像文艺、体育、政治等等，都应不断汲取。比如说：NBA休斯顿火箭队最近胜负如何、姚明表现状态、皇马六大巨星状态如何、贝利加盟皇马了吗等，这些都是与客

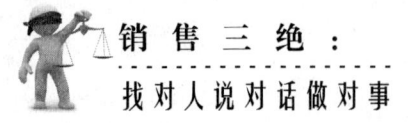

户聊天的素材。哪有那么多的工作上的事情要谈,你不烦他还烦呢。工作的事情几分钟就谈完了,谈完了怎么办,不能冷场啊,找话题投其所好,他喜欢什么就和他聊什么。

李总曾在深圳给一家工业品公司做过营销培训。当时,这家公司的老总给李总留下了"有品位、有内涵"的良好印象。为什么呢?原因是他在欢迎李总的宴席上,热情地向李总介绍每一道菜式的历史缘由、烹饪方法、火候把握。他的介绍引人入胜,让他这个不懂欣赏美食的人也听得十分专注。李总觉得这位老总真的是很会生活,他不仅是一名成功的企业家,而且是一名真正的美食家。

作为销售新人,不仅要掌握必须的专业知识,还要用别人所欠缺的知识来增加个人魅力。套用一句名言就是:人无我有,人有我优,人优我新,人新我转。时时刻刻让自己保持领先一步,就能永远站在成功的领奖台上。

# 卖你的境界——用心和为人

说实话,办实事,用心为人做事,让客户感到真诚和信任,是销售的最高境界。客户不是被你的销售技巧所感动,而是被你的人格魅力所折服。如果你能成为让客户信任的销售人员,就一定会受到客户的青睐。

**1.踏实认真**

小李的管区内有一位很有实力的客户,但负责人根本不见他,只能见到一个低级的主管,也一直没能深入地谈业务,有一天那个负责人好不容易同意和小李吃一顿工作餐,而那一天小李恰好在区内很远的地方收账,眼看就差最后一家了,可约定的吃饭时间快到了,他没有推辞约定,直奔那个大客户处,宁可下班后再重新回来去收最后一家账款。而那位低级主管原本以为这次约会是随便一说,得知他如此守约后大为感动,大力向其上司保证,这个业务员在小事上都如此认真,一定是个可以信赖的人,这样的人服务的公司是不会错的,产品就更不用说了。小李因此和这个客户建立了长期、良好的业务关系。

销售界有一句话:"每一个全世界最顶尖的销售人员所销售的产品,不是产品本身,而是他自己"。在卖产品之前,一定是先推销自己,当客户喜欢你、了解你之后,才会开始选择你的产品。推销自己,就是推销做事认真的态度。

做事认真的态度是一种习惯。向客户承诺过的事情一定要做到,否则最好不要承诺。失信于客户对销售人员来说,无异于"自杀",一定要对客户负责到底。而客户一旦购买你的产品,和你成交,就更需要采取负责任的态度,因为你要为下一次的续费和新产品的销售做准备。

一个人最大的人格魅力就来自于做事认真。一个成功的销售人员肯定是一个认真的人,而一个业绩不好的人肯定是做事不够认真的人。

**2.诚实可信**

销售人员要有职业道德和诚信意识。销售的一个很重要的原则就是用诚心去打动对方。

在今日供大于求、产品同质化异常严重的市场状况下,对客户而言,与原来的厂商、供应商来往就已经足够供应丰富的同类产品,若要开一个新的进货户头,除非该产品竞争力特别强,或者就是销售人员能够从各方面配合自己以提高销售额。最为重要的,是客户对他的信任。这就要求销售人员必须要有令客户信任的行动。双方之间不仅仅只是暂时的交易关系,还必须与客户相互信任,让客户觉得你诚实可信,可靠。这样产品才能顺畅、顺利地继续销售。

有一个小商店生意特别红火,几乎整个小区的人都爱到他那里购买东西。为什么呢?有一次小李去买半斤虾皮。那位服务员先把装虾皮的塑料袋在电子秤上称了一下,然后才装虾皮。小李感到很奇怪,就问他为什么要这样做?服务员笑着说:"我把塑料袋的重量给你减去呀。"小李不以为然:"一个塑料袋能有多重?"他却说:"你不要小看塑料袋,轻的也有好几克了,差不多一小把虾皮呢!"虽然一个塑料袋确实不重,但是服务员的举动让人心里很舒服。回到家,他对太太说:"以后买东西就去门口那家小店吧!"

这就是诚信,是一种既能赢利又能让客户满意的理念。精明的商人首先是一个好人,他把诚信看得比金钱重要一万倍,他试图提供给客户货真价实的东西——价格很公道、用处很清楚、性能很可靠。他知道自己的财富来自于客户,所以他总是设身处地站在用户的立场来规戒自己的行为和自己的产品。

要诚信,就一定不能够欺骗客户,实在有什么问题自己也搞不明白,最好的办法就是直截了当地告诉客户:"对不起,我现在还没有办法回答你,但我回去马上查找答案,很快会给你回信。"这样也许说明你的准备没有充分,但是也表现了你的诚实,很容易得到客户的信任。

要做到诚信,还要注意一点,就是不要轻易对客户许诺。在实际的销售中,不少销售员为了得到订单,往往会作出不切实际的许诺,这种无法兑现的许诺不光会使你心神不安,更重要的是会让客户从此对你失去信任。一个只看到眼前的蝇头小利,不顾及客户感受的销售人员,最终只会失去客户,也失去自己的业绩。

所以作为一个销售人员,一定要注意讲究诚信,因为这是你获得业绩的根本。

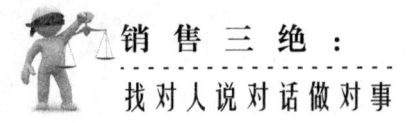

当你有了诚信的金字招牌,你的影响力就会像滚雪球一样越滚越大,声誉也会越来越好,业绩自然就会越来越好。

### 3.为别人着想

销售人员不是救世主和传教士,但你确实是客户需要的产品专家和良师益友。

有的销售人员只考虑自己一亩三分地的利益,不考虑客户的实际困难,急吼吼地整天催客户上量上量再上量,而不考虑自己应该为客户做哪些工作。

有的销售人员常常假惺惺地关心客户,蜻蜓点水般地走访市场,自己走走过场,用花言巧语诱骗客户就范。这种销售层次较常见,一般都是开始很好,但兔子尾巴长不了,因为通过长期的交往,客户最终会看透这种销售人员的虚伪面目,并采取控制措施,销售就难免出现危机。

上等层次的销售就是要有一颗帮助客户之心。就如无招胜有招一样,销售人员所谓的销售技巧没有了,有的只是帮助客户成功的诚心与行动,始终坚持从客户的利益出发,为客户着想,帮助客户获得利益,同时不忘公司利益,专业、敬业、正直,赢得了客户发自内心的敬重,这种销售层次即使短期内销售出现困难,客户也不会弃公司而去,甚至会牺牲自己的利益帮助企业一起共度难关。

不诚心为客户着想,将客户视为斗智的对象,无论其销售技巧有多专业,沟通能力有多强,最终总会失败。把别人当傻瓜的人才是真正的傻瓜!

销售技巧固然重要,关键是销售人员怎么用,如果销售人员总是琢磨着如何将梳子卖给和尚,将拐杖与轮椅卖给健全人,并以此而沾沾自喜,无论是对公司还是对个人,必将留下无穷隐患。如果销售人员能做到智慧、正直、专业、自律,忘掉所谓的销售技巧,时刻想着客户与公司的利益,始终能站在客户的角度去换位思考,无论是你的公司还是你个人,都将会顺风顺水。

李华刚做销售时,他不会抽烟、不会喝酒,又不会打牌,不擅长处理人事关系,沟通能力也不是很强,但是他做得多说得少,不与客户达成过分的亲密关系,但工作做得多一些,也为客户真正解决了不少实际问题,客户心里非常尊重他。

对于客户来说,关键是销售人员能否使他赚钱,而不是能说多少漂亮话。一个优秀销售人员,必须懂得客户的真正需求是什么,决不能一味地施展所谓的销售技巧而忘了根本——诚心帮助客户才是长久的。

### 4.关注客户

要让客户认同你,首先要做好自己。要注意在销售产品过程中的每一个细节。每一次电话,每一次邮件,都要给客户留下好的印象,让客户感受你的专业和人格魅力。

小李在做销售的时候,遇到过这样一位客户,他喜欢别人用短信和他联络,而不是电话沟通。小李投其所好,放下电话跟他短信联络,而且一有机会就主动和对方短信聊天。有一次,公司推出一种产品,小李就发个短信给他:"明天涨价,欲购从速!"几小时后,就收到他的回信:"买5年,款已转到贵公司,请确认,谢谢。"就这样签下了5年的订单。

在和客户打交道的过程中,一定要耐心,不可虎头蛇尾。如果客户觉得你是来服务的,而不是来卖东西的,你就成功了大半。销售无小事,你的人格魅力就是从一件一件小事中体现出来的。客户很可能就是从某件小事中,看到你值得信赖的一面,感受到你的人格魅力,从而和你保持紧密的联系。同样,他们也会因为某件小事对你失去信任。所以,在销售过程中,一定要注意自己的人格,取得客户的信任,对销售大有裨益。

**5.扮演好三个角色**

销售不是简单地卖东西,销售人员也不是简单地卖东西的人。一流的销售人员会把自己定位成顾问、医生、专家,只有平庸的销售人员才会说自己是个"跑腿的"。

(1)销售人员是顾问。乔·吉拉德认为:销售人员是用产品与服务来解决问题的人,而不是去找产品买主的人。销售人员不应该走到客户面前,摆出一副希望能做成生意的样子。相反的,在拜访客户的时候,一定要以顾问身份去解决问题或帮助客户达到目标。只有成为客户的顾问,才会站在客户的一边,为客户的利益出谋划策,才能得到客户的信任与尊重。

(2)销售人员是医生。在任何情况下,医疗过程都会遵循三个步骤:检查、诊断、开处方。医生如果没有经过这三个步骤,就是不合格的。身为销售人员也一样,遵循着同样的职业道德规范与销售过程。把自己当作客户的医生,把自己的产品和服务当做是最好的药方。在"诊断"的过程中兼顾客户的整体利益,找到最妥善的解决方案,这就是最伟大的销售之道。

(3)销售人员是专家。优秀的销售人员能够让客户明白从他手中购买产品而不是从竞争对手处购买产品的好处是什么;优秀的销售人员懂得更多的专业知识,他可以给客户更多的建议、更好的服务;优秀的销售人员明白客户的心声,了解客户真实的想法;优秀的销售人员让客户感觉良好,好到让客户觉得如果不从他那购买产品就会有负罪感。

总之,优秀的销售人员应该像专家一样,值得客户信赖,让客户觉得安全、有信誉、有保证。

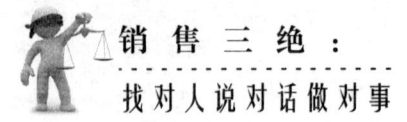

# 避免卖自己不好的东西

销售就是销售自己的个人魅力。你的销售是否成功,完全取决于你的知识、形象、人格、语言等方面的魅力。当你处在不好的状态时出去销售只能砸了自己的生意。所以一定免卖自己不好的东西。

**1.在形象上应避免的情况**

在日常销售工作中,无论销售人员是男是女,常会发生下面的情况:

风风火火地走进一位销售人员,头发蓬乱,满头大汗。

一身白色或浅色西装,零星点缀着油污。

白色衬衣的衣领、衣袖上的污渍黑得发亮。

一双皮鞋,满是灰尘。

伸出的手,指甲缝里塞满黑泥。

浑身上下,点缀得珠光宝气,令人目炫。

化妆品使用过多,浓妆艳抹。

两腿交叉,双手抱着文件夹或公文包,像挡箭牌一样抱在胸前,这是一种高度的防卫姿态,同时看起来也粗俗不雅。

理理头发、抠抠指甲,或作若有所思状,这些都表示你缺乏自信或感到无聊。

向后仰着头,从鼻子底下看人,这样看起来高人一等。

触碰别人,侵入别人的领地是违反行业规矩的行为。

上述这些影响销售人员形象的情况应尽量避免。

**2.在心态上不要有消极倾向**

销售从来就是一份艰苦的工作,特别是对于一个销售新手,你会遭受很多的拒绝、工作上的压力和各种各样的沮丧苦闷彷徨。你每一天都用尽全力做使客户满意的事情,而自己的情绪感受和委屈挫折,不可能让它们全部正常地表达出来。

不少销售新手在遭遇了挫折后,会生出一些怨天尤人的情绪,"我为什么这么倒霉?他并不比我优秀,为什么就行,我为什么就不行?"因为心态失衡,导致这些销售新手情绪低落,失去自信,影响在以后销售中的表现,陷入恶性循环。

消极态度是人类最危险的毛病。不愿或不能有效地自我调节、自我激励,任由自己陷入消极状态的人不可能成为获胜者或明星销售员。

因为销售是靠热情征服客户的,你的消极状态会使你遭遇更多的挫折。

如果不能在一次次挫折中振作,不会让自己放松,你就会变得消极。这会让你轻易就被打倒,一步步沦落到找借口、逃避,最后消极到"熬日子",一味地批评、谴责、抱怨,这些消极因素和消极态度具有毁坏性。

消极使你失去成功和快乐,同时你也让别人不快乐,消极使你轻易发现别人的缺点,这会让你出口伤人。销售人员一定要避免消极状态。

**3.销售中不要有这些痼疾**

一次成功的销售实际上是一系列销售技巧、经验和政策支持的结果,是一个系统工程。在这个工程中的任何细微处出现问题都会影响到其他方面,从而导致失败或不完全成功。所以,销售人员应好好检讨自己,力求改掉那些影响销售的不良痼疾。

(1)言谈不实际。有些销售人员对一些产品的介绍,不能很好地转化成对客户有益的解说,习惯以书面化、说明性的论述进行销售介绍,使客户感觉其建议可操作性不强,达成目标的努力太过艰难,或根本就与这种人有心理距离。

(2)语气蛮横。销售是一种互惠互利的事情,一些区域销售人员对客户讲话常常像发命令,语气蛮横会破坏轻松自如的交流氛围,客户的反感心理会使合理建议不能付诸讨论乃至不能实行。

(3)喜欢反驳。销售的过程就是解决客户的异议,一些销售人员遇到异议就反驳或长篇大论地说个没完。许多反驳也不带有建设性,反驳仅仅成了一时痛快,导致客户恼羞成怒,中断谈话,这对于双方都是很遗憾的。

如果销售人员不断打断客户谈话,并对每一个异议都进行反驳,会使自己失去一个在最短时间内找到客户真正异议、提出解决方案的机会。

(4)谈话无重点。销售时间是宝贵的,而采购时间亦是宝贵的,销售人员的销售介绍应有充分的准备和计划,并反复申述谈话的要点。

如果你的谈话内容重点不突出,客户无法察觉或难以察觉你的要求,就无从谈起满足你的要求了,反而会认为你对他重视不够。谈话准备不足将导致销售失败。

(5)言不由衷的恭维。对待客户,销售人员应坦诚相待,由衷地赞同他们对于市场的正确判断。如果为了讨好客户,以求得到订单而进行华而不实的恭维,实在是对客户的一种轻视,并且会降低客户对销售人员以及所推销产品的信任度。

(6)懒惰。成功的销售不是一项一蹴而就的事业,而且销售人员有许多单独在外的机会,你的主管不会也不可能随时随地检查你的工作,所以,这是对个人自律的一个极大的挑战。丧失信心、没有目标、孤独都有可能造成懒惰,懒惰却只能带来更多更大的失败。

# 第二十一章　充满信念：
## 做世界上最成功的销售人员

销售并不是一种自然而然的事，它是一门艺术，它有一套自己独特的支撑思想和信念。下面的四法则会让你脱胎换骨，将你从一个门外汉迅速变成一个潜力巨大的销售人，并改变你事业的轨迹。

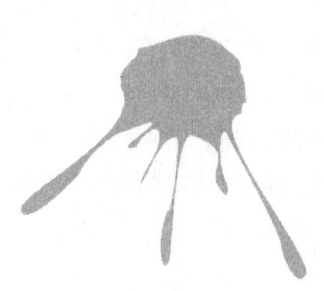

第二十一章 充满信念

# 我是上帝派来帮助客户的天使

你把自己看成什么样的人,你就会成为什么样的人。你的内心深处对自己及自己的销售工作的看法,会对你的外在表现有很大的决定作用。

**1.销售就是帮助别人**

尚丰是搞电脑销售的。当时电脑还不普及,电脑为工作带来的便利人们也不清楚,当他向一位大客户推销时,老总不愿被打搅,告诉他自己很忙,有好多事情要去处理,根本没有时间摆弄那玩意。尚丰就想办法告诉他:正是因为他很忙,自己才要推荐他使用电脑,电脑可以把他从繁忙的事务中解脱出来,很多事情用电脑处理要快捷得多。

最后客户终于被打动了,试着买了一台电脑工作体验。过了一段时间,客户很高兴地打来电话,感谢尚丰使他改变了对电脑的看法。现在电脑真是帮了他的大忙,使他的工作效率提高了好多,而且他决定使公司办公电脑化,特意让尚丰过去签订合同,一下子订购了十几台。这件事也让尚丰对销售工作有了全新的认识:"我们的工作并不只是为了销售商品而销售商品,我们并不只是在为自己赚钱,我们真的是在帮助别人,是在用我们的产品为客户服务,为客户谋取幸福。"

销售人员是在推销最好最有价值的信息,并把这些信息告诉别人,帮助他们解决麻烦和问题。销售人员不应该小看自己的工作。药品销售人员一提起自己的工作,就联想到卖狗皮膏药的、卖假药的等不良字眼,怎么就不能想想那些高雅的呢?诸如救死扶伤、雪中送炭、药到病除、救人一命胜造七级浮屠什么的。销售人员认为自己的销售是帮助别人,就会联想到客户得到产品后的莫大受益和欢喜,因为客户原本的麻烦和问题都因你的销售而解决了。

难道不是吗?保险销售人员就是把平安送给大家;电脑销售人员就是把高科技的便利送给大家;销售药品就是把健康送给千家万户……都是帮助别人解决问题的,如果没有销售,这个世界的发展速度可能都减缓了,所以销售人员没有理由不自豪!

**2.销售不是掏人钱**

如果这个行业没有价值,如果这个产品不能帮助到别人,公司就开不起来,或

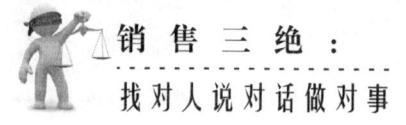

者即使开起来也会很快破产。为什么没有帮助别人的心态,你总觉得是在赚别人的钱呢?

所从事的工作就是帮别人,有这个观念是很重要的。有了这种心态,销售人员给人的感觉就会有太阳光般的温暖,是带着非常快乐和爱的力量传递我们的信息的,这种力量是让人无法抗拒的。

培训大师姜岚昕说:"由于我拥有帮助别人的观念,所以我收钱的时候眼睛放出的光芒都是充满爱意的,而不是贪婪的。假设不是怀着帮助别人的心态,那收钱的时候眼里放的一定是'绿光'!"

因此,帮助别人的观念太重要了!不要只想到掏钱,销售人员没有掏别人的钱,而是帮助别人赚钱,帮别人大量地赚钱。只要产品是最棒的,利润就会最大化。

在销售过程中,会有许多来自客户的拒绝和异议,那是因为他们还不了解最好最有价值的信息,还不知道产品和服务能给他们带来什么好处。即使了解,很多人不推他一把,他也是做不了决定的。但这并不意味着要乞求他们。

**3.你不必恐惧自卑**

新手销售时经常有这样的问题:"老师,为什么我平时说话说得特别好,但是一见到客户就支支吾吾说不出来呢?"这其实就是一种典型的恐惧自卑心态。

有人曾问过美国推销大师弗兰克·贝塔哥,在最初进行推销时有没有害怕过?他说:"不只害怕,简直是惊恐。"弗兰克面对的第一个客户是休斯先生——海崖汽车公司的领导。弗兰克经过多次约见才见到休斯先生。为此,一走进休斯那装饰豪华的办公室,他就紧张得不行,连说话的声音都发抖了。他结结巴巴地说:"休斯先生……我早就想来看您了……现在终于来了……可是我很紧张,我说不出话来……"

王华刚第一次做客户销售工作就没有成功,原因就在于胆怯没勇气,所以谈客户时缩手缩脚,名片都忘了给对方;谈产品则吞吞吐吐,最后反而是被客户给说服了。对此次经历他永生难忘,他说记得那是做华泰财险,是他第一次做客户销售工作,又兴奋,又害怕,心里不停地打鼓,生怕自己谈不好,果真带着这份心情来到客户那里,由于心理紧张,把产品知识全忘了,就在这时客户开始了询问,他就张冠李戴,哪知此客户是行家,见他这样,就对他开始了底气十足的介绍,把王华刚要介绍的产品统统介绍,他当时真是羞愧难当,最终是仓促离开了。

销售人员在客户面前过于谦卑也是非常普遍的现象。他们常常心里会这样想:如果我不对客户非常尊敬,如果我不顺着客户的话来讲,如果我不依着客户谈他的兴趣爱好,客户就不会把订单交给我。

销售人员的恐惧自卑往往来自于害怕被拒绝的心理。如果恐惧能够将产品成功销售出去的话,那么问题就会变得简单得多了。可事实是,恐惧自卑除了加剧与客户沟通时的阻碍之外,实在是没有任何好处。其实,心存恐惧自卑的销售人员从内心深处就没有形成一种正确的思想,他们实际上自身就没觉得自己的销售是在帮助客户,对要推销的产品以及自己的沟通技巧不够自信。在他们看来,推销活动本身可能就是一厢情愿的"赴汤蹈火"。

销售人员千万不要仅仅因为恐惧自卑而不敢冒险去争取与客户结识的机会,争取帮助别人的机会。不去试一试,你永远无法知道还有多少人、还有多少问题需要你来帮助解决。

其实,销售人员只要记住:自己做销售的目的是来帮助客户解决问题的,而不是来乞求客户的。为什么要自卑呢?做销售这一行,最重要的就是对自己要有信心。只要有了信心,就能够消除自己的畏惧自卑情结,事情就会成功。

要克服自己的畏惧自卑心理,就要每天告诉自己:"我就是上帝派来帮助客户的天使,我是来帮助客户解决麻烦和问题的,我有必要恐惧自卑吗?"只有那些深信自己是在帮助顾客解决问题的销售人员才能体会得到,与客户沟通的过程实际上完全可以是一种享受,而且推销活动本身不仅可以为你的公司带来厚利、为销售人员增加业绩,同时更可以令客户的需求得到满足、问题得到解决。当意识到这些之后,身为销售人员的你还有什么理由在客户面前表现得畏畏缩缩呢?

多激励自己,鼓励自己大胆地去说、去讲。

在见到客户之前就要树立积极乐观的态度。

把与客户的沟通当成一次愉快的活动。

保持和缓的语速,不要急促不清。

谈话要清晰有力,在开口之前先组织好语言。

不要东张西望,也不要做小动作,要保持体态的端正,并且平和地直视对方。

你还可以找一位好的搭档,彼此相互激励,斗志也能持续保持。想想每当受到挫折的时候,都有一位朋友能心照不宣地给你打气,那种精神支持是非常难能可贵的,是事业上的绝佳搭配。

积极参加培训,也是克服恐惧自卑心理的一个好办法。

**4.要有职业自尊**

与销售人员打交道的客户,一般来说,层次都比较高,都是一些老板、经理、董事长,但销售人员千万不要觉得自己是个小人物而缺乏自信。每个人都有自己的角色定位,在你向客户介绍产品时,你就是主角,应该从容不迫,体现你的专业风范。

当家里有人生病,请来了医生时,无论男主人的社会地位多么高,也无论母亲和孩子受过多么好的教育,除医生以外的其他人都会静静地站在旁边。因为他们知

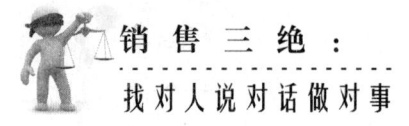

道医生才是这种场合的主导者,他们都应该尊重医生的意见。当你在接近一个潜在客户时,你的行为方式也应该体现出这种职业性的特点,你就是医生,你就是来把最好最有价值的信息告诉别人,帮助别人解决麻烦和问题,你是最受欢迎的人。

这种职业性的自尊也会帮助你赢得客户的好感与尊重。所以销售人员在对待客户时一定要坦坦荡荡,大方自然、不卑不亢。

客户给你倒水时,你可礼貌地说声:"谢谢!"但千万不要太客气,不要说:"好好好,谢谢,谢谢!"点头哈腰,给人一副卑躬屈膝的样子。

当客户认为你代表某某部门,把你当作重要贵宾,请你上坐时,你要坐得住身价。最多来个礼节上的动作:请!然后大大方方地坐上去,不要太客气,推来推去,有一种受宠若惊的感觉,这样会跌掉你的身价。

**5.要敢于开口要求**

销售人员就是为帮助客户解决麻烦和问题而来,但只有成交,才是真正的帮助到客户。所以为了真正的帮助到客户,你要敢于开口向客户提出要求:要求见面,要求听你解说,要求客户成交购买,要求他们给你介绍其他客户。

在销售业中,会开口要求的人才是赢家。但遗憾的是太多人都因为害怕失败、害怕被拒绝,而不愿意开口要求他们想要和需要的东西。他们会用猜测、含蓄、暗示的各种方式,却不愿冒被拒绝的风险而直接提出要求。你的生活是否成功、快乐,大都取决于你的能力以及开口要求所想事物的意愿。

要学习如何积极地要求,愉快地要求,有礼貌地要求,有所期待地要求,要求资讯,要求安排见面,要求别人告诉你他犹豫不决的理由,以及了解客户的言外之意。最重要的是,你得要求客户下订单。

要在所有的解说完毕,进入销售活动,进入尾声之际,毫不犹豫地请求客户作出购买决定。

正如圣经所云:向他祈求,必有应允,凡祈求者,皆有收获。勇气和胆识是构成顶尖销售人员的基本特质。顶尖销售人员是能够发挥最大潜能的销售人员,他们个个都是能克服恐惧,勇往直前,不畏失败、挫折,不怕被拒绝的勇士。

一旦你确定自己要的是什么,就要表现出一副不可能失败的架势,而你的愿望就绝对会实现!

在销售业里,除非你怀疑、恐惧或自我设限,否则你的成就是没有上限的。当你练习大胆地行动和要求,表现出一副不可能失败的架势时,你立刻会把勇敢纳入你人格的重要特质,一生受用不尽,你在销售上的成功也将指日可待。

第二十一章　充满信念

# 对产品的热情让你无往不胜

推销人员对产品的态度是否热情,将在很大程度上影响客户接下来的决定。那些顶尖销售人员之所以能够成功,就在于他们在任何时候、任何情况下都对自己的公司与产品抱有感染人心的热情。他们是如此的热情,对自己所在公司以及公司的产品保持着充分的自信,以至于使得他们周围的每个人都不由自主地相信他们所推荐的产品是值得购买的。

销售人员其实就是企业的对外形象大使。无论公司口号多么雄壮,只要销售人员萎靡不振,公司形象就可能无法树立,客户自然很难接受其产品。

一位调查员到北京的海龙卖场考察某产品的终端零售情况。进了华旗资讯的旗舰店,装作客户的样子看几款产品。一位导购员的话让其印象非常深刻,他说:"我们的牌子就叫'爱国者',为什么起这个名字,就是要弘扬我们中华民族的志气,所以我们做每一款产品都非常用心,我们的产品质量比任何一家跨国公司都不次。"他的这句话,让客户对"爱国者"肃然起敬,而且对他关于质量的保证深信不疑。

在销售人员与客户展开沟通的过程中,任何一次交易的完成都离不开销售人员和客户双方面的努力。只要其中有一方对这些产品或服务的态度不够积极和热情,那么接下来的双方沟通都会缺少互动——如果销售人员对产品或服务的态度积极热情,而客户却反应冷淡,那就无法达到预期的销售目的。相反,如果销售人员对产品或服务的态度消极冷淡,那么无论客户最初的反应如何,这场交易都很难成功。

虽然交易最终能否成功是被买卖双方左右影响的,可是在实际推销过程当中,人们看到的情况常常是客户对产品或服务的消极态度,即使客户对某种产品的功能产生兴趣,他们也可能会对产品的价格、质量或其他问题产生疑惑;甚至有时候,即使客户内心深处已经对产品各方面的条件产生了浓厚的兴趣,可是为了获得更优惠的条件和更周到的服务承诺,他们也会故意表现出对产品的冷淡。面对客户对产品或真或假的冷淡,推销人员需要用各种沟通技巧来改变客户的冷淡态度,尽可能地用自己对产品的热情感染对方,使对方和自己形成一种良好的互动沟通氛围。

所以,很多时候,客户对产品的兴趣是需要靠销售人员来培养的,只有销售人员自己对产品具有浓厚兴趣,客户对产品的态度才会由冷淡转为热情,才能实现销售活动的圆满完成。由此,人们可以更深刻地认识到,在销售活动中,最终决定交易

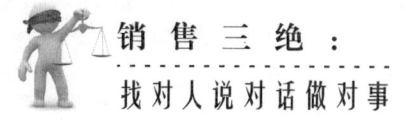

## 销售三绝：
### 找对人说对话做对事

是否成功的人是客户——如果客户坚持不掏钱购买，那么再能干的销售人员也不可能独自完成交易；但是销售人员却是促使客户是否决定购买的关键因素——如果销售人员在销售过程中稍稍表现出对产品的不自信或冷淡，就可能会导致交易的失败；而对产品积极热情的销售人员却可以扭转客户对产品的消极看法，从而促使客户作出购买产品的决定。

在纽约市的一家百货公司里有各种品牌的香水，其中不乏一些世界知名品牌，但是几乎所有来到La Prairie化妆品柜台前的客户都能从米亚·墨菲制造的热烈气氛中产生一种感觉，那就是整个百货公司只有La Prairie香水，甚至全世界只有La Prairie。因为，米亚·墨菲以及该公司其他销售人员的热情几乎让客户们没有心思去考虑其他任何品牌的化妆品。

后来，当米亚·墨菲要为"米亚·墨菲公司"的成立筹措资金的时候，一位亿万富翁很快就为她提供了全部所需的资金，而这令米亚·墨菲本人都深感惊讶。亿万富翁的回答则迅速使米亚·墨菲由惊讶变为欣慰，并且更坚定了她成功的信心，亿万富翁说："事实上，我不是在投资你的公司，而是在投资你这个人。我曾经在一家百货公司见到过你推销La Prairie香水的情景，那情景令我至今印象深刻。我看到你将全部热情投入到你的产品上，而且你的热情对周围的所有人都产生了一种强烈的感染力。这就是我为什么要投资于你的原因。"

销售人员对自己所推销的产品或服务是否具有足够的热情，这将直接影响客户对产品的态度。客户既会被销售人员对产品的热情所吸引，也会因为销售人员对产品的冷淡和不自信而排斥推销活动。试想一下，如果销售人员自己都对所销售的产品没有太大的兴趣，又怎么能够说服客户对产品产生兴趣，客户又怎么会愿意掏钱购买这样的产品呢？

有些销售人员并不把自己的失败归结为自己的不热情，而是归咎于客户本身，这就是对产品没有坚定的信念，而且还"理由充足"地说："如果客户对产品怀有坚定的信念，那就不会轻易地因为外界原因的干扰而摇摆不定。"在产品同质化日趋严重、同行业竞争不断加剧的情况下，影响客户是否购买产品的主要原因往往不是产品本身，而是销售人员向客户传递的他们对产品的态度。

在与客户沟通的时候，销售人员必须要表现出自己对产品的浓厚兴趣，并且要想办法将自己对产品的积极态度传递给客户，从而达到促使客户购买的目的。

如何保持并向客户有效传递对产品的浓厚兴趣呢？销售人员不妨试试以下几点：

（1）保持一个好的心态。要知道，别人的反应是你投射的结果。你在面对客户前就忧心忡忡——如果客户百般拒绝怎么办？如果销售不成功问题将会多么严重？结果越是这样忧虑,在沟通过程中就越是容易出现问题,因为你在忧虑的同时,实际上也将自己的消极情绪传递到了客户那里,客户是不会对一个悲观消极的销售人员所销售的产品产生兴趣的。你一定要培养自己积极乐观的心态,当你的心态变得积极时,客户自然会受到好的影响。

(2)让语言激励人心。销售人员尽可能地不要用消极、负面的词语进行表达,而应该想办法将自己的语言转化为激励客户尝试的信号。比如,当一位客户表示某种遥控玩具"价格过于昂贵"时,该玩具销售人员只说了一句话便令客户十分开心地购买了此类玩具。他是这样说的:"现在正规厂家的儿童类玩具普遍价格较高,不过质量非常有保障,而且这种玩具对于培养孩子的思维的确具有重要作用。"

(3)不因挫折动摇信念。销售从来就是一个艰苦的工作,尤其是对于一个刚入行的新手,刚开始要面临着很多的拒绝,面临着很多的挑战。客户的不理不睬、竞争对手的挤压、企业内部的压力、还有家人的不理解等都是对销售人员的考验。

在开始时,每个销售人员对销售工作、对本企业以及产品都具有十分浓厚的兴趣,保持着十分难得的热情,但在频繁受到别人的拒绝和被泼冷水后,新手原本对产品的那股热情渐渐就会被消磨了。

如果销售人员不能经受住这些不可避免的考验,那就只能垂头丧气地接受自己不愿意接受的现实——一次又一次的销售失败。

只有超越这些不利,你才能向客户成功传递对产品的坚定信念,成功说服客户成为该产品的忠实购买者,并用你的热心让客户觉得,他们购买的产品或服务是最物有所值的,其他同类产品或服务蕴含的价值远不如他们购买的东西。当客户产生这样的积极回应时,销售人员就会更容易与之建立起长期合作的关系,而且客户的反应还会反过来增强自己对产品的信念。即使客户最终没有购买产品,他们同样会被销售人员的热情所感染,这对销售人员同样有百利而无一害。

宝洁公司山西省的最大分销商樊晓军,经常说一句能在人脑海里留下烙印、难以拂去的话:"我是宝洁在山西省的总分销!"他说话的时候铿锵有力、掷地有声。他言语的背后就是:"我卖的是世界一流的产品、一流的品牌,卖的是最高品质和质量的产品,卖的是最好信誉的产品,我是最棒的……"

销售人员的营销过程要使客户深深感到他买的是正宗的、是一流的、是最优秀的品质和品牌,让客户深深认识和体会到因为买你的产品和品牌而感到无比骄傲和自豪,这就是销售人员要给客户提供的关系利益。

很多颇具实战经验的销售能手,他们遇到的挫折并不比其他销售人员少,但是他们却能创造出比别人出色得多的业绩,原因就是不论遭受怎样的挫折,他们都不会淡化和放弃对产品的兴趣,而且还会通过自己坚持不懈的热情向客户证明他们

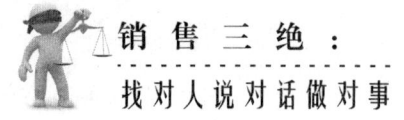

销售的产品有多么出色,通常还会使购买这些产品的客户认为自己花在这些产品上的钱有多么值得。

## 只要重复足够的遍数,就能征服客户

一个销售经理,曾经用"50—15—1"原则来激励销售人员坚持不懈地努力。所谓"50—15—1"就是指每50个业务电话,只有15个客户有意和你谈谈,这15个客户里面只有1个客户和你成交。没有坚持不懈的努力,哪里来良好业绩呢?

**1.销售是持久战,不要急功近利**

很多销售人员会在成交之前就放弃,但若是能坚持不懈,结果一定会大不相同。

当客户冷冰冰地拒绝时,销售人员面临着极大的考验。毕竟,当顺利成交时,销售人员都会开心;而被拒绝,肯定会不高兴。销售人员不断拜访,得到的却只是拒绝,但还要坚持下去,这需要勇气,有时候坚持下去很难,面对客户的无动于衷,面对客户的冷淡,甚至是冷嘲热讽,面对不可预知的销售结果,需要很强的信心去支撑。

销售是持久战,不能急功近利。据美国推销协会统计,80%的推销个案的成功,需要5次以上的拜访,48%的销售员1次就放弃,25%的2次放弃,12%的3次放弃,5%的4次放弃,10%的坚持5次以上。这个统计数据说明,通过一次的拜访就达到签单目的的少之又少,从第一次接触到促成签单大约要经历五个步骤,每一次的拜访如能达到一个目的就不错了。

销售人员对每一次的销售目的需要预先制定好,必须非常清楚地明确一点:每一次拜访的目的都不是一样的,有礼节性的拜访、产品说明和演示、签单促成、收款、售后服务、抱怨处理、索取转介绍等。

销售人员要建立起分步骤走、按流程操作的方法,明确这些在形式上看起来虽慢,但每个流程很扎实,成功的几率就大。

**2.只要重复足够的遍数,就能征服客户**

调查显示:有80%的购买决定是在第五次拜访之后做出的,而80%的销售员在拜访客户未达到5次时就放弃了!

你的潜在客户今天看上去可能没有购买需求或是缺乏购买能力,但情况是在变化的。时间肯定会对你有利。今天还不存在的需求,明天就可能成为紧迫的要求,所以要反复地进行拜访。

每一次,销售人员都要努力与客户成交。因为只有当你努力与客户成交时,你才能算得上是在销售。在两次拜访之间,可以通过信件、传真、电子邮件、打电话等方式与客户保持密切的联系。销售人员能在每次拜访中不断获悉客户的真实需求,并通过有技巧的再访,减轻对方的排斥心理。有耐心地持续三四次拜访,或许客户已在盘算,等他下次再来时,就部分或全部接受订单。

吉姆是一名一流的销售人员,但他也经常遭到拒绝。

连续4年,他每周都拜访一个客户,却都没有拿到订单。4年是一段相当长的时间,但吉姆觉得持续拜访下去、努力争取成交是值得的。

最后,他成交了。那份订单,是他从事销售以来拿到的金额最大的订单。

根据心理学原理,销售人员只要重复足够的遍数,就能征服客户。广告之所以能对人的购买产生那么大的影响力,也与这个有关。请记住:客户的第一次拒绝,并不是真正的拒绝,销售人员应相信重复的力量,只要重复足够的遍数,就一定可以征服客户。

一位销售人员想推销一件工具给一个包工头,拜访多达20次,每一次都没有成交。

"年轻人,既然我从来不买,我搞不懂,你为什么老是不停地来拜访我呢?"包工头无奈地说。

"这就是我反复来的原因。"销售人员说:"我将不断地回来,直到你买了为止,因为我知道你需要这件工具。"

包工头放弃了抵制,他说:"够了,我就先从你这购买一份小批量的吧!看来我已经没有选择的余地了。"

事实上,包工头确实需要并正在使用这种工具。

实践证明:凡是在工作中特别有用的东西,仅仅靠纯粹的重复就能在较量中取胜。而且,重复还可以在精神上对潜在客户造成压力,给对方一种"非买不可、没有选择"的感觉。

### 3.一次次把好处说够,把痛苦说透

购买是一个"追求快乐、逃避痛苦"的过程。因而,促成销售的一个很重要的原则就是要"把好处说够,把痛苦说透"。

然而,从心理学的角度上讲,一个好处的产生,要让客户感受出来才行,这样才能产生购买的动机。销售人员仅仅告诉了客户这些好处,还不够,必须重复这些好处,1次、2次、3次,这样才能对他潜意识产生影响力,而潜意识力量要比意识力量大3万倍以上。所以说,你当不断地重复灌输时,客户的购买力量会增大,

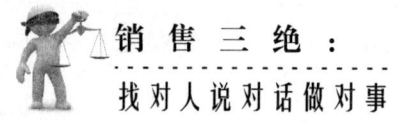

## 销售三绝：
### 找对人说对话做对事

在现代销售理念中，有一种叫"催眠式销售"的销售策略。它的核心思想就是将好处重复灌输到客户潜意识里面。一些原本不太令客户注意或确定的东西，重复次数多了，就会深深地刻印在客户脑海中，甚至成为真理。

原一平每次在推广保险的时候，都会讲一个因没有买保险发生意外和死亡的悲痛故事，他的真情感动得客户流下泪水，这时他便说道："我真的不希望这样的故事发生在我遇到的每一个人身上，我有责任去帮助他们，我出售的不是保单，我出售的是爱和保障。"

保险推销员陈明一次次说服客户，每次讲述的理由都大致相同，即你可能遭到意外，倘若买了保险，就没有后顾之忧。起初，客户并不太认可她的观点，所以一次次地以各种理由拒绝了她。但她并不气馁，在她看来，客户之所以拒绝，是因为痛苦还没有塑造够。所以，面对客户的拒绝，她通过一次次地重复，将痛苦描述够，一步一步地打垮了客户的心理防线，使得客户的强硬拒绝一点点地变软。

在销售过程中，每一次失败都为销售人员积累着后期的成功。如果你的销售业绩不佳，不是要退却改行，而是要仔细回忆所有的销售环节，找出失败的原因。首先，销售人员应先考虑一下是不是客户没有找准？如果客户没有购买需求，那么自己刚开始为什么要选择他们，以后该如何避免找错客户？如果客户有购买需求，但暂时不需要销售人员的产品，这类客户要继续跟踪，直到赶对购买时机。是不是销售人员的产品介绍不够专业？是不是销售人员没有找对真正决策人等。发现问题，并积极改进，下一次你就能获得成功。

所以也请销售人员记住一句话："当你感觉快承受不住的时候，再坚持一下，其实坚持一下就过来了。你的成功，就在下一次的拜访中！"

**4.持久关心联络赢得终生客户**

德国大众公司有句名言：如果说针对某位客户的第一辆车是因推销而卖出，那么第二、第三辆车一定是因售后的持续联系和服务而卖出。

在外做推销的人可以计算一下在每一位客户身上花多少钱才能得到一笔新的生意。除了实际的掏腰包花费外，还有必要分析一下为得到这个新客户所付出的其他东西，比如时间、汗水及心血等，每一位销售人员都可能付出很高的无形的代价。一位做推销的股票经纪人可能在一天时间内打100多次电话，可是只促成了一笔交易。这一切都清楚地表明，销售人员每争取到一位新客户都必须付出巨大的代价。

生意成交，对方付了钱，销售人员也高高兴兴地拿了佣金。那么你跟这个客户是否就没有关系了呢？虽然你已经与客户完成交易，也写了谢函，可是你不能从此不再理会，如果你渴望成功的推销生涯，一旦与客户建立起联系，就决不要失去它。要做到不失去它，销售人员可以用电话联系、顺道拜访客户、写感谢信等方法，而且这些活动应开始于你的产品送到他手上，或你一开始提供服务时就探询他对产品是否满意；如果不是，你得设法让他心满意足。让其感受到你的负责精神与服务精神。

原一平认为："主动询问客户的想法和需要是赢得信赖和取得意见的好方法。"例如，天气开始炎热而需要用电扇时，不妨问问客户："去年生产的电扇有没有毛病？"或"我们的商品是否令你满意？"这就是所谓的"招呼式的服务"。这种完全属于问候性质的服务虽然不可能马上就有什么结果，但让人听起来会比什么都高兴，而且会觉得你值得信赖，这会导致他们带给你持续的生意。

美国的乔·吉拉德是世界公认的销售大王，他曾经连续12年荣登吉尼斯纪录大全"全球销售第一"的宝座，他连续12年平均每天销售6辆车。乔·吉拉德成功的原因很多，其中一个重要的品质是"坚持重复"：坚持跟新旧客户保持联系。他的一个方法就是每月一卡：每月都要给新旧客户寄去贺卡。

乔·吉拉德有一句名言："我相信推销活动真正的开始在成交之后，而不是之前。"推销是一个连续的过程，成交既是本次推销活动的结束，又是下次推销活动的开始。销售人员在成交之后继续关心客户，将会既赢得老客户，又能吸引新客户，使生意越做越大，客户越来越多。

"成交之后仍要继续推销"，这种观念使得乔·吉拉德把成交看作是推销的开始。乔·吉拉德在和自己的客户成交之后，并不是把他们置于脑后，而是继续关心他们，并恰当地表示出来。

乔·吉拉德每月要给他的1万多名客户寄去一张贺卡。一月份祝贺新年，二月份纪念华盛顿诞辰日，三月份祝贺圣帕特里克日……并且在贺卡的背后总有一句：我喜欢你。凡是在乔那里买了汽车的人，都会收到了乔的贺卡，也都记住了乔。

正因为乔·吉拉德没有忘记自己的客户，客户才不会忘记乔·吉拉德。客户想换新车时首先想到的是他，客户身边的同事、邻居、亲戚、朋友想买车时，首先被推荐到的就是他。

# 为了提高收入，你必须学习

销售是一门深奥的学问，销售是一门技术，也是一门艺术。销售更要了解销售知识，销售的压力也迫使每一个销售人员寻找出路。学习就是解决之道。你就必须

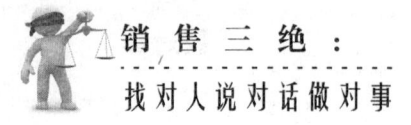

学习吸收新的方法和技巧。记得有一句古老的谚语说,"你做得越多,将来你得到的就越多。"坚持不断地学习成为在当今销售界获得成功的起码要求。未来属于善于学习的人,而不仅仅是属于努力工作的人。相比较底层销售人员,拿高薪的销售人员更为显著地将大量精力和财力用在提高自己的能力上。其结果是,他们在任何产品市场上的收入都比底层销售人员高得多,有时甚至是5~10倍。

### 1.向行业高手学习

进步最快速的方式,就是跟行业第一学习。假如你要学篮球,为什么不让迈克尔·乔丹来教你?因为只有他知道如何成为迈克尔·乔丹,因为别人毕竟不是迈克尔·乔丹。假如他不能教你,谁能呢?

世界首富保罗·盖地(石油大王),他出了一本书叫做《如何致富》,当时成为全美畅销书。为什么?因为他是全美首富,是世界首富,假如你想致富,世界首富没有办法教你如何致富,那谁可以呢?

销售高手博恩·崔西说:"对销售我不感到畏惧,但是仅仅努力工作是不够的,有时候我打了好几百个电话也没有卖出任何东西。过去我常常跑写字楼挨家挨户进行推销,这样我能接触到更多的人,我很少让自己闲下来。"

直到有一天,博恩·崔西开始问自己:"为什么有的销售人员做得比别人成功?"他听说,在每一个领域,位于前20%的销售人员拥有80%的财富,位于前10%的销售人员则挣得更多。

博恩·崔西找到公司销售做得最好的人,问他做了哪些与自己不一样的事情,对方告诉博恩·崔西如何提出问题、如何做销售陈述、如何回应别人的异议以及如何处理订单,后来博恩·崔西按照对方教自己的这些做,销售业绩很快提升了。

博恩·崔西每天早晨出门前,先花1~2个小时的时间来研究销售对象。他的销售业绩增长得更多了。然后,他听了很多音频节目,参加销售研讨会,从中学到了不少东西。他于是不断地听音频节目,参加任何一个他知道的研讨会,学习最好的销售人员多年来积累的成功经验与技巧,他的销售业绩随之不断提高。不到1年时间,博恩·崔西从挨家挨户推销、每星期做一两笔交易,到管理一个跨国的销售公司。其实博恩·崔西进步的秘诀很简单,那就是观察其他顶级销售人员是如何进行销售的,然后做跟他们同样的事情,这样自己也能取得和他们一样好的成绩。

### 2.能参加的培训一律参加

没有经过销售培训的人,一般都很难成长为销售冠军。销售培训不仅教给销售人员如何接触客户、如何向客户做产品展示及说明、如何处理客户异议、如何促成签单,而且让销售人员学会分析不同性格客户的购买心理和特点,对症下药。

目前已拥有自己公司的王华刚对此就深有体会。他说:"我的销售功底得益于从前在外企时完备的员工培训。现在,我公司的销售员每月都要集训,不仅他们个人的业务水平稳步提升,公司业务量也是直线向上。"

销售人员应参加专业营销的研讨会和培训课程;请教其他人,他们所参加过的最有帮助的课程是什么;向你周围的人积极地寻找培训机会,如果需要的话,准备好到较远的地方接受培训。

博恩·崔西说:"据我所知,很多顶级销售人员会乘飞机飞越成百上千英里去参加销售会议;而这些培训或会议对他们销售业绩的积极作用又是那样令人惊奇。我的人生,以及我所认识的那许多拿高薪的专家们的人生,都曾经因为参加了某一个销售课程、销售训练营,或是销售研讨会而有了戏剧性的改变。有时候一个教程当中所包含的思想和策略,会将一个一贫如洗的人推向极为富有的行列。"

### 3.阅读你所在领域的书籍

销售人员应不断地阅读你所在领域的书籍。每天早晨早早起床,读1个小时关于销售知识的书。将报纸放在一旁,关掉电视,读一本关于营销策略的好书,划出重点,并作笔记,找到你能立刻付诸实践的一个可行观点,在大脑中反复考虑这个主意。设想一下你将其运用到了销售活动中。然后,花一整天时间对于你早晨所学到的销售策略进行实践。

开始的时候,可以请顶级的销售人员为你推荐几本书,几乎所有的顶级销售人员都有自己收集的一些营销书籍。市场上现有营销方面的印刷品也种类繁多,根据你目前所处的层次,找一些相应的书籍来阅读,会对你的帮助很大。

有一位某领域一流的销售人员,他每年的固定收入是10万美元,并且非常受他的老板及同事的尊重。他的老板督促他听崔西的视频课程——"销售心理学"。起初,他拒绝了老板的要求,他说自己不需要听这样的课。后来拗不过老板,他买了那套课程,想听一遍之后就退还回去。但是,在听过一次之后,他开始反复收听。那一年,通过实践这套课程中所讲的方法,他将个人收入提高了7万美元,而购买课程仅仅用了70美元。

### 4.不断汲取行业外的其他知识

除了向高手学习销售方面的知识外,还应学习产品知识,学习并接受行业外的其他知识。

培训师尚丰在营销培训之外,抓住机会与接受培训的老总谈企业管理、人才战略等话题,让客户对他刮目相看。他们说:"我见过很多知名的培训师,他们的课讲得确实好,称得上是称职的培训师,但是,离开培训话题,就什么都不敢讲了。而尚老师您就不一样,我发现您不仅课讲得好,而且对企业管理、人才战略等营销之外的话题非常有见地,真是不简单!"得到这样的评价是意料之中的事情,因为尚丰时

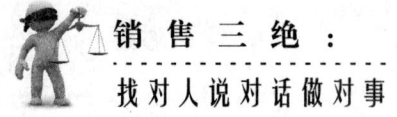

时处处注意展现一名营销者的知识魅力。

这个小故事,是否带给大家一些启发?是的,当所有的销售人员都掌握了必须的专业知识后,胜出者往往需要依靠别人所欠缺的知识来增加个人魅力。

这是个知识爆炸的时代,也是个知识迅速贬值新观念迭出的时代,对销售人员不光是经验技能的要求,更需要的是综合性素质,要想不被淘汰,就要学习,学习无处不在,对自己的成功和失败经常性的总结反思也是学习,然后把学到的东西进行实践,再总结出具有实战价值的经验技能,做到知行合一,一定会得到好的发展。

# 第二十二章 树立目标：
## 有目标就有希望

建立目标是非常重要的。建立目标要牢记：在实现目标的过程中，自身的提高比实现目标更重要。作为销售人员，不能没有自己的奋斗目标和行动计划，否则销售工作便无从下手，如果是零乱地、漫无目标地走访几家客户，成功几率又会有多少？

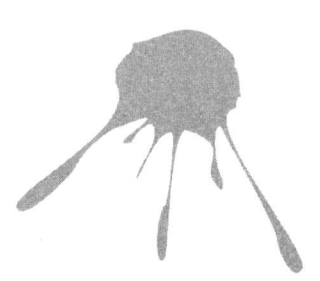

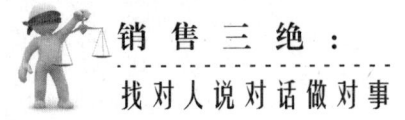

# 没有目标就没有方向

作为一名销售人员,只要找准了目标,就应勇往直前,不被暂时的困难和短暂的失败吓倒,就一定能够成功!

目标不明确的销售人员比比皆是。若随便问一个销售人员:"销售人员做销售是为了什么?"大概都会这么回答:"为了挣钱"或"为了生计"。如果再问:"5年后将会怎样?"或"打算今后5年挣多少钱?"可能大部分人都答不出来。

世界上最伟大的推销员乔·吉拉德,给自己的目标和计划就是每天拜访30个客户,如果哪天没有达到,他就一定不吃饭也要坚持晚上出去。就是凭借这种坚韧不拔的精神,他当之无愧地成为了顶尖的销售大王,销售工作给他带来了巨大的财富。

要想成为成功的人,首先必须有明确的人生目标。没有人生目标,也就没有具体的行动计划,做事就会敷衍了事,临时凑合,也就没有责任感,更谈不上什么坚强毅力、斗志昂扬了。

销售大师原一平曾说:"不要为公司做事,要为销售人员自己做事。"若是为公司做事,销售人员必然是被动的、消极的;若是为自己做事,目标便可以自己确定,计划可以自己实行,那么自己的行动便是积极的、主动的。

没有目标的销售就好像是没有航标的船,只能在江面上随波逐流。没有目标,销售人员也无法对自己的工作成绩进行评估和总结,他不记得自己的产品卖到了哪里,他要浪费大量的时间,他的业绩停滞不前,因为他没有记录。没有记录的事情就等于没有发生。

# 制定目标三步走

制定销售目标一般分三步。

**1.设定理想目标**

在选择目标时,要遵循"求乎其上,得乎其中"的原则。

甲公司需要一套计算机软件程序,而此时乙公司正好有这样一批东西。当两方代表坐下来准备谈这项协议时,乙公司代表显然有些趾高气扬。

"坦率地对贵公司说吧,这套软件我们打算要30万美元!"

此时甲方代表突然暴怒了,他脸发红,气变粗,提高嗓门辩解道:"开什么国际玩笑,简直疯了,30万美元,这不是天文数字?认为我是白痴吗?"

就这样,双方几乎再没有在谈判桌上讲第二句话。

同时,理想目标绝不是漫天要价,它是在尊重双方利益互惠的前提下,使自己的利益能够最大化的目标。

### 2.把握终极目标

一家位于苏格兰的小轮胎公司原来1周只开工4天,经理为加强产品在市场的竞争力,希望能将工作日改为1周开工5天。但是,工会拒绝开会,理由是工会的理想目标是周五不开工。

在漫长的销售过程中,公司经理一再声明,如果工会不肯合作的话,公司将可能被迫倒闭。可工会一再坚持理想目标。最后销售宣告失败,公司宣布关闭,工人们都失业了。工会就是因为要追求理想目标而牺牲了终极目标——保住饭碗。

终极目标是生存问题,理想目标也就是发展问题,理想目标要为终极目标服务。如果生存问题没解决谈何发展?终极目标是心理的底线。

另外,为了达到最终目标应将目标精细化,分别建立长期目标、中期目标、短期目标。

(1)长期目标。长期目标应该是明确的。如:销售人员希望20年后住在海边的一所大房子里,拥有200亩占地面积;或希望20年后,存折里有500万元。无论有什么样的长期目标,都需要将它量化。

(2)中期目标。当确立了长期目标后,应将它分为两半,设定一下10年的期限。比如:10年希望存折里有200万元。10年目标相比20年目标,其实现的可能性又有所增加。接着将10年目标再分成两半,比如5年希望存折里有100万元。直至得到1年期的短期目标时,再将它们划分成月、周甚至天。

(3)短期目标。把整体目标分解成几个短期目标,看似复杂了,其实,这是一个最为有效的以退为进的方法,每个人也许都用过这个方法,只是不曾留意而已。短期目标是应该最为关注的目标。短期目标的设定不要超过3个月,这样能取得更好的效果。超过3个月的短期目标不足以产生直接相关的应变意识。另外,销售人员建立短期目标后,应立即开始行动,以使之实现。即销售人员要坚定不移,不要在意识中否定它。不要等,要立即行动。

### 3.最好有个目标区间

在理想目标与终极目标之间,销售人员最好能有个明确的目标区间,以便和客户留有谈判的余地,让客户心理上有成就感。

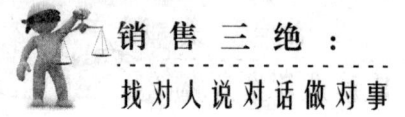

**销售三绝：**
**找对人说对话做对事**

市场上，A摊主的衬衫用纸写着"25元一件，决不还价。"这让客户难以接受，一天也卖不出一件。而旁边的同样是卖衬衫的B摊主没有标价，每件30元。但可以讲价，而且通过讲价，一般还是以25元成交。每天的销量还不错。客户高兴的话，还会买个领带。

同样都是25元成交，B摊主为什么销量比A摊主好呢，因为B摊主的价格有个目标区间——最高30元是他的理想目标，最低25元是他的终极目标。而这种目标区间的设定能让客户心理上接受。

制定目标可促使销售成功；不制定目标，就不能充分发挥销售人员自身潜能。特别是对一个销售人员而言，如果没有目标，他就会变得无精打采、烦躁不安，失去工作重点。由此可以看出，设定目标对于销售人员是多么的重要。

# 有目标就不怕失败

每当人们开始做一件事时，总是无法避免失败，就像小孩子学走路一样，没有一个孩子能够不摔跤就学会走和跑的。从失败走向成功，这是必经之路，不要想不失败就会成功，那是天方夜谭。功成名就者和碌碌无为者都会经历失败，所不同的是，失败成了功成名就者通往成功之路的一种新的动力，而成了碌碌无为者无法逾越的鸿沟。

孔杰刚进入销售行业的时候，由于对销售方面的知识了解有限，也没有经验，表现得不是很好。当公司将一个新客户交给孔杰，让他去拜访的时候，孔杰既兴奋又紧张，几乎不敢与客户做眼神上的交流，对客户提出的问题回答得也是吞吞吐吐，等到与客户交谈结束后才发现自己紧张得连手掌心也全是汗水，衬衣都被汗水浸湿了。

这样拜访客户其结果可想而知，孔杰初次的销售就这样失败了。但是孔杰并没有因这次失败的打击而绝望，他认真地分析了自己的优劣所在：自己虽然拥有丰富的销售理论知识，但没有实践经验，在对所销售的产品的了解、对与人交往的技巧方面的知识还是相当欠缺的。

在以后半年的时间里，孔杰明确了自己的销售目标，分析了要实现这些目标所应该掌握的知识。从此，在工作之余，孔杰努力地弥补这些不足并且争取最有效地利用公司给自己提供的学习和锻炼的机会，不断地进行自我补充和自我完善，深入了解公司相关产品的优点与不足，以使自己成为一名金牌销售人员，逐渐地，孔杰能够镇定自若地面对客户,并能够与客户进行比较深入的沟通。后来公司面对一家集团型企业客户需要攻关,公司中大多同事都不敢去接这单生意,害怕遭受失败,而孔杰经过上次失败,又通过这段时间的努力,自认为有信心去做好这个工作,于是孔杰主动向公司要求去接这单生意,最后通过孔杰的努力,签约成功,这使孔杰的自信心大大增强。此后,虽然孔杰也遇到过失败,但他总是能够及时地总结失败的教训,从中汲取经验,并始终注意通过失败思考和学习,使自己的销售能力大大提高,逐渐为公司赢得了越来越多的客户,成为公司的金牌销售人员。

做销售遇到挫折是再平常不过的事了,所以说,做销售是最能考验人的承受力和能力的,孔杰的成功在于面对困难不畏惧,执著追求,不断学习专业知识,并总结失败的教训。要坦然面对成功,也要坦然面对失败,这是每个销售人员应始终保持的一种心态。面对失败,只要有恒心、有毅力,认真分析就能克服困难找到失败的原因所在,据此制订出下一步的目标,成功就离你不远了。

# 用计划来完成目标

在战争中,要想取胜,必须做到知己知彼,也就是说不打无准备之仗,做销售同样如此。在销售前,必须做好相应的准备,这样才不会疲于应付。目标制定了,就要马上行动。要想实现心中的目标,就要制订具体的计划。制订规划是实现远大的发展目标的前提。销售人员必须要做到长计划、细步骤、精安排,在执行销售计划书时,销售员必须要以严谨的态度对自己的计划负责,定期评估并随时督促自己尽全力来控制计划的进度,以实现销售计划的目标。这样才能真正搞好销售工作。

多尔弗平均每星期要花上半天的时间用来做计划,每天要花1个多小时的时间来做销售的准备工作,在没有做好计划和准备工作之前,他绝对不会出门去拜访客户和做销售业务。不要以为这是浪费宝贵时间。正是因为有了完善的计划与准备,才能使他能一直保持高额的销售业绩。

一次,一位新来的销售人员请教多尔弗:"多尔弗先生,您是怎样成为汽车行业最顶尖的销售人员的呢?"

"我会给自己订下远大的目标,并且有切实可行的实施方案。"多尔弗回答。

"是什么方案呢?"

"我会将年度的计划和目标细分到每周和每天里。比如说今年订的目标是3 840万美元,我会把它按12个月把它分成12等分,这样每个月完成320万美元就

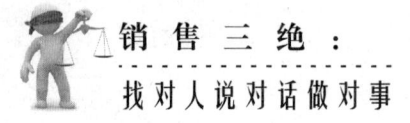

销售三绝：
找对人说对话做对事

好了,然后再用星期来分320万美元,这下子我就不用做320万元的业绩了,只要每个星期做80万美元就行了。"

"80万美元还是太大,怎么办?"

"我会把它再细分下去,把它分成七等分,分出来的数就是每天需要完成的签单目标。目标要订得够大才足以令我兴奋,接着再把目标分成一小块一小块的,这样它就会确实可行。"

做任何工作都要做充分的准备。同样,在昨天就应该计划好今天要做的事情,这个月底就应该计划好下个月要做的一切事情,今年年底就应该计划好明年要做的一切事情,并在明年的时候付诸行动把它全部完成。在订立目标计划时一定要合理,切忌流于形式。

在设定计划时一定要具体可行,要把目标细分到每周、每天,要让自己在每时每刻都知道自己应该去做哪些事。目标高并不是问题,只要有健全的计划,再高的目标都会变成"现实"。换句话说,目标必须安排在行动的计划里。

那么,为了完成这个业绩,应该采取怎么样的行动呢?多尔弗的做法会让销售人员觉得达成目标很容易。

根据以往的业绩,当订立了每月收入8 000元的时候,究竟要完成多少交易呢?这就需要根据公司的收入习惯定下一个标准。比方说每笔交易的收入不同,如果每笔交易能赚取2 000元佣金,1个月做成4笔生意就能赚到8 000元。做成4笔生意,要投入多少时间呢?以1位新销售人员来说,每做成1笔生意,一定要接触4位有诚意的客户。

如何找到一位有诚意的客户呢?首先,要认识4位客户,根据经验,4位肯见面的客户中一定有1位有诚意。因此,要做成一笔生意,便要抓住4位有诚意的客户,为了抓到4位有诚意的客户,销售人员至少要抓住16位肯见面的客户。如何认识16位客户呢?根据经验,如果单凭拨电话的方法,当拨出25个电话的时候,便会有1位客户肯见面。要找到16位肯见面的客户,便成为每天的行动目标。凡是成功的人都是能立即行动的人。还犹豫什么?请马上行动起来!

## 做好两种形式的目标计划

早晨时间是决定销售胜负的关键时候,销售人员要仔细研究制定如何才能尽早出发的行动计划。在做目标计划之前,让我们看一下"世界首席销售员"斋藤竹之

助62~72岁时的一天生活安排:

早晨5点钟睁开眼后,他就立刻开始一天的工作。

首先是看书,思考销售方案,制订当天销售行动计划。

6点30分往客户家中打电话,以便最后确定访问时间。

7点钟吃早饭,与妻子商谈工作。

8点钟到公司去上班。

9点钟乘坐他最喜爱的卡迪拉克轿车出去销售。

下午6点钟下班回家。

晚上8点钟开始读书、反省、整理客户资料,并安排新方案。

11点钟准时就寝。

斋藤竹之助的成功是因为他每天都有周密的计划而且严格按计划实施。从早到晚一刻不停地工作。要知道,他是在57岁走投无路时才进入销售界——朝日生命保险公司的。而他仅用5年时间,就摆脱了累累负债,并一跃成为日本首席销售员。在70岁时,他被美国的"百万美元销售员"俱乐部吸收为会员,而后成为俱乐部的终身会员。在72岁高龄时,他成为世界首席销售员,这一切都是由他那雷打不动的优秀特点带来的。

完善的销售计划分为两种:销售人员制订的作战计划和提供给客户作为参考的计划。

**1.销售人员制订的作战计划**

销售人员制订的作战计划一般包括以下几个步骤:

(1)设定目标,确立销售观。销售人员应确定销售观念或信条,而且要使其具体化,将总目标分解细化,使其成为指导各部分业务工作的方针和努力的方向。

(2)进行预测。不管销售人员的主观意向如何,实际上是被客观环境所包围的。如果忽略了对客观环境的分析预测,销售计划则只是沙上建塔,空中造楼。

**2.设想销售计划**

销售计划是根据销售员"主观意向"和所处的客观环境而加以确定的,为了实现销售目标,销售人员必须突破客观环境的限制。为此,必须有一个决定用何种手段和如何实现销售目标的计划体系。

**3.提供给客户的参考计划**

这种计划如果制订得好的话,就可以说销售成功了一半。

销售人员在制订销售计划时,总要考虑到以下两件事:一是通常销售中所具有的共同点;二是因销售对象不同可能出现的各种情况。

一般说来,销售人员在工作时所使用的都是本公司编制的商品手册。公司的商

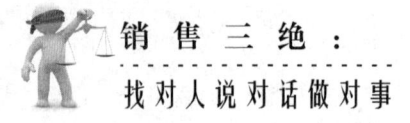

品手册中,概括说明了所经营商品的主要特征,是由适用于所有客户、所有销售人员的共同语言编写的。由于千篇一律,大家都使用它,所以,不仅对销售起不到多大的用处,而且容易使客户感到厌烦。因此,销售人员应该根据不同的销售对象,自己编写相应的文件。以公司印发的商品手册为基础,反复研究、设想,假如自己是客户,将会怎样想,应该为客户提供什么样的参考计划为最佳。这样就能做到因人而异,正中下怀。

当客户是某家公司时,就要以公司的商品手册为参考,依照这家公司的规模来编写计划。无论对方拥有100名、还是1 000名职工,无论对方的财会人员怎样反复审查、研究销售人员提供的计划书,都应使其感到:"的确编得非常好。"要制订出具有如此效力的计划来,销售人员有必要进行有关财经知识的学习。

当客户认为编制的计划切实可行时,销售人员可以从这家公司具体负责此项工作职员的角度来考虑,制订一份供其在公司内部讨论时使用的会议草案、提案附上。许多销售人员都是由于忽略了这一点,以至于再三催促对方,总也得不到回音。因为对方担负具体工作的职员,往往不能完整地将销售人员的原意转达给上司,所以导致销售不能正常进行。

销售人员如果把计划做得非常细,一旦第一次销售获得成功,在第二次给客户计划时,只需在计划书上加入客户的姓名、出生年月日、职务级别等即可。

在客户中,有些人甚至比销售人员更为精通商品知识。销售人员靠说谎、故弄玄虚欺骗客户是行不通的,因而编写合情合理并能使客户同意的计划就成为销售要点。销售人员应靠独创精神,制订符合客户需要的各种各样的销售计划。另外,客户常常希望得知签订合同与不签订合同之间到底有什么利害得失。因此,销售人员就要编制一份囊括这两种情况的比较分析表。

# 第二十三章 促成交易：
## 临门一脚的快感

成交的时机是非常难于把握的，太早了容易引起客户的反感，造成签约失败；太晚了，客户已经失去了购买欲望，之前所有的努力全部付诸东流。那怎么办呢？有经验的销售人员告诉你，当成交时机到来时，客户会给你一些"信号"，只要你留心观察，就一定可以把握成交时机。

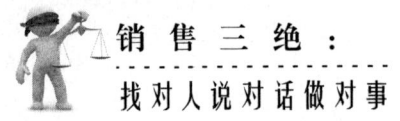

# 从客户身上捕捉成交信号

在销售活动中,成交的时机是非常难以把握的,如果成交时机把握不好,那么之前所有的努力全部付诸东流。如何才能准确地把握这一时机呢?经验告诉我们,当成交时机到来时,客户会发出一些"信号",只要留心观察,就一定可以把握成交时机。

在销售过程当中,成交时机总是若隐若现,难以把握。一流的销售人员非常清楚,客户购买的时机只有那么一瞬间。其实这种仅此一刻的情形,大约20次销售中才出现1次,另外的19次都会出现许多隐蔽成交契机,所以,成功的关键就是要好好把握这些机会。

心理学上有一个名词叫"心理上的适当瞬间"。在销售工作中这个瞬间,是指客户与销售人员在思想上完全达到一致的时机,即在某个瞬间买卖方的思想是协调一致的,此时是成交的最好时机。若销售人员不能在这一特定瞬间与客户达成交易,那么成交的希望就会落空,再次成交的希望就变得渺茫。

在销售过程中,对"心理上的适当瞬间"的把握是至关重要的。把握不适当,过早或过晚都会影响交易。"心理上的适当瞬间"到来,必定伴随着许多有特征的变化与信号,善于警觉与感知他人态度变化的销售人员,应该能及时根据这些变化与信号,来判断"火候"与"时机"。在一般情况下,客户的购买兴趣是"逐渐高涨"的,且在购买时机成熟时,客户心理活动趋向明朗化,并通过各种方式表露出来,也就是向销售人员发出各种成交的信号。

成交信号是客户通过语言、行动、情感表露出来的购买意图信息。有些是有意表示的,有些则是无意流露的,后者更需要销售人员细心观察。客户成交信号可分为语言信号、表情信号和行为信号三种。

**1.语言信号**

当客户有购买打算时,销售人员从其语言中可以得到判定。例如,当客户说:"你们有现货吗?"这就是一种有意表现出来的真正感兴趣的迹象,这表明成交的时机已到;客户询问价格时,说明他兴趣极浓,商讨价格时,更说明他实际上已经要购买。

语言信号的种类很多,有表示欣赏的,有表示询问的,也有表示反对意见的。应当注意的是,反对意见比较复杂,在反对意见中,有些是成交的信号,有些则不是,必须具体情况具体分析,既不能都看成是成交信号,也不能无动于衷。只要销售人员有意捕捉和诱发这些语言信号,就可以顺利促成交易。

2.表情信号

从客户的面部表情可以辨别其购买意向。眼睛注视、嘴角微翘或点头赞许都与客户心理感受有关,均可以视为成交信号,客户的一举一动,都在表明客户的想法。从明显的行为上,也完全可以判断出客户是急于购买,还是抵制购买。销售人员及时发现、理解、利用客户表露出来的成交信号,并不十分困难,其中大部分也能靠常识解决,具体做法在于:一要靠细心观察与体验,二要靠销售人员的积极诱导。当成交信号出现时,要及时捕捉,并迅速提出成交。

3.行为信号

行为信号是那些客户在形体语言上提供的线索。这些信号会告诉销售人员,客户在心里已经作了准备购买的决定。购买信号是突然的,销售人员一定要细致观察客户,当客户发出购买信号,表示出购买的意愿时,销售人员就要及时作出应对。

# 促成交易的策略

细致观察客户行为,并根据其变化的趋势,采用相应的策略、技巧加以诱导,在成交阶段十分重要。假设销售人员已经将自己的想法用简单有效的方式表达出来了,而且详细讲述了产品的优点与便利之处,了解了客户对这一想法的接受程度。在这个过程中,销售人员要始终注意其中的购买信号。有经验的销售人员会有直觉,能感觉到客户什么时候准备购买。

在现实中,许多销售人员往往是说得太多,以至于失去销售的最好时机。当感觉到客户的友好与购买兴趣的时候,销售人员的职业习惯很容易错误地以为:"客户喜欢听我说的话,如果我告诉他们所有的事情,那么他们就会对我和我的产品印象更深刻。"实际上这是错误的,相反的做法才对。当客户变得友好、表现出兴趣的时候,实际上是销售人员该停止展示的时候,直接问其是不是想购买。

如果销售人员抓住了购买信号,并且给出合理的对策,那就会缩短销售时间。因为在合适的时间,即客户心理上准备作出决定的时候,要求客户购买产品,就节省了很多时间。当然,这样的好处是可以用更短的时间争取更多的销售额,另外也

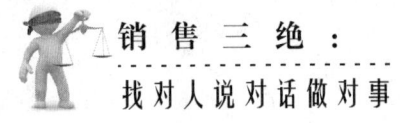

可以有更多的时间去做其他的更重要的事情。

成交策略是对成交方法的原则性规定,是销售人员在促进成交的过程中必须遵守的活动准则。为了更有效地促使客户购买,销售人员必须掌握成交的基本策略。其策略主要由以下几点。

**1.掌握洽谈的主动权**

掌握主动权是为了制造成交机会,有效运用成交策略的必要条件之一。销售人员如果掌握了洽谈的主动权,按照事先所制订的计划开展洽谈,就可以较容易地获得成交的机会,更有效地运用成交策略。

掌握洽谈的主动权,首先,要求销售人员首先在规划洽谈阶段做好充分的准备,制订一个完善的洽谈计划;其次,运用各种方法引导洽谈按既定的轨道前进;再次,不要把掌握主动权理解为操纵与控制客户。销售人员应当鼓励客户表达自己的观点与要求,然后通过对客户的观点、要求作出恰当的反应来掌握谈话的主动权。

先提供信息,就是向客户介绍产品的特征和利益,或者向客户说明成交条件。后提出问题,则是指就产品或成交条件,询问客户的看法。当客户的观点与销售人员一致时,可以继续后边的介绍或说明,如果不一致,则要重新讨论,直至双方都能接受的条件。

**2.考虑客户的特点**

与销售过程的其他环节一样,促进成交的方法也是因人而异的,并与客户的需求状况、个人特征相适应。只有这样,成交的方法才能发挥最大效力。对于一些客户来说,直接请求其购买也许是最有效的方法;而对另外一些客户来说,直接请求成交则可能意味着销售人员在施加压力。对于单位的专职采购人员,只需销售人员简明扼要地说一下产品的特征,就能够确定是否应该购买;而对于没有多少产品知识的客户来说,只有在销售人员详细说明产品的特征之后,才能决定是否购买。如果销售人员不考虑特定客户的需求状况、个性特征,成交方法的使用就会有很大的盲目性,也就难以取得预期的效果,销售业绩也上不去。

**3.保留成交的余地**

保留成交余地,就是要保留一定的退让余地。在中国,任何交易的达成都必须经历讨价还价,很少交易是按最初报价成交的,尤其是在买方市场的情况下,几乎所有的交易都是在卖方作出适当让步之后成交的。所以,为了有效地促成交易,销售人员一定要保留适当的退让余地。比如,一台电脑报价3 850元,当客户说要优惠的时候,不能直接告诉他最低的成交价格,而是在3 850元的基础上适当地降一点,还要补充一句:"这是最优惠的价格了,不能再降了。"

**4.诱导客户主动成交**

第二十三章 促成交易

诱导客户主动成交,是指设法使客户主动采取购买行动,这是成交的一项基本策略。如果客户主动提出购买,说明销售人员的销售工作十分奏效,也意味着客户对产品及交易条件非常满意,以至客户认为没有必要再讨价还价,因而成交非常顺利。所以,在销售过程中,销售人员应尽可能诱导客户主动购买产品,这样可以减少成交的阻力。

销售人员要努力使客户觉得成交是自己的意愿,而非强迫。通常,人都是喜欢按照自己的意愿行事。由于自我意识的作用,对于他人的意见总会下意识地产生"排斥"心理,尽管别人的意见是正确的,也不乐意接受,即使接受了,心里也会感到不畅快。因此,销售人员在说服客户采取购买行动时,一定要让客户觉得这个决定是他自己的主意。这样,在成交的时候,客户的心情就会十分舒畅而又轻松,甚至为自己做了一笔合算的买卖而自豪。

# 促成交易的口才技巧

销售成交是指客户接受销售人员所销售的商品或销售建议,表明成交意向并采取实际购买行动的过程。在实际销售过程中,有以下几种成交技巧方法。

### 1.假定成交

假定成交法是指假定客户已经接受了销售建议而展开实质性问话的一种成交方法。这种方法的实质是人为提高成交谈判的起点。此技巧使用得当,可起到事半功倍的效果。

甲公司销售代表与乙公司代表进行销售谈判,双方开局谈得较融洽,甲公司销售代表可以适时地提出:"您看什么时候把货给您送去?"若此时乙公司代表对这句话的表情没有不愿之感,甲公司销售代表可以进一步试探性地问:"您想要大包装,还是小包装?"或者直接说:"这是订货单,请您在上面签字。"

### 2.异议探讨

异议探讨法是指在提出成交请求后对还在犹豫不决的客户采取逐步排除异议的办法。在一般情况下,处理成交阶段的异议不能再用销售异议的处理办法与提示语言。这时,通过异议探讨,有针对性地解除客户疑问便有了用武之地,解除疑问法的提问模式多为诱导型的。

甲、乙双方已商谈成功,就在快签约时,乙方有点犹豫不决,甲方在此时不能放弃成交的良机,可以揣测乙方心理,对乙方的疑问予以答复。一旦了解了乙方的疑

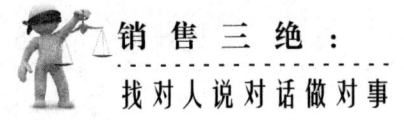

虑所在,就可以进行有针对性的解答了。这种成交技巧一般来说较为奏效,解除疑问法适用于成交阶段的以下客户：

(1)价格异议。如："如果再便宜点就好了。"

(2)时间异议。如："我还要再考虑考虑。"

(3)服务异议。如："万一运行中出了毛病可就惨了。"

(4)权力异议。如："我自己做不了主,还得请示一下"等。

解除疑问法要与其他方法配合使用,即利用该法探寻与排除异议,然后利用其他方法促成交易。使用解除疑问法应正确分析客户异议,有目地进行提问,有针对性地进行解答。

**3.避重就轻成交**

避重就轻成交法是指根据客户的心理活动规律,首先在次要问题上达成一致意见,进而促成交易的方法。

日本丰田汽车公司想占领美国市场,与美国某汽车公司进行联营,两者在谈判中,日本一方就是采用了避重就轻成交法,在次要问题上做文章,一旦达成一致意见,再主攻重点的价格问题。

避重就轻成交法适用于以下几种情况：

(1)交易量比较大或大规模的交易。

(2)客户不愿意直接涉及的购买决策。

(3)次要问题在整个购买决定中占有很重要作用的时候。

(4)其他无法直接促成的交易。

使用此方法可以有效地分散成交风险,即使客户对某一细节问题提出否定看法,也不会影响整体的成交。

**4.直接发问**

直接发问法是指在适当时机直接向客户提出成交的方法,它是一种最简单、最基本的技巧。销售人员采取直接发问法,可以有效地促使客户作出购买决定,达成交易;可以节省销售的时间,提高销售效率;可以充分利用各种成交机会,有效地促成交易;可以直接发挥灵活机动精神,消除客户的心理疑虑。正是其特有的优越性,使其成为用途广泛的成交方法。在一般情况下,以下几种情况可采用此技巧：

(1)比较熟悉的老客户。

(2)客户通过语言或身体发出了成交信号。

(3)客户在听完销售建议后未发表异议且无发表异议意向。

(4)客户对销售品产生好感,已有购买意向,但不愿提议成交。

(5)销售人员处理客户重大异议后。

做对事
第二十三章　促成交易

直接发问法的使用也有一定的局限性：一方面，因语言过于直接外露，容易引起部分客户的反感，导致客户拒绝交易；另一方面，由于其使用条件是以销售人员的主观判断为标准的，一旦把握失控，就会使客户认为在给他施加压力，导致客户下意识地抵制交易。

# 物以稀为贵成交法

唐朝诗人白居易在《小岁日喜谈氏外孙女孩满月》一诗中言道："物以稀为贵，情因老更慈。"这是物以稀为贵最早的出处，意思是事物因稀少而觉得珍贵。

第二次世界大战期间，一位印度老人拿了三幅名画去市场上卖，这三幅画均出自名画家之手。恰好被一位美国画商看中，这位美国人自以为很聪明，他认定：既然这三幅画都是珍品，必有收藏价值，假如买下这三幅画，经过一段时期的收藏肯定会大大地涨价，那时自己一定会发一笔大财。于是，他问那位印度老人："先生，你带来的画不错，如果我要买的话，你看要多少钱一幅？"

"你是三幅都买呢，还是只买一幅？"印度老人反问道。

"三幅都买怎么讲？只买一幅又怎么讲？"美国人开始算计了。他的如意算盘是先和印度老人敲定一幅画的价格，然后，按多买少算的原则，把其他两幅一同买下，那样肯定能占点儿便宜。

印度老人并没有直接回答他的问题，只是表情上略显难色。美国人却沉不住气了，他说："那么，你开个价，一幅要多少钱？"

这位印度老人是一位地地道道的经商业的老手，他知道自己画的价值。于是装作漫不经心的样子回答说："先生，如果你真心诚意地买，我看三幅800美元吧！这够便宜的！"

美国画商并非商场上的老手，他抓住多买少算的砝码，1美元他也不想多出，于是，两个人讨价还价，谈判一下陷入了僵局。

那位印度老人灵机一动，拿起一幅画就往外走，到了外面二话不说就把画烧了。

美国人很是吃惊，他从来没有遇到过这样的对手，对于烧掉的一幅画又惋惜又心痛。于是小心翼翼地问老人剩下的两幅画卖多少钱！想不到老人要价的口气更是强硬，两幅画少了800美元不卖。

美国画商觉得太亏了，三幅画800美元，少了一幅，还要800美元。于是要求老人

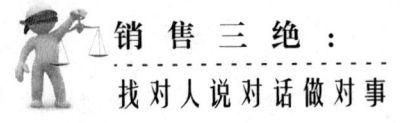

**销售三绝：**
**找对人说对话做对事**

再便宜点。

想不到，那位印度老人又怒气冲冲地拿出一幅画烧了。这回，美国画商可真是大惊失色，只好乞求印度老人不要把最后一幅画烧掉，因为自己太爱这幅画了。接着又问这最后一幅画多少钱？

想不到印度老人张口还是800美元。这一回画商有点儿急了，问："三幅画与一幅画怎么能一样价钱呢？你这不是存心戏弄人吗？"

印度老人见这位美国画商还想讨价还价，便说："这三幅画出自知名画家之手，本来有三幅的时候，相对来说价值小点儿。如今，只剩下一幅，可以说是稀世珍宝，它的价值已经大大超过了三幅画都在的时候。要不要，现在涨价了，这幅画800美元不卖，最低得出价1 000美元。不然，我就烧掉它！"

这下，画商真的急了，生怕那位印度老人将第三幅画也烧掉，便一手按着画，一边说："1 000美元，我买了！"

后来有人问那位印度老人，为什么要当着画商的面烧掉那两幅画？老人说："物以稀为贵。所以我当面烧掉两幅画，留下一幅卖高价呀！"美国人有个习惯，喜欢收藏古董名画，他要是看上，是不会轻易放弃的，肯定会出高价买下。并且他从美国人的眼神中看出，这个美国人已经看上了自己的画，心中就有底了。

这个故事是典型的物以稀为贵的营销方式。物以稀为贵是一种营销技巧，限量销售就是物以稀为贵销售法的延伸。紧俏的东西总是容易受到消费者的追捧，所以限量版正是利用客户的这种心理。限量版的设计与后来的宣传，是一种从产品到营销的过程，说明优秀的产品其实本身也是一种营销。

在名车领域，限量版就是品牌的"身份证"，是顶级豪车的代名词，因而很容易引起人们的关注。比如"2005上海国际车展"上，宾利一款价值上千万元人民币的限量版雅致728就吸引了众多观展者的眼球。

在鞋业领域，限量版也成为商家亮牌的新创意。有一家企业曾经推出一款运动鞋，在全球范围内引起了时尚爱好者的关注，因为这种配有刺绣的运动鞋属于限量版产品，在全球仅有20双。这让人感觉到物以稀为贵，因此引起人们很强的好奇心，这是在卖鞋吗？

根据20/80定律，限量版就是赢利较强的那种20%的产品，同时商家推出限量版，无疑也是树立一个视点，提高品牌的知名度。限量版对于供过于求的行业会带来一种与众不同的消费，如果用得恰当，对提升企业品牌具有独到的作用。另外，限量版的运用必须针对企业的具体情况来操作。

# 好奇成交法

好奇成交法是销售人员利用人的好奇心理，促使客户立即作出购买决策的方法。优秀的销售人员利用人们的好奇这一社会心理创造出一种众人争相购买的社会风气，以减轻其购买风险心理，促使其迅速作出购买决策。

一个新来的销售人员在工作的第一个月向经理解释为什么业绩不佳。他说："经理，我能把马引到水边，但是没办法让它每次都喝水。"

"让他们喝水？"经理急了，"让客户喝水不是你的事，你的任务是让他们觉得渴！"

在上面戏剧性的一幕中，经理的观点非常鲜明。销售人员的工作不是催客户购买，而是激发客户的兴趣，这样客户就会想更多地了解销售人员提供的产品或服务。

成功吸引客户参与有效销售的关键，在于激发客户好奇心。怀有好奇心的客户会选择参与；反之，则不会。

当某商店门口排了一条长队，路过的人也容易随之加入排队的行列。因为从众心理常表现为：既然有那么多的人在排队，就一定有利可图，不能错失良机。如此一来，排队的人会络绎不绝，队伍越来越长，而在这条队伍中，多数人可能并没有明确的购买动机，只是在相互影响，既然客户有这种心理，销售人员就可以营造这一氛围，让人们排起队来。当然，这种队伍不一定是有形的，还可以是心理上的无形队伍。例如，销售人员说："小姐，这是今年最流行的时装，和您年龄相仿的人都喜欢。"又如，"这种热水器很畅销，您看这是一些用户的订单，有东北的、华北的，有城镇的、也有乡村的。"这就是利用了客户的好奇心理，在客户心里排起了一条长长的队伍，使那滚滚的购买人流激荡在客户的心里，只有随大流，赶快购买才是唯一的选择。

利用人们的好奇心理有利于提高销售业绩，促成大批交易。但要注意讲究职业道德，不搞拉帮结伙或用"托"来欺骗客户，否则销售人员会因此而信誉扫地。"好奇心"是打开销售程序大门的钥匙，相反，如果客户一点也不好奇，销售就会寸步难行。换句话说，如果能激起客户的好奇心，就有机会获得信用、建立客户关系、发现客户需求、提供解决方案、获得客户购买的反馈。

有些销售人员花费大量的时间来满足客户的好奇心，却很少想过怎样努力激起客户的好奇心，所以就不厌其烦地向客户反复陈述公司与产品的特征以及能给

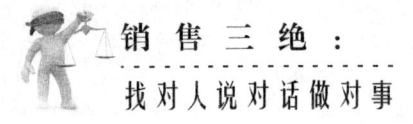

客户带来的利益。引起客户好奇心的一个重要方式就是显露价值的冰山一角,因为在客户面前晃来晃去的价值就像诱饵一样,客户很想获得更多信息,如果开口询问,销售人员就达到目的了。

另外,满足客户的好奇心会大大降低其进一步参与的欲望。想一想:如果拜访的客户已经掌握了想要了解的所有信息,他们还有什么理由非得见面呢?同样,如果客户对初次会面没什么好奇的,又有什么理由要听销售人员陈述呢?销售人员如果希望客户和潜在客户主动了解更多信息,那么不要一开始就把所有信息都告诉客户,一定要有所保留,这就意味着可以在以后提供更多信息,从而激起客户的好奇心。

现代推销既是一项复杂的工程技术,又是一种技巧性很高的艺术。销售人员从寻找客户开始,直至达成交易获取订单,不仅要周密计划、细致安排,而且要与客户进行重重的心理交锋。其中最有效的一种就是利用客户的好奇心。让客户感到好奇,就可以发展更多的新客户,发现更多客户需求,传递更多价值,处理更多销售异议,销售业绩也会大大提高。

# 选择成交法

选择成交法也称以二择一法。即销售人员在假定客户一定会买的基础上为客户提供两种购买选择方案,并要求客户选择一种购买方法,即先假定成交,后选择成交。

选择成交法具体方法是,在问题中提出两种选择(如规格大小、色泽、数量、送货日期、收款方法等)让客户任意选择。当销售人员观察到客户有购买意向的时候,应立即抓住时机,用选择法与客户对话。如"这套衣服您是要白色的,还是黑色的?"还有"我们礼拜二发货还是礼拜三?""付款你看是通过网银,还是支付宝?"这些都是选择成交法。选择成交法适用的前提是:客户不是在买与不买之间作出选择,而是在产品属性方面作出选择,诸如产品价格、规格、性能、服务要求、订货数量、送货方式、时间、地点等都可作为选择成交的提示内容。这种方法表面上是把成交主动权让给了客户,而实际只是把成交的选择权交给了客户,其无论怎样选择都能成交。这样可以调动客户决策的积极性,较快地促成交易。

销售人员使用选择成交法,首先要看准客户的成交信号,针对客户的购买动机和意向找准推销要点,并把选择的范围局限在成交的范围内。

有一次,乔·吉拉德去访问一位五金店的老板,目的是推销保险业务。听完乔·吉拉德的自我介绍后,两人进行了如下的对话:

## 第二十三章 促成交易

"保险是很好,只要我的储蓄期满即可投保,20万、30万美元是没有问题的。"其实,老板是决心未定,准备溜之大吉,他只是应付推销员。

"您的储蓄什么时候到期?"乔·吉拉德采取迂回战术,顺藤摸瓜,紧紧抓住老板的话不放松。

"明年2月。"还有差不多1年的时间,乔·吉拉德心想,这是真的吗?

"虽然说还有好几个月,那也是一眨眼的工夫,很快就会到期的,我相信,到时您一定会投保的。"乔·吉拉德给五金店老板先吃定心丸。

"既然明年2月才能投保,我们不妨现在就开始准备,反正光阴似箭,很快就会过去了。"乔·吉拉德说完,就拿出投保申请书来,一边读着客户的名片,一边把客户的大名、地址一一填入。客户虽然想制止,但乔·吉拉德不停笔,还说:"反正是明年的事,现在写写又何妨。"

"您的身份证可借我抄一下号码吗?反正是早晚都得办的事。"乔·吉拉德不给对方说话的机会。

"保险金您喜欢按月交呢,还是喜欢按季度交?"乔·吉拉德采用选择法提问。

"按月交比较好。"乔·吉拉德在申请书上填好。

"那么受益人该怎样填写呢?除了您本人外,要指定孩子,还是太太?"乔·吉拉德利用选择法追着问五金店老板。

"妻子。"

乔·吉拉德又试探性地问道:"你方才好像讲到30万美元?"乔·吉拉德作出填写的样子,但这时千万要注意,没等到对方明确答复时,绝不能想当然地填写,那样就要弄巧成拙了。

"不,不能那么多,8万美元就行了。"五金店老板说。

"以您的财力,本可投保40万美元……现在按照您的意思,8万美元……"

"20万美元好了。"五金店老板说。

"3个月后我们派人到府上收第二季度的保险金。"

"喔!那不是今天就要交第一次的吗?"五金店老板说。

"是的。"

于是客户也不说明年投保的事了,当即交了保险金,乔·吉拉德开好收据,互道再见。

乔·吉拉德终于把一件没影的生意谈成了。他使用的就是半推半就的选择成交法,一步步地把客户由明年拉回到今天成交。选择成交法的要点就是使客户回避要还是不要的问题。

运用选择成交法的注意事项:销售人员所提供的选择事项应让客户从中作出

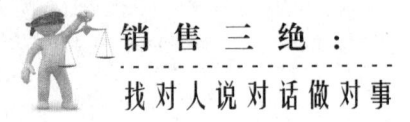

一种肯定的回答,而不要给客户拒绝的机会;向客户提出选择时,尽量避免向客户提出太多的方案,最好的方案就是两项,最多不要超过三项,多了会使客户举棋不定,拖延时间,降低成交几率。销售人员要当好参谋,协助决策,否则就不能够达到尽快成交的目的。

选择成交法的优点是可以减轻客户的心理压力,制造良好的成交气氛。从表面上看来,选择成交法似乎把成交的主动权交给了客户,而事实上就是让客户在一定的范围内进行选择,可以有效地促成交易。

# 利用折扣促成交易

为了促使客户作出购买决定,并使交易成功达成,销售人员通过折扣刺激客户的购买欲望已是现代商品交易中司空见惯的事情。在推销过程中,当与客户的谈判进入了关键阶段时,采用打折策略往往可以取得非常好的效果。

**1.利用折扣促使客户购买**

"喂?您好,是丁总吧!"

"是的,你是?"

"我是××俱乐部的小谢,那件事您考虑得怎么样啦!"

"什么事?"

"关于您加入我们俱乐部的事。"

"这个事,我就不参加了,会费太贵了。"

"丁总,您这就言重了。参加咱们俱乐部的都是一些像您一样的高级管理人员,由于超负荷地工作,日积月累容易造成身体严重超支。身体是革命的本钱,适当的休息更有利于工作,您说是吧?"

"没你说得那么严重吧!"

"丁总,是这样,企业的成功是每个管理者的期望。一张一弛,文武之道。忙碌之余放松一下,到俱乐部打打球,锻炼一下身体,还愁没有充足的精力工作吗?同时,也免去您的家人对您身体的担心。比起咱们企业为国家所创的利润,会员卡这点费用算得了什么呢?"

"你还挺会说的。我们企业的效益不好,负担不起你那个什么卡。"

"丁总,您总是和我们年轻人开玩笑。我们俱乐部的会员卡还有您意想不到的优惠呢。"

"你指的是什么呢?"

"持卡人可以在与我们俱乐部合作的全国20家大型宾馆和度假村享受5%~10%的优惠,享受非持卡人所没有的便利。您一算就清楚了,就当您每月少两次应酬,每次应酬800元,1个月下来就节省了将近2 000元,1年下来省的钱也就不言自明了。我的这笔小学算术,丁总您给个分,算得对吗?"

"你这小姑娘的嘴可真是厉害。"

"丁总,您过奖了。正像您说的,咱们这个卡不便宜,可省下来的钱也不是个小数目。如果您加入的话,我可以在我的能力范围内给您最大的优惠。"

"你别说了,为了你的工作,也为了我的身体,我周末去报名。"

"谢谢丁总的支持,到时我会恭候您的光临。再见!"

上例中,销售人员在客户提出价格疑问后,并不是按照客户的思路解释价格,而是从需求度和迫切度两个层次为客户进行分析,对客户进行相对价格的引导。

### 2.使用变相的折扣

在实际的销售过程中,销售人员也可以利用变相的折扣来推动销售的成交,销售人员小方正是运用这种方法来销售房屋的。

喜欢牧羊犬的小方常常在出售房屋时带着他的小狗。有一天,他的客户费先生和妻子来考察一栋价值100万元的房子。他们喜欢那栋房子及周围的风景,但是觉得价格太高了,他们夫妇不打算出那么多的钱。此外,也有一些事情不十分令他们满意——如房间的设计、洗手间的空间等。

销售成功的希望很渺茫,小方几乎要放弃了。而后,费太太看见了那只小狗并问:"这只狗会包括在房子里吗?"他回答:"当然了,没有狗的房子怎么能算完整呢?"

费太太非常喜欢这只狗,因此极力促成了这笔交易。这栋价值100万元的房子的特殊折扣竟是一只小牧羊犬。

### 3.利用折扣化解客户的不满

有一次,一位外地人来到北京一家商场销售地毯的柜台,他先是把柜台上摆着的丝毯认认真真地看了很久,看完之后,才回过头对售货员说:"对不起,小姐您是否能为我介绍一下这些丝毯?"

"当然可以。"售货员爽快地答道。

接着售货员为顾客介绍了丝毯的制作、风格、特色、分类等。顾客专心致志地听着介绍,脸上挂着一丝微笑。当售货员介绍完丝毯之后,这位顾客若有所思地沉默了一会,忽然很严肃地对售货员说:"小姐,我对你们商场很不满意,如果不圆满地帮我解决问题,我就要向你们经理投诉!"

突然的变化,使售货员有点莫名其妙,但她很快就镇定下来,说:"先生,很对不

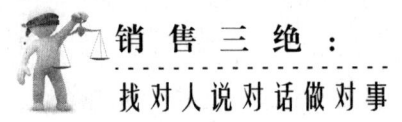

起,您能告诉我,究竟是怎么一回事,我能帮您做点什么?"

这时顾客从提包里拿出一张丝毯,说:"半年前我来这里帮朋友买了一张4米×6米的丝毯,跟你们现在摆着的这一张价格相同,但上面标明的道数就不一样了,经一些内行人鉴定,丝毯所标的道数和实际有差别,弄得我在朋友面前很难堪,所以我今天将它带来,希望退货。"

售货员听了顾客的抱怨,想了想,又说:"因为您的丝毯是半年前买的,若要退货,手续上会给您添很多麻烦,会浪费您许多宝贵的时间。如果您对这里的丝毯有兴趣,而又想多买一张的话,我可以给您打八五折作补偿,这是进货价,比起现价要便宜3 000多元,不知您意下如何?"

顾客想了好一会儿后,自言自语地说:"要花一年半的时间才能织成一张这样的丝毯,八五折划得来,反正我家也正需要……好,我就把它买下了!"

这样不仅化解了客户的怒气又卖出了产品。

# 有效地巩固销售成果

在客户决定购买,并达成成交协议后,作为销售人员,此时千万不要有大功告成的心态,一定要对成交结果进行确认,只有在双方确认的情况下才意味着交易的真正成功。这时就要注意,不要让客户感到销售人员一旦达到了目的,就突然对客户失去了兴趣,转头忙其他的事去了。如果这样,客户就会有失落感,那么他很可能会取消刚才的购买决定。

所以,销售人员一定要巩固销售成果,避免客户反悔。销售人员可采用如下的做法,有效地巩固销售成果。

**1.表示祝贺和赞扬**

客户尽管已经同意购买,但在很多情况下,他还是有点不放心,有些不安,甚至会有一点神经紧张。这是一个非常关键的时刻,沉着应对客户对销售人员来说非常重要。客户在观察销售人员,看自己的决策是否正确,看销售人员是否会"卷起钱就走"。此时,客户比以往任何时候都需要友好、真诚的抚慰,帮他渡过这段难熬的时间。

在成交之后,销售人员应立即与客户握手,向他表示祝贺。记住,行动胜过言辞,握手是客户确认成交的表示。一旦客户握住了你伸出来的手,他要想再改变主意就不体面了。从心理上说,客户握住你的手,那就表示他不愿意反悔。

销售人员在与客户握手的同时,要向他表示祝贺,对他的明智之举表示称赞。如:

## 第二十三章 促成交易

"王先生,祝贺你……你作出了明智的决策,不仅你所有的亲友会羡慕你,而且你的房子的价值也会大大增加。"

"祝贺你,林先生……你得到了一件质量上乘的产品,你会享受到它的好处的。"

### 2.填表进行确认

销售人员应该是合同专家,应该能够在几秒钟内完成一份合同,甚至闭上眼睛也能完成这项工作。

说到填表,很多销售人员是不称职的,由于误填、不准确和填不好,致使很多交易都没做成。这些销售人员"熟知"合同,却又对它很陌生,常常不知道怎样正确填写合同而使到手的买卖溜掉了。

有些销售人员在填写合同的时候,常默不作声,把精力集中在合同上。这种沉默通常会引起客户的焦虑不安,接着,所有的疑虑和恐惧又会重新涌上心头。

销售人员尽管已经知道需要填写的内容,但在填时,仍要向客户证实这些内容。应该边写边与客户进行轻松的对话,目的是让这一程序平稳进行,让客户对他的决定感到满意。销售人员的填表动作要自然流畅,与客户的对话内容要与产品毫无关系。可以谈论客户的工作、家庭或小孩,以把客户的思绪从购物中解脱出来,同时可以表明自己并不只是对客户的钱袋感兴趣。

### 3.感谢客户

这个细节是优秀销售人员区别于其他人的细小差别之一。

说声"谢谢"不需要花费什么,但却含义深刻,给客户留下深刻印象。大多数销售人员不知道在道别后如何感谢客户,这就是为什么他们常常收到客户的退货和得不到更多客户的原因。当销售人员向客户表示真诚感谢时,他会对你非常热情,会想方设法给你以回报,会对你表示感谢。

请看下面的例子。

"季先生,我想对你说声谢谢,我想告诉你,我对你的举动十分感谢。如果你还需要我做什么,你可以随时给我打电话。"

当客户听到这些话时,他就知道他作出了正确的选择,他会对你的友情表示感激。在这种情况下,他怎么会改变主意让你失望呢?

### 4.送一份小礼物

当完成一笔大生意,你可以送一份礼物给客户以表达你的谢意。这个礼物可以是一盒巧克力、一束花或一顿饭。谢礼也可以是一种承诺。

# 第二十四章 催收货款：
## 回款是硬道理

产品销出去并非就完成了任务，还应该把账款收回来。货款没有回收之前的销售并不能称为真正的销售。只有货款及时回收，公司资金周转才能加快，效益才能变好，销售人员的提成也才能拿到。货款及时回收意义重大，是销售人员义不容辞的职责和重要任务。当然，销售人员确保顺利回款的前提，还是要有好的口才。

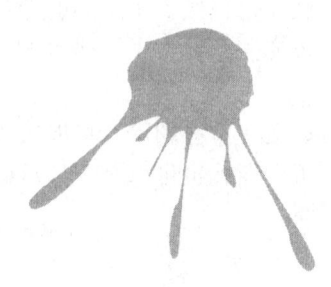

## 第二十四章 催收货款

# 销售回款为什么这么难

提及回款，不管是销售新人还是销售老将，千言万语都归结为一个字:难。做得好，它是销售人员平步青云的垫脚石;做得不好，它就是销售人员寝食难安的紧箍咒。

销售回款为什么这么难，是由诸多因素造成的。既有客户的原因，也有销售人员自身层面的原因。

**1. 厂家自身原因**

(1)厂家实施的相关政策、投入的资源不符合区域市场销售节奏规律，不能满足客户需求，或者跟竞争对手相比没有太多优势。吸引不了客户，客户不感兴趣，回款当然困难。

(2)厂家出台的相关回款政策、投入的资源，一般都附有较高门槛要求，对实力较强的客户，也许伸伸手就能达到，但对于另外一些客户，可能会有很大难度。

(3)市场出现窜货、乱价、客户投诉等问题，没有及时解决，对客户造成损失。

(4)公司人事变动过于频繁。客户面对公司经常更换的销售人员，做过的承诺、答应的资源、待解决的问题等又变成了新的问题。像这种情形，客户会不敢回款。

(5)公司相关支持不到位。经常听到客户抱怨:"多大的一个区域，1年给你做多少，可你们才做几次活动？""人家某某品牌，支持力度有多大！""要回款也可以，你们支持力度再大点我就回。"

(6)销售人员问题。要么心态不行，见到客户，就慌乱没了章法;要么技巧不行，"东一榔头西一棒"，不懂谋略。

**2. 客户层面原因**

(1)没资金。有限的资金被分割得七零八落:自身开卖场，运营需要很大一部分;进行投资，如房产、百货、茶楼、买门面房、搞运输，又占用很大一部分;货铺给大卖场大终端、赊销给下游网络，沉淀很大一部分;仓库一大堆库存，残损产品、售前产品没有及时处理等等，也会占用很多资金。各方面运营稍微出现点问题，客户回款就倍感吃力。

(2)有钱，但不想因为回款占用资金。客户的心态永远是从厂家拿最好的政策，要最多的资源，最好能达到零库存销售。如果有大堆库存，发生仓储费用，还得承担

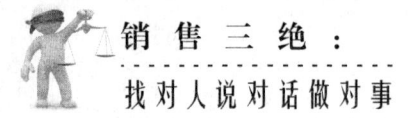

厂家降价、市场滞销、产品破损等风险。

(3)竞争对手挤压。都是回款,竞争对手的品牌更有影响力,政策的支持力度更大,传播推广更多,产品品质口碑更好。在各厂家竞争激烈的争斗中,客户有限的资金当然会优先选择更好的厂家。

(4)市场不振。库存积压,分销业务难做。销售人员平时很难见着,见面就要回款,客户见到就恼火。

(5)客户以回款要挟厂家。面对市场有限、品牌繁多、竞争激烈的情况,对于商业地位高的客户,如果销售人员未同其谈好政策、支持不到位、未及时解决掉问题,想要客户回款,更是难上加难。

(6)客户心理因素。有类客户缺少安全感,业务"追"得越紧,客户口袋就捂得越紧。

还有一些特殊情况,如客户打算转行或退出或者正值工商税务年检、查账等,都有可能导致客户一时出不了款。

郑先生是某公司的区域销售经理。在旺季来临前的几个月,其所在区域客户因库存过大和竞品强力挤压停止回款。任凭郑先生使尽浑身解数,客户就是四个字:"没钱可回!"

在巨大的销售压力之下,郑先生并没有坐等观望,而是想方设法跟客户达成协议:由郑先生亲自帮助其分销,压下去多少货,收回多少钱,全部专款专用投给本品牌。

郑先生拉着客户公司的业务员一道开始疯狂拜访市场:结合下游每个客户的特点,帮助其制订要货计划,又以旺季即将来临货源紧张为由,逼催分销商尽早提货。分销商听他分析得头头是道,边上又有客户公司的业务员现身说法,也都积极响应,从而顺利地完成当月回款任务。

在上面案例中,郑先生没有消极地等待客户回款,而是在分析了客户回不了款的原因之后,全力帮助客户的公司进行销售工作。最后,郑经理顺利地拿到了回款。

# 催收货款的口才基础

对于销售人员来说,销售成交并非代表任务完成,回款拿到手中才是根本。对于企业而言,资金是企业运行的血液,而销售回款则是血液的源泉,回款几乎能决定着企业的生死命脉。销售人员面对的压力不仅是把商品销售出去,更重要的是能够把货款如期收回来。所以,作为一个优秀的销售人员不但要善于把产品推销出去,还应该懂得如何去催收货款。

决定讨款行为成功或失败的因素是多方面的,是十分复杂的,但是,大量的事实证明,讨款人的讨款口才技巧对讨款成败有着很大的影响。有些原本是很容易讨回的货款,却因不善于"说话"而告失败;相反,有些原本是很难讨到的货款,却因讨款人善"说",而获得成功。

当然,这个"说"必须是针对不同的情况或不同的人而灵活运用的变换方式和技巧。那么销售人员该如何灵活地运用自己的口才,采取不同的方式和技巧,成功地催回债款呢?

在切入正题之前,先来了解一些催讨货款方面的基本知识,这也是销售人员去"说"服客户前应该做的准备工作。

**1.做好催收货款的心理准备**

销售人员在催收货款时的心态是发挥自己的口才技巧和催收能力的一个重要因素。一个人的思想很容易影响到他说话的语气、语言的选择。销售活动将销售至收回货款视为一个完整的循环。所以销售人员在面对将要收回的货款时,应该抱有这样一个信念:"收回货款是正当的商业行为!"

既然客户购买了产品,归还货款自然也是理所当然的事情,所以,销售人员应该抛弃那些不必要的心理负担,在催收货款时要尽量保持一种坦然的态度。

**2.催收货款的口才技巧基础**

任何一个销售人员,哪怕你巧舌如簧、业务精通,但在催收货款这种工作中,还应该记住这样一个前提:还债是建立在对方有相应能力的基础上的。因此,在销售工作中,销售人员应遵循以下原则,才能为催款扫除不必要的障碍:

(1)充分调查对方的支付能力,选择能够按时交款的客户。

(2)签订合同时,要清楚地向对方说明支付的时间期限。

(3)只顾自己利益的销售,是难于收回货款的根源。

(4)用金额计算客户的信誉度,无限制的赊销是导致死账的根源。

(5)松懈无力的要求只能涣散对方如期支付的义务感。

(6)到议定收回资金的日期,就一定如期收回。

(7)对于和那些已经延期付款的客户再次交易要慎之又慎。

(8)对由于一时不便、延时付款的客户,要尽快进行支付资金的洽谈。

(9)对于已不可能付款的客户,要果断处置,以最大限度地减少损失。

在明白了以上的一些基本知识之后,销售人员应该认真地把握好,因为以上的任何一点都会直接影响到催收货款的效果。

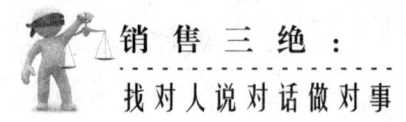

# 把握催收货款的制胜因素

销售人员在催收货款时要抓住制胜因素。归纳起来,催收货款的制胜因素有以下几种。

**1. 利**

客户为什么愿意回款?很多时候客户能忍受厂家大力度的"吸款"、"压货",其实最根本的原因在于一个"利"字。如果厂家品牌有一定的市场影响力,产品在渠道终端能卖得掉,能适应市场状况经常做些传播推广,能为商家提供良好售后服务,不定期出台大力度的优惠政策,且派销售人员帮助商家做市场,客户就会积极回款以维护良好关系。

**2. 理**

很多时候,销售人员得把账给客户算清、道理给客户说透,给他找到回款理由,让客户"理"所应当地给你回款。

**3. 情**

客户都是在市场的"枪林弹雨"中发展起来的,不懂市场规则,是不可能获得现有地位的。用你的真情去打动客户,从而在不知不觉中感化客户,主动配合你的工作。

在这方面,销售人员至少有"三情"可用:一是公司领导跟客户的情,即保持公司领导与客户沟通顺畅;二是销售人员跟客户的情,天天低头不见抬头见,人情做到了,问题也就迎刃而解;三是销售人员跟客户具体工作人员的情,尤其是采购和财务,千万别小看这些人,关键时刻,说不定就有画龙点睛之效。

**4. 压**

"压"就是销售人员要给客户制造一定压力。在品牌众多的市场上,很多时候,客户总是不把你的品牌当回事,所以需要适当地给他加加压。一种是"硬"压:不回款,就砍批发权、缩区域、扣返利、拖资源等。另一种是"软"压:不回款,无论客户抱怨什么,想申请什么,不赞成也不反对,采取拖延战术。这么一来,客户自己就会清楚哪些地方做得有些过分,自然也就会适当收敛,赶紧回款。但要注意把握这种压力的"度",过了头,就会伤害与客户的关系。

**5. 迷**

这也是那些经验丰富的销售人员惯用的一招。一种是从"上"迷,例如,"公司产品即将涨价,别的区域客户都在抢货,你还不回款备货?""畅销型号都要断货了,你还不抢?到时别怪我,你就是拿钱给我,我都没货给你。""这个月你回80万元,下个月我打个专项报告,一定帮你把5 000元的运输补贴拿到手"等。另一种是从"下"迷,例如,"这个月,我又给你开了4个网点,他们不久都要提货了。你还不打款,现在仓库里那点货哪够卖?"或者找几个关系较好的分销商,让他们给上游打电话要货,造成一时市场繁荣之象,或者设别的"套"等。通过一系列上拉下推,督促客户回款。

### 6.导

很多时候,客户并不是不愿意回款,而是怕进的货卖不掉,或者货卖得太慢资金周转不开挣不到多少钱。关键时候,销售人员要帮他们做些实实在在的事情,先帮其把产品分销出去,把下游的钱收回来,再让客户回款。唯有如此疏导,整个销售渠道和体系才能处于良性的运营中。

### 7.挤

客户的流动资金本来就不多,要说服客户给竞争品牌少投点,把资金抽出来投给本品牌。客户的资金被你占用得越多,你就越主动。更何况,你不占用客户的资金,别的品牌就会下手。

### 8.激

销售人员要把握客户心理,激发其危机感,促使其尽早回款。在回款工作中,客户一个普遍心态就是等、观、拖。如果销售人员能在适当的时机、适当的场合"激"一下客户,很多时候会有意想不到的效果。

### 9.纵

打破常规思路,欲擒故纵,将市场和客户掌握手中。例如,在品牌较为强势时,客户回款没有达到要求,销售人员可以故意摆出拒收票据的姿态,让客户承受巨大压力,以免客户开了一次坏头,以后将麻烦不断。又如,客户出款一般都在月底,此时各品牌都在激烈拼抢,销售人员或许可以换个思路,改为月头收一部分,月中收一部分,月末再去收一部分。这么做,回款风险将会小得多。

### 10.缠

销售人员发挥"黄蜂"精神,紧紧"叮"住客户不放。客户要是不愿意回款,他总会找到借口,销售人员还真需要点"叮"劲才能把钱收回来。当然,这里说的"叮"也不是胡搅蛮缠,而应该讲究一些方法、策略。

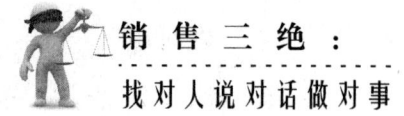

# 机智应对欠款人的借口

在生意场中，销售人员如果仅仅知道去收钱，那么你还只是半路出家的商人。你要学会识别欠款人的借口，在催款之前，预先作好对付各种借口的准备。美国企业家C.S.Frischer总结了11条欠款人常用的借口和应对方法，很值得借鉴：

(1)"由于电脑故障，我们无法立即打印支票。"当欠款人说他们的电脑失灵时，就应当能够准备地说出何时将有人来修理，电脑修好后，你再打电话去催款，不要让这个期限超过2天。

(2)"我从未见过这项产品(或服务)的账单。"幸好有现代技术的帮助，只需要拨个电话，你就能把醒目的发票传真给欠款的客户。

(3)"我们只能根据发票的原件付款，传真件不行。"在95%的场合，你都可以认为这是借口。这个借口在法庭上是站不住脚的。你应该给欠款公司送去发票的另一份原件，还需要向对方说明，一旦收到原件，立即付款。

(4)"支票已经在邮寄途中。"首先，销售人员要弄清楚欠债人发出支票的确切时间，以及是否寄往正确的地址；其次，要了解支票是怎样寄出的。在支票发出2个星期以后，你仍未收到，则要求对方取消这张支票，重新签发另一张支票。

(5)"我们遇到了严重的现金周转问题。"销售人员必须找出该公司出现现金周专问题的确切原因，这类公司可能没有足够的奖金付清欠你的全部款项，但他们肯定能偿还部分欠款。你可以制订一个还款计划，同对方约定时间能够付清余额。

(6)"我们1个月后将收到一张大额支票，届时就可以偿付你的全部款项。"不要相信这个借口。这些欠款人要求你安心等待1个月，如果你同意了，只不过是多给他们1个月时间编造另一个借口。

(7)"我们对发票有争议。"没有哪一家公司从不出错，然而，如果你只是在打电话催款的时候听到了这种抱怨，欠款人很可能是利用发票来拖延时间。这种说法站不住脚。

(8)"我们对这项产品(或服务)有争议。"你可以向客户询问他抱怨的是什么，他从什么时候开始对产品或服务不满，是否向你的哪位同事表示过，如果他记不清楚，就进一步询问细节问题，你应当据理力争，收回欠款。

(9)"我们在等候批准。"销售人员应先弄清楚需要谁批准这份账单，为什么仍未批准，什么时候能够批准，之后再告诉他过了期限所要承担的后果。

(10)"我们公司在90天之内付清。"这个借口通常出自大公司。这些公司一般都是能够付款的好客户,只不过要按照自己的时间表。销售人员要打电话给对方的当事人,说明己方的苦衷,客户的付款时间表也不是一成不变的。

(11)在付款之前,我们需要付运证明有不少公司要求必须在收到货物的付运证明才能付清支票。如果这是对方公司的政策,你有责任为对方送去付运证明。把你的付运证明全部准备成一式三份的,在货物运出时保证三份全都签上了字。一份付运证明送交客户(用于提货),另一份直接放到你自己手边保存(用于留底),第三份附在发票中送给客户(用于尽快付款)。

# 利用"挤压"法回款

王老板:"小张,你们最近到底有什么好的政策?"

小张:"你不说,我还忘了,这个月政策没什么变化。以后不要道听途说,搞得那么紧张。"

王老板:"那现在的政策到底是什么?"

"还是每个月返利,按照这个阶梯来返。"小张边说边递上表格。

王老板:"刘经理还在干吗?这个政策是不是他定的,好久没有看到他了。"

小张:"还是经理,不过也有些官僚了。"

王老板:"谁当了领导都这样,不信你试试?"

小张:"还要你支持我才行呀,你不上量,我怎么能上去?"

王老板:"哈,要上量还不容易?多做促销不就行了,我是靠你吃饭的。"

小张:"促销,应该怎么搞?这个月你还差5万元就能达到返利最高要求了,王总,多可惜呀!"

王老板来了兴致:"是啊……可是……要不这样,我再回款10万元,你看看能否再为我多争取点促销费用,让销量'火上浇油'烧一把?"

小张:"王总,款子办好了吧,我马上过去拿?"

王老板:"款子,我给财务讲了,不知办得怎么样了?"

小张:"呵呵,王总啊,公司大了,人员难管理了!"

王老板:"小张,这话什么意思?"

小张:"没什么,办款这样的小事还要你亲自操心去问,不主动给你汇报了。"

王老板:"小张,和你开个玩笑,款子已经办好了,促销政策给我争取得怎么样

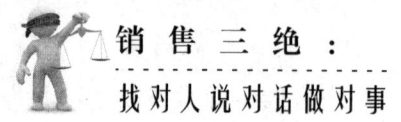

销售三绝：找对人说对话做对事

了,你马上到我们公司来拿。"

几天后,小张再次来到经销商王老板办公室。

小张:"王总,怎么只有8万元啊?"

王老板:"小王,真不好意思,昨天公司账上只有6万元现金,我还是借钱才凑到8万元,你要理解我啊,小兄弟。"

小张:"我已经给领导打过包票了,我担心领导看到款子会不高兴。"

王老板:"是吗,我给刘经理打个电话,不就差2万元吗?又不伤大雅!"

小张:"那就好,这样我就省心多了,你也应该多和我们领导聊聊天。"

王老板给小张领导刘经理打电话。

王老板:"你好,刘总,我是创新实业的老王。"

刘经理:"王总,好久不见了,真对不起,好久没去看你这位老大哥了,不会兴师问罪来了吧?"

王老板:"怎么敢?刘总,就是打个电话增进增进感情。和你商议件事,不知小张和你讲了没有,就是关于那回款和促销的事情。"

刘经理:"回款和促销的事情,出了什么纰漏,小张给我打包票你一定能再回款10万元,难道……"

王老板:"没什么大事,汇票小张已经拿走。刘总,你也知道,我这个月已经连续回款50万元了,压了一仓库的货,请你帮帮忙,多给些促销支持。"

刘经理:"王总啊,促销的事情,小张会给安排好的,放心吧。"

结果,王老板在第二天就把2万元打到了小张所在公司的账户上了。

就这样,小张通过挤压的方法有效地争取到了王老板的回款,同时督促其落实。当王老板少了2万元没兑现时,抓住关键找王老板解决。同时刘经理又与王老板谈起关于促销的事情,反推给王老板去找小张解决。王老板8万元的汇票也被小张拿走了,现在因为2万元钱而损失了促销支持就得不偿失了,只有再回款2万元补齐。

## 对"老赖客户"要毫不留情

做销售工作,销售人员一定要有自己的态度,坚持原则和立场。业务往来涉及的都是经济问题,销售人员若对明显存在风险的问题视而不见、心存幻想,只会加大风险。因此,在业务问题上,销售人员的态度不能有半点含糊,原则性一定要强,否则会损害了公司的利益。对于"老赖客户",销售人员不能存有试图通过业务往来把货款清收的侥幸心理,而是要逐一清除回款过程中的障碍,让对方回款。

几乎所有的厂家在和渠道打交道的时候,都会碰到"老赖客户"。一旦遇到,往往会十分为难:不给新的货物,不但以前的货款难以收回,而且可能面临销售量的下降——这是任何一个销售人员都不愿意面对的;如果再发货,客户手里握有的货款和货物越多,厂家制约渠道的能力越弱,有可能带来更大的损失,正所谓"不卖是等死,卖了是找死"。

销售人员对待"老赖客户"不能心太软,"老赖客户"的问题确实是困扰销售业务开展的大问题。销售人员必须清楚地判断客户"赖账"的真实原因,它将决定你究竟应该采取什么样的后续行动。一般来说,客户既不主动进行交易仍然可以接货、也不结清欠款的情况基于以下几种动机:

(1)客户根本没有继续经营本公司产品的意图,欠款的唯一目的就是增加自己的"现金流",而付款意味着自己可运用的资金量减少。其实质就是想用你的钱办他自己的事,甚至用这个钱去经营你的竞争品牌也说不定。

(2)客户有意继续经营本公司产品,但是在资金链上出现了严重问题,可能有三种情况:一是有计划地扩大经营范围所造成应付账款激增;二是因为下线客户的欠款过多,使得流动资金紧缺所造成;三是客户本身的经营、业务管理出现大的危机,本来用于支付货款的款项被挪作他用。

(3)客户虽然对公司的产品有一定信心,可以继续经营,但是由于以下原因试图通过"欠款"保持对公司的压力、增加谈判的"筹码":①公司或业务代表承诺的广告及促销费用"补偿"至今没有兑现。②与公司或业务代表在前期销售合同的履行、市场支持、售后服务等诸多方面存在争议和"悬而未决"的问题。

对于不同的客户,销售人员应该区别对待,不能"一棒子打死",更不能纵容迁就。

首先,对于那些根本就不准备继续跟公司合作的客户,如果还有账款未清,唯一办法就是通过各种方法"讨债",并积极准备"打官司",尽量减小损失。除此之外,没有其他的办法。当然,催款的方式方法还是应该注意的,如时间、地点、对象、表达方式、还款期限等。但是,无论怎样,面对这样的客户千万不要抱有任何侥幸心理,绝对不要再跟这样的客户有任何的交易;否则,窟窿只能越补越大。

其次,对于确实由于"资金周转不开"而出现账期拖延问题的客户,销售人员应该小心对待,关键要看客户本身的经营是否是良性的。①如果客户自己的运作状况比较良好,生产、销售、物流、市场推广都比较正常并有所发展,就可以采取比较积极的处理方式。比如在客户承诺还款计划的基础上继续供货,但原则上"应收账款"

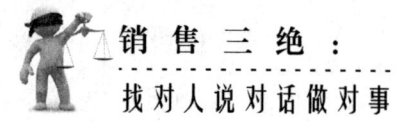

不能再有新的增加。②如果客户的资金运转困难是由于自己的运作不良所造成的,就应该高度警惕了。在客户承诺还款计划的基础上继续供货,但原则上"应收账款"必须逐步减少。

再次,对于"另有隐情"拖欠货款的客户,销售人员最好先解决他的问题和抱怨,至少要摆出一些解决问题的"姿态"。比如销售总监、总经理亲自出马拜访客户,了解问题,说不定欠款的问题自然就迎刃而解了。销售人员最不应该的就是对客户的抱怨"视而不见",同时还不断地欠款出货,最后,当客户手上的"筹码"越滚越大的时候,你就彻底被动了。

# 应对"老赖客户"的策略

下面是销售人员对待"老赖客户"的具体策略。

**1. 伪装策略**

销售人员不要对此类客户表现出淡漠的态度,而要对积极合作表现出莫大的欢迎,并作出一些伪装策略,积极与客户沟通,表现出公司的"诚意",从而降低客户的警惕性,以便开展下一步的工作。

**2. 预防策略**

面对"老赖客户",销售人员与其订还款协议与经济合同还是非常有必要的。同时,销售人员还要多方面打探客户的实际经营情况,如财务情况、银行信誉等,这些情况都是需要考虑到的。

**3. 迂回策略**

销售人员最首要的是要把客户的欠款想办法收回来,而不是一点点地收回,在此货款未收回以前,决不可以贸然对"老赖客户"发货,这种客户非常有可能再次积压货款。到那时候,纵有还款协议与经济合同,也需要通过法律手段解决。而且,此类问题解决周期长,又浪费公司的财力与精力。因此,欠款一日不收回,货决不可发,对这一点销售人员一定要牢牢地把握住,不可有侥幸心理。

**4. 虚拟放大政策,加大支持力度**

在与"老赖客户"订立新的经济合同时,销售政策可以放大,让客户感到希望很大。例如,销售人员可以要求客户先付款,并且付款金额要超过已欠回款,等此笔货款达到公司账户后,给客户发传真,声明必须要先款后货,这笔款项属于欠款范围,不属于货款。

## 多管齐下保回款

货款能否顺利回笼将决定销售工作的利润能否真正实现。因此,加快货款回笼是现代销售管理的一个基本原则。回款任务能否顺利完成,并不完全取决于销售人员和厂家自身,还取决于客户的合作态度。为了使厂家避免因回款不力而陷入被动,必须加强对回款工作的管理,提高回款工作的技巧。

在销售回款的过程中,销售人员要四管齐下,确保回款工作的顺利进行,直到把回款拿到手。所谓回款的四管齐下,就是把回款流程简单分解成四个部分,层层击破,获取回款。

**1.抓住控制点**

销售人员在回款中要处处抓住客户的控制点,使客户只有节节败退之地,无还手搏击之力。所谓抓住控制点,既可以是抓住对手的薄弱点出招,也可以是用自己最有力的招式还击对手来势汹汹的攻击。

**2.回款过程要监督**

销售人员在客户答应予以回款的时候最好等着客户把汇票办好,拿到款子再离开,或者在离开后,多打几个电话询问沟通,对客户进行过程监督;否则,能否真正获得回款还是未知数。

**3.不轻易相信客户的承诺**

销售人员不要轻易相信客户的承诺,因为承诺容易,实现太难。甚至许多客户即使白纸黑字签了字都能变成一纸空文,何况一个口头承诺啊。在拿走回款之前,销售人员依然要留着一个控制点在自己手中,以防客户事后不兑现。

**4.要有预见性**

销售人员要把细节考虑周全,要有预见性。变化很容易发生,比如客户突然改变了主意,或者突然向你询问一个你不了解的问题。因为你预见到了,即使无法把握具体的事情原委,都能将事态发展向良性方向推进。

以下是在实际的销售回款操作中对销售人员的几点提醒:

(1)清楚客户心思:如果第一句话就被否定,就很容易陷入被动状态。

(2)出招要准:让客户承诺最重要的部分,问题的解决也就基本上有眉目和希望了。

(3)留有后路:留一个预备动作,防止异常情况的突发,这样可能会达到比较好的效果。

(4)当仁不让:在催款环节,销售人员必须当仁不让,哪怕是困难挫折,都必须坚持。